Die Gesetzgebungssystematik der Versuchsstrafbarkeit von Verbrechen und Vergehen im StGB

Schriften zum Strafrecht und Strafprozeßrecht

Herausgegeben von Manfred Maiwald

Band 51

PETER LANG
Frankfurt am Main · Berlin · Bern · Bruxelles · New York · Oxford · Wien

Donata Meinecke

Die Gesetzgebungssystematik der Versuchsstrafbarkeit von Verbrechen und Vergehen im StGB

PETER LANG
Europäischer Verlag der Wissenschaften

Die Deutsche Bibliothek - CIP-Einheitsaufnahme

Meinecke, Donata:

Die Gesetzgebungssystematik der Versuchsstrafbarkeit von Verbrechen und Vergehen im StGB / Donata Meinecke. - Frankfurt am Main ; Berlin ; Bern ; Bruxelles ; New York ; Oxford ; Wien : Lang, 2001
(Schriften zum Strafrecht und Strafprozeßrecht ; Bd. 51)
Zugl.: Heidelberg, Univ., Diss., 2000
ISBN 3-631-37036-9

D 16
ISSN 0938-6181
ISBN 3-631-37036-9

Vorwort

Die Arbeit wurde von der Heidelberger Ruprecht-Karls-Universität im Sommersemester 2000 als Dissertation angenommen.

Ganz herzlich danken möchte ich meinem Doktorvater, Herrn Prof. Dr. Dr. h.c. Thomas Hillenkamp, sowohl für die Anregung zu diesem Thema, als auch für seine wertvollen Ratschläge und Anregungen, die erheblich zum Gelingen der Arbeit beigetragen haben.
Weiterhin danke ich Herrn Prof. Dr. Olaf Miehe für die mit großem Engagement übernommene Erstellung des Zweitgutachtens.

Ferner möchte ich mich bei der Landesgraduiertenförderung des Landes Baden-Württemberg bedanken, die durch ihre finanzielle Unterstützung die Erstellung und den Druck der Arbeit gefördert hat.

Unter den Förderern der Arbeit sind weiter die Teilnehmer des Heidelberger Doktorandenkollegs zu nennen, die juristisch und unjuristisch durch Diskussionen und Anteilnahme die Doktorandenzeit ganz besonders bereichert haben.

Ermöglicht haben mir diese Arbeit meine Eltern durch die Ausbildung sowie den Rat und Beistand, den sie mir während meiner gesamten Ausbildung geschenkt haben. Ihnen widme ich die Arbeit in großer Dankbarkeit.

Berlin, im Oktober 2000 Donata Meinecke

INHALTSVERZEICHNIS

Abkürzungsverzeichnis

a.A.	ander Ansicht
a.a.O.	am angegebenen Ort
Ab.	Absatz
a.F.	alte Fassung
AE	Alternativentwurf eines Strafgesetzbuches
Art.	Artikel
AT	Allgemeiner Teil
Aufl.	Auflage
Bd.	Band
Ber. des	Bericht des federführenden Ausschusses Deutschen Bundestages: zum 1. StrRG: BT-Drs. V/4094; zum 2. StrRG: BT-Drs. V/4095; zum 3. StrRG: BT-Drs. VI/502; zum 4. StrRG: BT-Drs. (Ber. 1) BT-Drs. VI/3521, (Ber. 2) BT-Drs. 7/514; zum 5. StrRG: BT-Drs. 7/1981; zum 6.StrRG: BT-Drs. 13/9064.
BGB	Bürgerliches Gesetzbuch
BGBl. I	Bundesgesetzblatt Teil I
BGH	Bundesgerichtshof
BGHSt	Entscheidungen des Bundesgerichtshofs in Strafsachen (zitiert nach Band und Seite)
BMJ	Bundesministerium der Justiz
BT	Besonderer Teil
BT-Drs.	Drucksache des Deutschen Bundestags (zitiert nachWahlperiode und Nummer)
bzgl.	bezüglich
bzw.	beziehungsweise
ders.	derselbe
d.h.	das heißt
DJ	Deutsche Justiz
DJT	Deutscher Juristentag
DJZ	Deutsche Juristenzeitung
E	Entwurf

E 25/27/36/62	Entwurf zu einem Strafgesetzbuch aus dem Jahr 1925/...
ebd.	ebenda
EGStGB	Einführungsgesetz zum Strafgesetzbuch
E-EGStGB	Entwurf eines Einführungsgesetzes zum Strafgesetzbuch
f./ff.	folgende/folgende
Fn.	Fußnote
FS	Festschrift
GA	Goltdammer's Archiv für Strafrecht
GS	Der Gerichtssaal
Hrsg.	Herausgeber
hrsgg.	herausgegeben
insbes.	insbesondere
iSd.	im Sinne des/der
iVm.	in Verbindung mit
JA	Juristische Ausbildungsblätter
Jura	Juristische Ausbildung
JR	Juristische Rundschau
JuS	Juristische Schulung
JZ	Juristenzeitung
Kap.	Kapitel
LK-	Leipziger Kommentar
LM	Entscheidungen des Bundesgerichtshofs im Nachschlagewerk des Bundesgerichtshofs von Lindenmaier/Möhring
LP.	Legislaturperiode
LS	Leitsatz
MDR	Monatsschrift für deutsches Recht
Materialien	Materialien zur Strafrechtsreform, 15 Bände, Bonn 1954 - 1962
Motive	Begründungzum RStGB, abgedruckt bei Höhinghaus, R., Das Neue Strafgesetzbuch für den Norddeutschen Bund mit den vollständigen amtllichen Motiven, Berlin 1870.
MR	Ministerialrat
mwNw.	mit weiteren Nachweisen
n.F.	neuer Fassung
Niederschriften	Niederschriften über die Sitzungen der Großen Strafrechtskommission
NJW	Neue Juristische Wochenschrift

Nr.	Nummer
o.g.	oben genannte
ÖStGB	Österreichisches Strafgesetzbuch
PrStGB	Preussisches Strafgesetzbuch
Prot.	Protokolle des Sonderausschusses des Deutschen Bundestages für die Strafrechtsreform (zitiert nach Wahlperiode und Seite)
Rn.	Randnummer
RegE	Regierungsentwurf
RegBl I	Reichsgesetzblatt Teil I
RGSt	Entscheidungen des Reichsgerichts in Strafsachen
S.	Seite
s.	siehe
Sch-Sch-	Schönke Schröder-
SchwStGB	Schweizerisches Strafgesetzbuch
Sess.	Session
SJZ	Süddeutsche Juristenzeitung
SK-	Systematischer Kommentar
Sp.	Spalte
StÄG	Strafrechtsänderungsgesetz
StGB	Strafgesetzbuch
str.	streitig
StrAnglVO	Verordnung zur Angleichung des Altreichs und der Alpen- und Donau-Reichsgaue
StrRG	Strafrechtsreformgesetz
UKG	Umweltkriminalitätsgesetz
U.v.	Urteil vom (Datum)
VE	Vorentwurf
VerbrBekG	Verbrechensbekämpfungsgesetz
vgl.	vergleiche
VO	Verordnung
Vorb.	Vorbemerkung
WiKG	Wirtschaftskriminalitätsgesetz
Wp.	Wahlperiode
z.B:	zum Beispiel
ZStW	Zeitschrift für die gesamte Strafrechtswissenschaft

Einleitung

A. Themenstellung

Im Allgemeinen Teil des Strafgesetzbuchs wird in § 23 I die Strafbarkeit des Versuchs in der Form festgelegt, daß "der Versuch eines Verbrechens stets strafbar ist, der eines Vergehens nur dann, wenn das Gesetz es ausdrücklich bestimmt". Der Gesetzgeber hat die Frage der Versuchsstrafbarkeit demnach nicht für alle Tatbestände des StGB einheitlich geregelt, sondern nach ihrer Deliktsnatur unterschieden. Während sich die Strafdrohung bei Verbrechen - Taten, die im Mindestmaß mit Freiheitsstrafe von einem Jahr oder darüber bedroht sind (§ 12 I StGB) - ausnahmslos und ohne weitere Anordnung auch auf den Versuch erstreckt, sind Vergehen - Taten, die im Mindestmaß mit einer geringeren Freiheitsstrafe oder mit Geldstrafe geahndet werden (§ 12 II StGB) - grundsätzlich nicht im Versuch strafbar, es sei denn das Gegenteil ist im jeweiligen Vergehenstatbestand des Besonderen Teils bestimmt. Der Gesetzgeber hat deshalb bei der Normierung von Vergehenstatbeständen jeweils zu entscheiden, ob neben der Vollendung auch der Versuch strafbar sein soll.

Für die Versuchsstrafbarkeit ergeben sich im Normierungsverfahren daher drei Lösungsmöglichkeiten: Zunächst kann sie sich direkt aus der allgemeinen Regelung des § 23 I StGB ergeben (Verbrechen) oder sie wird (bei Vergehen) im einzelnen Tatbestand explizit angedroht oder es kann von ihr (ebenfalls bei Vergehen) abgesehen werden. Dies wirft die Frage auf, wie die gesetzgeberische Entscheidung zustande kommt, einen Vergehensversuch entweder zu pönalisieren oder ihn straflos zu lassen. Wie erklärt es sich beispielsweise, daß bis zum Inkrafttreten des Sechsten Strafrechtsreformgesetzes am 1. April 1998[1] die Körperverletzung (§ 223 StGB) und bis 1974 auch die Gefährliche Körperverletzung (§ 224 StGB n.F.)[2] im Gegensatz zur Sachbeschädigung (§ 303 StGB) nicht mit Versuchsstrafen belegt waren und wie, daß sie es heute sind?[3] Warum wird der Versuch der Untreue nicht ebenso wie der anderer Vermögens- und Eigentumsdelikte (z.B. bei Diebstahl, § 242 StGB; Unterschlagung, § 246 StGB; Erpres-

---

1 BGBl. I, S. 164.

2 Der Versuch der Gefährlichen Körperverletzung wurde durch das Einführungsgesetz zum Strafgesetzbuch vom 2.3.74, BGBl. I S. 469) unter Strafe gestellt.

3 Ausführliche Analyse des Straftatbestands der Sachbeschädigung aus historischer und kriminologisch-soziologischer Perspektive bei Disse, Die Privilegierung der Sachbeschädigung; zur Forderung, die Versuchsstrafbarkeit aus § 303 StGB zu streichen S. 372.

sung, § 253 StGB; Betrug, § 263 StGB) pönalisiert? Läßt sich andererseits erklären, warum schon die mißlungene Sachbeschädigung nach § 265 StGB n.F. als versuchter Versicherungsmißbrauch bestraft wird, wenn der Täter bei Zerstörung der Sache mit der Absicht handelte, sich oder einem Dritten später die Versicherungszahlung zu verschaffen?
Auf den ersten Blick scheint die Normierung der Versuchsstrafbarkeit in den Vergehenstatbeständen kaum nachvollziehbar zu sein. Das erklärt, warum dem Gesetzgeber bisweilen sogar Willkür und Ungerechtigkeit bei der Auswahl der versuchsstrafbaren Vergehen vorgeworfen wurden[4]. Die in § 23 I StGB vorgenommene Differenzierung wirft ferner die Frage auf, warum nicht auch bei Verbrechen in einzelnen Tatbeständen das Absehen von einer Versuchsstrafbarkeit möglich ist und warum Verbrechen und Vergehen hinsichtlich der Versuchsstrafbarkeit überhaupt unterschiedlichen Grundsätzen folgen.

In dieser Arbeit soll daher untersucht werden, ob der gesetzgeberischen Entscheidung für die Anordnung einer Versuchsstrafbarkeit im einzelnen Vergehenstatbestand eine Systematik zugrunde liegt und wie diese gegebenenfalls aussieht. Sofern einheitliche Kriterien und Regeln für die Normierung von Versuchsstrafbarkeit bei Vergehen festgestellt werden, könnten sie Rückschlüsse auf die Versuchsstrafbarkeit der Verbrechen zulassen, etwa in der Form, daß die Erwägungen, die bei Vergehen zur Versuchsstrafbarkeit führen, auch auf Verbrechen anwendbar sind.

Ziel der Arbeit ist es herauszufinden, ob die Versuchsstrafbarkeit von Verbrechen und Vergehen trotz der in § 23 I StGB vorgenommenen Differenzierung möglicherweise sogar einer einheitlichen Systematik folgt und ob die Regelung des § 23 I StGB überzeugt. Dabei soll die Frage der Rechtfertigung des Strafrechts, insbesondere die Kritik an der spezial- und generalpräventiven Zielsetzung des Strafens ausgespart werden. Denn mit der Arbeit soll der Versuch unternommen werden, die Gesetzgebung zur Veruchsstrafbarkeit zu systematisieren, nicht hingegen dieselbe in Frage zu stellen.

Als Grundlage der Untersuchung werden zunächst anhand von Gesetzesmaterialien und Sitzungsprotokollen die Kriterien ermittelt, die bei der Gesetzgebung und in zahlreichen Reformentwürfen zum StGB als Argumente für oder gegen die Anordnung einer Versuchsstrafbarkeit in Vergehenstatbeständen angeführt wurden (1. Teil der Arbeit). Die Erwägungen des Gesetzgebers werden dann soweit erforderlich einer kritischen Betrachtung unterzogen (2. Teil der Arbeit).

---

4 Binding, GS 77, S. 1 (12 f.); ders. GS 76, S. 87 (112), hier im Vergleich zur Strafbarkeit der Beteiligung; Löwenstein, Reform des Reichsstrafgesetzbuchs, Bd. II, S. 429; Wach, DJZ 15 (1910), Sp. 14.

Die bisher einzeln dargestellten Erwägungen des Gesetzgebers sollen anschließend auf eine sie verbindende Systematik hin untersucht werden. Dazu werden die verschiedenen für und gegen die Normierung von Versuchsstrafbarkeit sprechenden Gründe in thematischen Gruppen zusammengefaßt und zueinander in Bezug gesetzt. Hierbei werden alternative Formen der Vorverlagerung des Strafrechtsschutzes (z.B. Gefährdungsdelikte oder strafbare Vorbereitungshandlungen) in die Betrachtung einbezogen, um den Versuch auch in Abgrenzung zu diesen Rechtsinstrumenten zu untersuchen (3. Teil der Arbeit).

Auf der Grundlage der aus der Betrachtung der Vergehensversuche gewonnenen Erkenntnisse soll schließlich die generelle Versuchsstrafbarkeit der Verbrechen beleuchtet werden. Hierzu werden die gemeinsamen Voraussetzungen der Normierung von Verbrechens- und Vergehensversuch herausgearbeitet (4. Teil der Arbeit). Diese Untersuchung wird es letztlich zulassen, darüber zu urteilen, ob § 23 I StGB für die Versuchsstrafbarkeit eine "entschieden unlogische"[5] Differenzierung in das StGB eingeführt hat und ob es sachangemessenere Unterscheidungen für die Anordnung der Versuchsstrafbarkeiten im StGB gibt (Ausblick).

B. Die Regelung der Versuchsstrafbarkeit in § 23 I StGB

1. Ursprung der Versuchssystematik im französischen Code pénal

Die in § 23 I StGB getroffene Differenzierung hinsichtlich der Versuchsstrafbarkeit von Verbrechen und Vergehen hat ihren Ursprung im französischen Code pénal von 1810. Nach dessen Art. 2 wird der Versuch von Verbrechen gleich deren Vollendung bestraft, die Versuchsstrafbarkeit von Vergehen wird dagegen auf ausgewählte Delikte beschränkt[6].
Für diese Differenzierung hat Napoleon selbst eine Erklärung von den Redakteuren des Code pénal verlangt. Ihm wurde daraufhin erläutert, daß der Versuch eines Verbrechens und der eines Vergehens keinerlei Gemeinsamkeiten hätten (*il n'y a nulle parité entre la tentative d'un crime et celle d'un delit*), insbeson-

---

5 Häberlin, Kritische Bemerkungen, S. 28.

6 Der französische Text lautet:
Art. 2. Toute tentative de *crime* qui aura été manifestée par un commencement d' exécution, si elle n'a été suspendue ou si elle n' a manqué son effet que par circonstances indépendantes de la volonté de son auteur, est considérée comme le crime même.
Art.3. Les tentatives de délits ne sont considerées comme délits que dans les cas déterminés par une disposition spéciale de loi.

dere nicht in dem Bereich des Versuchs, der das Ansetzen zur Tat markiere[7]. Hierzu wird weiter ausgeführt, Vorbereitungs- und Versuchsstadium eines Vergehens seien in der Regel als solche nicht erkennbar, weil der kriminelle Gehalt der Tat hier anders als bei den Verbrechen noch nicht hervortrete. Vielmehr seien die Vergehen in diesem Verwirklichungsstadium noch wertneutral und erst mit ihrer Vollendung werde das eigentliche Handlungsziel offenbar (*leur exécution peut très-bien avoir été préparée et commencée par des circonstances et des démarches, qui en elles-mêmes n'ont rien de répréhensible, et d'ont l'objet n'est bien connu que lorsque le delit est consommé)*. Es sei daher klug gewesen, nur solche Vergehen mit Versuchstrafbarkeit zu belegen, deren Versuchstat auch als solche erkennbar sei.[8] Als weiterer Grund für die grundsätzliche Straflosigkeit der Vergehensversuche wird auch das fehlende Interesse der Rechtsgemeinschaft angeführt. Das Interesse der Rechtsgemeinschaft an einer Bestrafung*vollendeter* Vergehen sei schon so schwach ausgeprägt, daß es bei einem schlichten Vergehens*versuch* fast gegen Null gehe (*l'intérêt, qu'a la société dans la punition des petits délits est déjà si faible, qu'il devient prèsque nul, s'il ne s'agit que de simple tentatives*)[9]. Wegen der in der Regel nur geringen Gefährdung der Rechtsgemeinschaft durch ein Vergehen und der Schwierigkeiten bei der Feststellung des Versuchs sei es angemessen, die Versuchsstrafbarkeit auf die wenigen Vergehen zu beschränken, bei denen die genannten Hindernisse nicht auftreten (*ce n'est dans quelques cas speciaux où ce péril est plus appréciable, où les preuves sont faciles, que cette criminalité peut-être justifiée*)[10].

Über das Preußische Strafgesetzbuch von 1851 (§ 33 PrStGB), das sich insofern am Code pénal orientierte, gelangte die Regelung 1871 in das deutsche Reichsstrafgesetzbuch (§ 43 RStGB). Der Entwurf zum Preußischen Strafgesetzbuch, der die generelle Versuchsstrafbarkeit auf Verbrechen beschränkte, wurde von Teilen der beratenden Kommission "als eine Inkonsequenz und ein Mangel"[11] gerügt. Die überwiegende Mehrheit befürwortete die Systematik jedoch unter

---

7 Berlier, in der Sitzung vom 21.2.1809, Locré, 29, 134; wörtlich wiedergegeben in: Chauveau et Hélie, Théorie du Code Pénal II, Kapitel 11, Anm. 266.

8 Treilhard, Motive zum Code pénal; wörtlich wiedergegeben in Chauveau et Hélie, Théorie du Code Pénal II, Kapitel 11, Anm. 266. Eine entsprechende, zeitgenössische Übersetzung und Interpretation der Art. 2 und 3 finden sich bei Hartleben, Napoleons peinliches und Polizey-Strafgesetzbuch, Anm. 3 zu Art. 3.

9 Chauveau et Hélie, Théorie du Code Pénal II, Kapitel 31, S. 171, ebenso wiedergegeben in den Motiven zum Strafgesetzbuch für den Norddeutschen Bund, Anm. zu den §§ 37 - 39.

10 Chauveau et Hélie, Théorie du Code Pénal II, Kapitel 11, Anm. 266.

11 Ber. der Kommission für Rechtspflege, Zweiter Titel: Von dem Versuche. Abgedruckt in: Verhandlungen der Ersten und Zweiten Kammer über die Entwürfe des Strafgesetzbuchs für die Preußischen Staaten, S. 450.

anderem deshalb, weil sie sich auf die Tradition des römischen Rechts stütze. Vor allem sei die vorgesehene Differenzierung aber zweckmäßig: "Es ergebe sich nämlich, daß bei den meisten Vergehen ein Versuch entweder nicht denkbar sei oder sich doch nicht eine so entschiedene Willensbestimmung annehmen lasse, um eine Strafanwendung zu rechtfertigen. Es diene daher zur Erleichterung einer wirksamen Handhabung des Gesetzes, wenn dasselbe diejenigen Vergehen, von denen dies nicht gelte und wo schon der Versuch eine innere Strafbarkeit habe, in jedem einzelnen Falle ausdrücklich bezeichne und in anderen Fällen die Nothwendigkeit strafgerichtlicher Prozeduren, welche zu keinem angemessenen Resultate führen und ein zu häufiges Einschreiten der Justiz bedingen würde, erlasse."[12]
Hier scheinen zum Teil die gleichen Erwägungen durch, die auch in Frankreich für die grundsätzliche Straflosigkeit der Vergehen ins Feld geführt wurden, nämlich die häufig geringe Strafwürdigkeit des Vergehensversuchs und die Probleme bei Feststellung und Nachweis der Versuchshandlung.

Bezugnehmend auf die Erwägungen, die in Preußen zur Übernahme der französischen Systematik der Versuchsstrafbarkeit geführt hatten, entschied sich der deutsche Gesetzgeber 1871 für die generelle Straflosigkeit des Vergehensversuchs (§ 43 RStGB). Zur Begründung führt er weiter aus, "daß durch den Versuch einer strafbaren Handlung die staatliche Rechtsordnung um so weniger berührt werde, je weniger schwer die vollendete strafbare Handlung selbst sein würde, und daß insbesondere durch den Versuch einer Übertretung die staatliche Rechtsordnung nicht als verletzt gelten könne."[13]
Auch die Umsetzung des "minima non curat praetor" wurde in der punktuellen Strafbarkeit der Vergehensversuche gesehen, da solche Delikte im Versuch straflos bleiben sollten, die nur einen geringen Schaden verursachen[14].
Während der Beratung des Gesetzentwurfs im Reichstag wurde zwar der Antrag gestellt, Verbrechens- und Vergehensversuch einheitlich unter Strafe zu stellen[15]. Zur Begründung wurde das deutsche Partikularrecht angeführt, nach dem - mit Ausnahme des Bayrischen und Preußischen StGB - die Gleichbehandlung von Verbrechen und Vergehen üblich sei. Ferner sei die im Entwurf getroffene Auswahl der im Versuch strafbaren Vergehen nicht überzeugend. Der Antrag stieß

---

12 Ber. der Kommission, für Rechtspflege, Zweiter Titel: Von dem Versuche. Abgedruckt a.a.O. Auch wiedergegeben in Goltdammer, Materialien I, S. 281.

13 Motive zum Entwurf vom 14.2.1870 (Reichstagsvorlage), Begr. zu §§ 41 - 44; nachzulesen auch in Höinghaus, S. 68; bezugnehmend auch der Vorentwurf, Begründung zum AT, S. 289.

14 R. v. Kräwel, Entwurf nebst Gründen zu dem allgemeinen Theil eines für ganz Deutschland geltenden Strafgesetzbuchs, Halle 1862, zitiert in John, Entwurf zu einem Strafgesetzbuchs, S. 205.

15 16. Sitzung (8.3.1870), Abschn. II, §§ 41-44, S. 164.

jedoch auf den Widerspruch der übrigen Abgeordneten, weil die vorgeschlagene generelle Versuchsstrafbarkeit von Vergehen "eine bedeutende Strafschärfung des ganzen Strafgesetzbuches nach sich" gezogen hätte. "Es müßten also ganz zwingende Gründe uns bestimmen, diesem Antrag beizustimmen"[16] Auch von anderer Seite wurde das Fehlen überzeugender Gründe für eine generelle Versuchsstrafbarkeit bei Vergehen betont. Insbesondere sei der Verweis auf die Tradition deutscher Partikulargesetzgebung im Gegensatz zum französischen und belgischen Recht nicht maßgebend, denn nationale Begeisterung habe in diesem Bereich nichts zu suchen. Inhaltlich müsse der Antrag verworfen werden, weil er nur richtig wäre, "wenn man wirklich zu dem ganz exorbitanten Gedanken käme, alle und auch die leichtesten Vergehen auch beim bloßen Versuch zu bestrafen."[17]

2. Kritik der Literatur bei Übernahme der Versuchssystematik

In der Literatur stieß die Versuchssystematik des RStGB und später das Festhalten an ihr im Vorentwurf von 1909 (§ 75 des Vorentwurfs), der im übrigen umfangreiche Reformvorschläge für das RStGB enthielt, auf scharfe Kritik:
Schon die Beibehaltung der Unterscheidung zwischen Verbrechen und Vergehen als Unterarten kriminellen Unrechts wurde als überflüssig und wertlos kritisiert. Zudem sei die Einteilung der Delikte in Verbrechen und Vergehen keineswegs an der Schwere der Rechtsverstöße orientiert, da oftmals die Verbrechen viel weniger gravierend seien als Vergehen[18]. Es kann nicht verwundern, daß die in § 43 RStGB normierte Versuchsstrafbarkeitssystematik, deren Anknüpfungspunkt die kritisierte Einstufung der Delikte als Verbrechen oder Vergehen ist, schon aus diesem Grunde abgelehnt wurde[19].

Einen weiteren Angriffspunkt stellte die Argumentation dar, in der Versuchsstrafbarkeitsregelung komme der Grundsatz des "minima non curat praetor" zum Ausdruck. Denn dieser Grundsatz könne zwar die Herausnahme geringfügiger Delikte aus einer generellen Versuchsstrafbarkeitsandrohung rechtfertigen, nicht aber andersherum wie im RStGB die Beschränkung der Versuchsstrafbarkeit auf

---

16 v. Luck, II. Beratung, 16. Sitzung (8.3.1870), Abschn. II, §§ 41-44, S. 167.

17 Bürgers, II. Beratung, 16. Sitzung (8.3.1870), Abschn. II, §§ 41-44, S. 168.

18 Wach, in Reform, Bd. I, Die Technik des Vorentwurfs, S. 1 (11 ff.); Traeger, GS 77, S. 81 (99).

19 Träger, GS 77, S. 81 (90); John, Entwurf zu einem Strafgesetzbuches, S. 205 f.; Binding, Entwurf eines Strafgesetzbuchs, zu §§ 37-39 E, III, S. 80.

besonders schwere Delikte[20]. Der Vorschlag einer breiten Literaturauffassung lautete daher, die Versuchsstrafbarkeit für Verbrechen und Vergehen einheitlich anzuordnen, wobei der Versuch leichtester Vergehen nach einhelliger Meinung straffrei bleiben sollte. Für die Umsetzung dieser Systematik wurden zwei Wege vorgeschlagen: Entweder sollten die mit geringem Strafmaß belegten Vergehen durch eine Regelung im Allgemeinen Teil des RStGB aus der generellen Versuchsstrafbarkeit ausgenommen werden[21] oder dadurch straflos bleiben, daß die Staatsanwaltschaft bei leichten Vergehensversuchen mangels öffentlichem Interesse von ihrer Verfolgung absehe, wie sie es in "taktvoller Praxis" auch bei den vollendeten Delikten geringer Kriminalität tue[22].

Ferner wurde die Umsetzung des einmal gewählten Systems kritisiert, weil der Gesetzgeber bei Auswahl der im Versuch strafbaren Vergehen willkürlich vorgegangen sei und so ungerechte Lösungen geschaffen habe. Teilweise gehörten die Delikte nicht zu den schwersten unter den Vergehen, teilweise ergäben sich aus der Auswahl auch Wertungswidersprüche, so beispielsweise weil zwar der Versuch der Sachbeschädigung (§ 303 StGB) und Unterschlagung (§ 246 StGB) strafbar waren, nicht aber der der Körperverletzung (§ 223 StGB a.F.) und Aussetzung (§ 221 StGB)[23].

3. Weitere Behandlung der Versuchssystematik im deutschen Recht

Gleichwohl trat die Diskussion über eine Reform der in § 43 RStGB (entspr. § 23 I StGB) festgelegten Versuchssystematik in den Hintergrund. In den zwanziger Jahren taucht sie nur am Rande der Reformvorhaben auf. So wurde die Systematik der Versuchsstrafbarkeit während der Verhandlungen zwischen Österreich und dem Deutschen Reich über den gemeinsamen Entwurf eines Strafgesetzbuches 1922 beraten. Im Ergebnis sollte jedoch in Deutschland weiterhin der Vergehensversuch nur bei spezieller Anordnung strafbar sein, weil "die Ausdehnung der Strafbarkeit des Versuches ... den Entwurf politisch zu sehr be-

20 John, Entwurf zu einem Strafgesetzbuchs, S. 205.

21 Gegenentwurf, § 27, S. 42 der Begründung; Binding, GS 77, S. 1 (12 f.); Löwenstein, Reform, Bd. II, S. 429.

22 John, Entwurf zu einem Strafgesetzbuch, § 26, S. 206; ebenso Wach, Reform, Bd. I, S. 1 (13) mit Hinweis auf die österreichische Regelung.

23 Jeweils betreffend den Vorentwurf: Binding, GS 77, S. 1 (12), ders.: Entwurf eines Strafgesetzbuchs in seinen Grundsätzen, S. 80 f.; Wach, DJZ 15 (1910), Sp. 14; Löwenstein, Reform, Bd. II, S. 429; Disse, Die Privilegierung der Sachbeschädigung (§ 303 StGB), S. 372.

lasten" würde[24]. Hiermit dürfte das bereits bei Beratung des StGB 1870 vorgetragene Erfordernis der Angabe "zwingender Gründe" für eine derartig weitgehende, "exorbitante" Strafbarkeitsausdehnung gemeint sein[25].
In den Beratungen des Reichstags über den E 27 wurde der Vorschlag eingebracht, Verbrechen und Vergehen gleichermaßen nur bei Spezialandrohung im Besonderen Teil mit Versuchsstrafbarkeit zu belegen. Denn der Entwurf verwische ohnehin die Grenze zwischen Verbrechen und Vergehen, indem Vergehen in besonders schweren Fällen auch mit Zuchthausstrafe geahndet werden könnten. Dann solle aber auch die Versuchsstrafbarkeit beider Deliktsgruppen einheitlich behandelt werden[26]. Der Antrag wurde von den Abgeordneten jedoch ohne jede Diskussion sogleich verworfen.

Dagegen sah der Reformentwurf von 1936 die Einführung einer allgemeinen Versuchsstrafbarkeit für Verbrechen und Vergehen in § 7 E vor. Dieser Vorschlag hatte seinen Ursprung im nationalsozialistischen Willenstrafrecht, "das in dem Willen des Täters den Feind, der mit den Mitteln des Strafrechts bekämpft werden muß"[27] erblickte: "Eine weitere Forderung des Willensstrafrechts ist es, den betätigten verbrecherischen Willen so früh wie möglich und so nachhaltig wie möglich anzugreifen. Die kämpferische Haltung des Entwurfs führt dazu, schon den Beginn der Täterschaft grundsätzlich bei allen Straftaten für strafbar zu erklären und regelmäßig auch mit der vollen Schärfe des Gesetzes, d.h. mit der Strafe der vollendeten Tat, zu ahnden."[28] Allerdings sah der E 36 Ausnahmen von der generellen Versuchsstrafbarkeit vor, die er durch ausdrücklichen Ausschluß der Versuchsstrafbarkeit in den jeweiligen Tatbeständen des Besonderen Teils kennzeichnete. Zu den ausnahmsweise im Versuch straflosen Vergehen sollten beispielsweise der Ehebetrug (§ 191 E) und der Ehebruch (§ 192 E) gehören. Zur Begründung führt der Gesetzgeber aus, das Versuchsstadium des Ehebetruges werde durch den Betrugs- und den Erpressungstatbestand hinreichend abgedeckt. Zu den daneben verbleibenden Strafbarkeitslücken führte der Gesetzgeber aus: "Fälle, die von keiner dieser Vorschriften erfaßt werden, sind so beschaffen, daß ihre Strafwürdigkeit bezweifelt werden kann"; und weiter,

24 MR Kadecka, Bericht über die Verhandlungen, Punkt B 1. Abgedruckt in Quellen zur Reform des Straf- und Strafprozeßrechts I, Bd. 1, S. XXIII.

25 Beides in der II. Beratung, 16. Sitzung (8.3.1870), Abschn. II, §§ 41-44, S. 167 f.

26 Antrag der KP, verteidigt durch den Abgeordneten Alexander, in Prot. des Strafrechtsausschusses zum E 27, 7. Sitzung (17.10.1928), zu §§ 26 und 27. Abgedruckt in Quellen zur Reform des Straf- und Strafprozeßrechts I, Bd. 3, S. 59 f.

27 E 36 in der abschließenden Fassung vom Dezember 1936, Begr. zum Zweiten Abschnitt, S. 11, abgedruckt in Quellen zur Reform des Straf- und Strafprozeßrechts II, 1933-1939, Bd 1.2, S. 11.

28 E 36 in der abschließenden Fassung vom Dezember 1936, Begr. zu § 7 E, S. 13.

wohl mit Blick auf den Ehebruch: "Sie bieten überdies regelmäßig kaum zuüberwindende Beweisschwierigkeiten."[29].
Auch die einfache Körperverletzung (§ 413 E 36) sollte im Versuch straflos sein, weil trotz der Befürwortung des Willenstrafrechts die Bestrafung der versuchten einfachen Körperverletzung "eine Übertreibung dieses Gedankens" wäre, "da der Beginn der Körperverletzung vielfach noch keine einer kriminellen Ahndung bedürftige Willensschuld erkennen läßt."[30] Schließlich nahm der Gesetzgeber auch die Sachbeschädigung (§ 477 E 36) aus der generellen Versuchsstrafbarkeit aus, weil "es nicht angeht, den Beginn der Sachbeschädigung unter Strafe zu stellen, wenn der Beginn der Körperverletzung nicht mit Strafe bedroht wird."[31]
Der Reformentwurf trat wegen des Kriegsausbruchs jedoch nie in Kraft.

Die generelle Versuchsstrafbarkeit aller Delikte mit Ausnahme einiger Vergehen wurde nach dem Krieg von der Großen Strafrechtskommission als sinnlos angesehen. Denn auch der Gesetzgeber von 1936 habe eingesehen, daß eine generelle Versuchsstrafbarkeit ohne Ausnahmeregelungen bei den Vergehen nicht auskomme. Auf diese Weise bleibe es aber letztlich bei der alten Rechtslage. Würde die neue Regelung dagegen zu einer häufigeren Versuchsstrafbarkeit bei Vergehen führen als im geltenden Recht, so würde "der Bogen überspannt". Denn " aus der These, daß der Versuch ... strafwürdig ist,... folgt keineswegs, daß jeder Versuch bestraft werden müßte. Es würde nur dann folgen, wenn die Leitidee des Gesetzes darin bestünde, einen völlig lückenlosen Katalog von Strafdrohungen gegen jedes strafwürdige Verhalten aufzustellen."[32] Die Reform der heute in § 23 StGB festgelegten Systematik der Versuchsstrafbarkeit wurde daher von der Großen Strafrechtskommission nicht in Erwägung gezogen, so daß letztlich in § 27 des E 62 eine dem heutigen § 23 StGB entsprechende Regelung der Versuchsstrafbarkeit vorgeschlagen wurde. Zur Begründung wird im E 62 nur ausgeführt: "Bei schweren Verfehlungen verdient auch Strafe, wer eine Straftat begonnen, sein Ziel aber nicht erreicht hat... Der Entwurf stimmt insoweit mit dem geltenden Recht (§ 43 RStGB) ... überein"[33].
Schließlich hielt auch der Alternativentwurf in § 25 AE an der überkommenen Systematik fest und regte lediglich eine neue, klarere Formulierung des geltenden § 43 RStGB an[34].

---

29 E 36 in der abschließenden Fassung vom Dezember 1936, Begr. zu § 191 E, S. 138.
30 E 36 in der abschließenden Fassung vom Dezember 1936, Begr. zu § 413 E, S. 250.
31 E 36 in der abschließenden Fassung vom Dezember 1936, Begr. zu § 477 E, S. 294.
32 Bockelmann, Strafrechtliche Untersuchungen, Reform des Versuchsstrafrechts, Referat vor der Großen Strafrechtskommission, S. 150 (157).
33 E 62, Begr. vor § 26 E, S. 142.
34 AE zum Allgemeinen Teil, Begrü zu § 25, S. 63.

Im 6. StrRG nahm der Gesetzgeber schließlich umfangreiche Änderungen an der Versuchsstrafbarkeit einzelner Vergehenstatbestände vor[35], woran ersichtlich wird, daß jedenfalls die Auswahl der einzelnen versuchsstrafbaren Vergehen nach der bestehenden Systematik des § 23 I StGB kritischer Überprüfung bedarf.

C. Die Versuchsstrafbarkeit im schweizerischen und österreichischen Strafgesetzbuch

Um eine kritische Betrachtung der deutschen Systematik der Versuchsstrafbarkeit zu ermöglichen, sollen hier einleitend auch die abweichenden Regelungen der Schweiz und Österreichs sowie die für den jeweiligen Gesetzgeber ausschlaggebenden Gründe für die Normierung der gewählten Versuchssystematik dargestellt werden.

1. Schweizerisches StGB

Das Schweizerische Strafgesetzbuch enthält eine generelle Versuchsstrafbarkeit, die in den Art. 21-23 SchwStGB für alle Verbrechen und Vergehen des Besonderen Teils angeordnet wird. Darüber hinaus sind sogar die im neunzehnten Titel des SchwStGB enthaltenen Übertretungen "in den vom Gesetz ausdrücklich bestimmten Fällen" in der Form des Versuchs strafbar (Art. 104 SchwStGB).
Die Gleichbehandlung von Verbrechen und Vergehen hinsichtlich der Versuchsstrafbarkeit hat ihren Grund zunächst darin, daß die Schweizer sich ursprünglich gegen die in Frankreich und Deutschland vorgenommene Dreiteilung der strafbaren Handlungen in Verbrechen, Vergehen und Übertretungen entschieden haben. Der Unterscheidung zwischen Verbrechen und Vergehen liege "kein brauchbares Unterscheidungsmerkmal zu Grunde"[36]. Die Einteilung sei vielmehr künstlich, denn zwischen beiden Deliktsarten bestehe zwar ein quantitativer Unterschied, der im herkömmlichen Sprachgebrauch zum Ausdruck komme, ein qualitativer Unterschied sei jedoch nicht vorhanden[37]. Daher wurden sämtliche Straftaten in den Entwürfen zu einem bundeseinheitlichen Strafgesetzbuch ent-

---

35 Insbesondere wurde die Versuchsstrafbarkeit in den Tatbeständen der §§ 223, 224, 235, 239 StGB n.F. neu aufgenommen.

36 Stooss, Vorentwurf 1893, Motive, Einleitende Bemerkungen S. 8.

37 Botschaft des Bundesrates an die Bundesversammlung zum Entwurf eines schweizerischen Strafgesetzbuches, Einleitende Bemerkungen, Anm. 5, S. 7.

weder unter dem Titel Verbrechen (so bis zum Vorentwurf 1908) oder unter der Bezeichnung Vergehen (so ab dem Entwurf von 1916) behandelt[38]. Nach der heutigen Fassung des SchwStGB gibt es zwar in Art. 9 die Differenzierung zwischen Verbrechen und Vergehen in Abhängigkeit vom jeweils normierten Strafmaß, diese Unterscheidung hat jedoch keine weitere systematische Bedeutung. Mit ihr soll lediglich dem "Volksempfinden besser Rechnung getragen werden" wie es sich im "gemeinen Sprachgebrauch" niedergeschlagen hat[39].
Von den Verbrechen i.w.S. wurden nur die Übertretungen abgesetzt, die weiterhin als Ungehorsam gegen staatliche Anordnungen in einem gesonderten Teil des Strafgesetzbuches behandelt werden[40].

Die ausnahmslose Versuchsstrafbarkeit von Verbrechen i.w.S. und die Möglichkeit der Versuchsstrafbarkeit von Übertretungen ist auf den "subjektiven Standpunkt" des SchwStGB zurückzuführen[41] und folgt der überwiegenden Tradition des schweizerischen Kantonalrechts[42]. Es entspreche "den Erfordernissen des Rechtsgüterschutzes und des Schuldprinzips..., daß nicht nur die vollendete Straftat, sondern, wenigstens in einem gewissen Umfang, auch schon der Versuch ... strafrechtlich erfaßt wird"[43]. Nur bei den Übertretungen sei "das Interesse an der Bestrafung ... für den Regelfall nicht derart schwerwiegend, daß außer der Vollendung auch der Versuch erfaßt werden müßte. Dazu kommt, daß es sich nicht selten um sog. reine Tätigkeitsdelikte handeln wird, die sich schon in einem frühen Stadium als vollendet und damit als strafbar darstellen."[44]

---

38 Im Protokoll der zweiten Expertenkommission 1912, Bd. I, erscheint im Titel des zweiten Abschnitts: "Vergehen" in Klammern als Synonym noch die Bezeichnung "Verbrechen".

39 Botschaft des Bundesrates an die Bundesversammlung zum Entwurf eines schweizerischen Strafgesetzbuches, Einleitende Bemerkungen, Anm. 5, S. 7. Thormann/ Overbeck Art 9, Rn. 9.

40 Heute sind nur noch Übertretungen bundesrechtlicher Bestimmungen im SchwStGB enthalten, die übrigen sind dem kantonalen Recht vorbehalten, eingehend hierzu: Pfenninger, Das schweizerische Strafrecht, in: Das ausländische Strafrecht der Gegenwart, S. 149 ff. (196 f.).

41 Protokoll der zweiten Expertenkommission 1912, Bd.I, Beratungen über Art. 22, S. 158 ff (161).

42 Siehe hierzu die vergleichende Darstellung des schweizerischen Kantonalrechts von Stooss, Die Grundzüge des schweizerischen Strafrechts, § 17, S. 222 f.

43 Thormann/Overbeck, Vorbem. Art. 21-23, Rn. 2.

44 Thormann/Overbeck, Art. 102, Rn. 1.

2. Österreichisches StGB

Das Österreichische Strafgesetzbuch ordnet in § 15 I ÖStGB wie das schweizerische Strafgesetzbuch den Versuch allgemein für alle Straftaten des Besonderen Teils an. Zwar unterschied das österreichische StGB unter den strafbaren Handlungen wie das deutsche StGB von Anfang Verbrechen, Vergehen und Übertretungen. Es verband hiermit jedoch keine materiellrechtlichen Folgen. Insbesondere die Versuchsstrafbarkeit galt immer für alle drei Deliktskategorien (gem. § 8 iVm. § 239 ÖStGB waren auch die Übertretungen im Versuch strafbar). Die Differenzierung dient ausschließlich dazu, dem Schuldspruch im Fall der Verbrechen einen besonderen Akzent zu geben und ferner die prozessuale Zuständigkeit der Strafgerichte zu regeln[45].

Zur Begründung wurde angeführt, "daß das Unterbleiben der Vollendung auf einem völlig zufälligen Umstande beruhen kann"[46]. Durch Verweisung auf die Regelung der Beihilfe wird die Strafbarkeit des Versuchs ferner auf die "besondere Gefährlichkeit", die insbesondere in den Motiven des Handelns hervortrete, gestützt[47].
Allerdings wurde diese rigide Regelung der Versuchsstrafbarkeit von Kommentatoren und in den zahlreichen Reformentwürfen des 20. Jahrhunderts als "sicher überspannter Strafrechtsschutz"[48] in Frage gestellt. So sah der Vorentwurf von 1909 die Straflosigkeit von Vergehen vor, deren Strafdrohung eine dreimonatige Freiheitsstrafe nicht übersteigt und begründet diese dem österreichischen Strafrecht fremde Ausnahmeregelung so: "Ein Unterschied in der Strafwürdigkeit ... vermag doch dort, wo es sich um die leichtesten Formen des Unrechts handelt, den Verzicht auf die Strafe überhaupt zu rechtfertigen ... Denn besser bleiben selbst einige strafwürdige Fälle ungeahndet, als daß nur einmal ohne zwingendes Bedürfnis gestraft würde."[49]

Gleichwohl wurde im Rahmen der umfassenden Gesetzesreform 1975 an der generellen Versuchsstrafbarkeit von Verbrechen und Vergehen festgehalten (die Übertretungen wurden mit gleicher Gesetzesnovelle entweder zu Vergehen aufgewertet oder als Vewaltungsunrecht aus dem Strafgesetzbuch gestrichen). In dem vorbereitenden Entwurf von 1964 heißt es hierzu lediglich: "Daß der Versuch wie nach geltendem Recht so auch in Zukunft bei allen vorsätzlich began-

---

45 Reissig, Kurzkommentar, Anm. zu § 17 ÖStGB; Entwurf eines Strafgesetzbuches 1964, Begr. zu § 78, S. 107; Foregger/Kodesk, StGB[6] § 17, Anm. II.
46 Vorentwurf eines österreichischen Strafgesetzbuches 1909, Begr. zu § 13 VE, S. 38.
47 Vorentwurf eines österreichischen Strafgesetzbuches 1909, Begr. zu § 13 VE, S. 38.
48 Altmann/Jacob Kommentierung zum Strafgesetzbuch 1. Teil, 1. Hptstück, § 8, S. 92.
49 Vorentwurf eines österreichischen Strafgesetzbuches 1909, Begr. zu § 14 VE, S. 43.

genen Taten, also auch den Vergehen unabhängig von ihrer Schwere unter die Strafdrohung gestellt werden soll, entspricht der Tradition des österreichischen Strafrechts und dem ihr entsprechenden Rechtsempfinden und wurde in der Strafrechtskommission von keiner Seite in Zweifel gestellt"[50].

[50] Entwurf eines Strafgesetzbuches 1964, Begrü vor § 15 - 17 E, S. 30.

1. Teil: Gesetzgeberische Erwägungen zur Anordnung von Versuchsstrafbarkeit in Vergehenstatbeständen

Zur Ermittlung der Frage, ob der Normierung von Versuchsstrafbarkeiten im StGB eine einheitliche Systematik zugrunde liegt, soll mit einer Untersuchung der Vergehenstatbestände begonnen werden. Bei ihrer Normierung hat der Gesetzgeber jeweils über die Anordnung einer Versuchsstrafbarkeit zu entscheiden. Die hierzu angestellten Erwägungen sind teilweise in Gesetzesbegründungen sowie in Protokollaufzeichnungen von Sachverständigenanhörungen und Ausschußsitzungen festgehalten. Eine Auswertung dieser Materialien soll zu den maßgeblichen Kriterien hinführen, die der Gesetzgeber bei der Normierung von Versuchsstrafbarkeiten oder bei dem Verzicht auf sie berücksichtigt hat.

Im ersten Teil werden zunächst die Erwägungen angeführt, die in der Vergangenheit bei Vergehen zur Anordnung einer Versuchsstrafbarkeit führten (A.). Daran wird sich eine Darstellung der Gründe anschließen, die nach Ansicht des Gesetzgebers der Normierung der Versuchsstrafbarkeit entgegenstanden (B.). Die Betrachtung der einzelnen Vorschriften dient dazu, die Kriterien zu ermitteln, die bei der Normierung von Vergehen über die Aufnahme oder das Absehen von einer Versuchsstrafbarkeit entscheiden. Die Gesamtschau der einzelnen Erwägungen soll schließlich Aufschluß darüber geben, ob der Normierung von Vergehensversuchen eine vom Gesetzgeber verfolgte Systematik zugrunde liegt.

A. Gründe für die Anordnung von Versuchsstrafbarkeit

1. Strafgrund des Versuchs

Den Ausgangspunkt der Untersuchung bildet die Frage, warum der Versuch neben der vollendeten Tat überhaupt unter Strafe gestellt wird bzw. was Gegenstand und Grund der Versuchsbestrafung ist. Aus dieser Betrachtung sind Hinweise darauf zu erwarten, von welchen Erwägungen der Gesetzgeber sich leiten läßt, wenn er über die Anordnung von Versuchsstrafbarkeit im Einzelfall zu entscheiden hat.

a) Überblick über den Theorienstreit

Die zahlreichen Theorien zum Strafgrund des Versuchs lassen sich herkömmlich in zwei Extrempositionen, den objektiven[51] und den subjektiven Theorien, zusammenfassen. Neuer und ganz herrschend ist dagegen die Eindruckstheorie, die Elemente beider Positionen in sich vereint.

(1) Die objektiven Versuchstheorien

Nach den objektiven Theorien liegt der Strafgrund des Versuchs in der Gefährdung des tatbestandlich geschützten Rechtsguts[52]. Während beim vollendeten Delikt die kausale Rechtsgutsverletzung bestraft werde, sanktioniere der Versuch Handlungen, die nur bis in das Stadium einer Rechtsgutsgefährdung gelangen. Gefahr wird hier in einem doppelten Sinn verstanden, denn auch unabhängig vom Eintritt einer tatbestandsnahen Gefahr für das angegriffene Rechtsgut könne sich der Täter allein durch seine Versuchshandlung als gefährlicher Angreifer des Rechtsguts erweisen[53]. Gegenüber der Vollendung stellt der Versuch nach den objektiven Theorien wegen des Ausbleibens der Unrechtsverwirklichung nur einen geringeren Eingriff in die Rechtsordnung dar.

Die objektiven Versuchstheorien gehen auf Feuerbach zurück, nach dessen Ansicht „bürgerliche Strafbarkeit ohne eine dem äußeren Recht widersprechende Handlung unmöglich, eine Handlung aber nur dann (äußerlich) rechtswidrig ist, wenn sie das Recht verletzt oder gefährdet“ [54]. Aufbauend auf dieser Einsicht beschäftigte sich die Wissenschaft in der Folgezeit mit der Erörterung der Frage, wann ein Versuch gefährlich ist und deshalb bestraft werden sollte. Große Anerkennung fand der Lösungsvorschlag Mittermaiers, der zwischen tauglichen,

---

51 Allerdings umfassen auch die allgemein als objektiv bezeichneten Theorien notwendig subjektive Elemente, da sie für die Bestimmung des Versuchs auf Vorsatz und Tatplan des Täters abstellen müssen. Nach Roxin wären sie daher treffender mit v. Hippel als Gefährdungstheorien zu bezeichnen: v. Hippel, Lehrbuch § 46 IV, S. 158; Roxin, Über den Strafgrund des Versuchs, Nishihara-FS, S. 157 (163).

52 Feuerbach, Lehrbuch, 4. Abschnitt § 42, S. 43; v.Liszt, Lehrbuch des Deutschen Strafrechts § 46 I 3, S. 208; v.Hippel, Lehrbuch § 46 IV, S. 158; Treplin, Der Versuch, ZStW 76 (1964), S. 441 (444); M.E. Mayer, AT, Kap. 8, A I 4; zusammenfassende Darstellung bei Spendel, NJW 65, S. 1881; und Dicke JuS 68, 157.

53 Kohlrausch/Lange StGB[42] vor § 43, III 3.

54 Feuerbach, Lehrbuch § 42, Anmerkung 3. Vgl. auch die ausführliche und kritische Darstellung der Entwicklung der Versuchstheorien bei Zaczyk, Das Unrecht der versuchten Tat, S. 20 ff., zu den objektiven Versuchstheorien S. 41 ff.

nämlich den wirklich gefährlichen, und untauglichen Versuchen unterschied. Unter den untauglichen Versuchen unterschied er wiederum die straflos zu stellenden absolut untauglichen und die strafbaren relativ untauglichen Handlungen. Als absolut untauglich bezeichnete er solche Handlungen, aus denen „gar nie, unter keinen Umständen das beabsichtigte Verbrechen entstehen" konnte, weshalb sie als ungefährlich eingeschätzt wurden. Relativ untaugliche Versuche waren dagegen solche, die „an sich zweckmäßig sind, aber in concreto den Erfolg nicht hervorbrachten" [55]. Doch auch diese Konkretisierung erwies sich als unzulänglich zur Abgrenzung der ungefährlichen und deshalb straflosen Versuchshandlungen, weshalb Mittermaier selbst anregte, „dem Ermessen der Richter und Geschworenen und dem Einfluß der Fortschritte der Wissenschaft die Entscheidung einzelner Fälle (also: der Abgrenzung zwischen absolut und relativ untauglichem Versuch im Einzelfall) zu überlassen" [56].
Eine neue Sichtweise zur Bestimmung der objektiven Gefährlichkeit einer Handlung wurde von v. Liszt und v. Hippel eingeführt. Danach sollte die Gefährlichkeit im Rahmen einer - trotz Kenntnis des konkreten Verlaufs - nachträglichen Prognose ermittelt werden[57].

Diese Auffassungen von der teilweisen Straflosigkeit des untauglichen Versuchs ließen sich zwar mit dem früheren § 44 RStGB vereinen, der die Frage der Strafbarkeit des untauglichen Versuchs ausdrücklich offen gelassen hatte. Sie fanden in Abs. 1 des § 44 RStGB insofern sogar Niederschlag, als dieser für den Versuch eine obligatorische Strafmilderung vorsah und somit das gegenüber der vollendeten Tat geringere Unrecht der Versuchstat herausstrich.

Seit der Novellierung der Versuchsvorschriften durch das 2. StrRG 1969[58] aber können die objektiven Theorien allein die Versuchsstrafbarkeit nicht mehr erklären[59]. Im Rahmen dieser Reform wurde in § 22 StGB festgelegt, daß der Versuch allein nach der (subjektiven) Vorstellung des Täters von der Tat und damit nicht aufgrund objektiv-nachträglicher Prognose zu beurteilen ist. Ferner wurde in der Neufassung des § 23 III StGB bestimmt, daß selbst der in „grobem Unverstand" unternommene Versuch, der „überhaupt nicht zur Vollendung führen konnte", grundsätzlich strafbar ist. Hiermit brachte der Gesetzgeber seinen Willen zum Ausdruck, den absolut und relativ untauglichen Versuch gleichermaßen unter Strafe zu stellen.

---

55 Feuerbach, Neues Archiv des Criminalrechts, 1816/1817, S. 163 (194).
56 Mittermaier, GS 11 (1859), S. 403 (439).
57 v. Liszt, Lehrbuch § 47 II; v. Hippel, Deutsches Strafrecht, Bd. II, § 30 VII.
58 2. StrRG vom 4.7.1969, BGBl I, S. 717.
59 Lackner/Kühl § 22, Rn. 2a; Sch-Sch-Eser § 22, Rn. 20; Jescheck/Weigend AT, § 49 II 1, S. 513; SK-Rudolphi § 22, Rn. 14; Kühl, JuS 1980, S. 506 (507).

Gleichwohl spielte der Gesichtspunkt der Gefährdung des geschützten Rechtsguts im Versuchsstadium einer Tat - wie anhand der Gesetzesmaterialien gezeigt werden wird - sowohl vor als auch nach der Gesetzesnovelle von 1969 bei der Entscheidung über die Normierung von Versuchsstrafbarkeiten bei Vergehen eine Rolle.

(2) Die subjektiven Versuchstheorien

Nach den subjektiven Theorien, denen sich insbesondere das Reichsgericht und später der BGH in ihrer Rechtsprechung anschlossen, wird beim Versuch der verbrecherische Wille bestraft[60]. Auch wenn das angegriffene Rechtsgut objektiv nicht gefährdet wurde oder die Handlung überhaupt nicht zu einer Gefährdung führen konnte, wird das Vorliegen eines strafwürdigen Handlungsunwertes bejaht. Erforderlich ist allein, daß der Täter seinen Willen, eine Straftat zu begehen, objektiv manifestiert hat. Die Tauglichkeit der Handlung zur Erfolgsherbeiführung soll nach dieser Auffassung deshalb nicht entscheidend sein, weil sich im nachhinein jede Versuchshandlung als untauglich und ungefährlich darstelle[61]. Der verbrecherische Wille sei hingegen beim Versuch von gleicher Qualität wie bei der Vollendung. Bei der Vollendung trete allerdings der aus dem verbrecherischen Willen resultierende rechtswidrige Erfolg in den Vordergrund.
Nach anderer Ansicht liegt die Strafbarkeit des untauglichen und somit ungefährlichen Versuchs in der Gefährlichkeit des Täters, von dem aufgrund der demonstrierten, rechtsfeindlichen Gesinnung ein erneuter und dann möglicherweise erfolgreicher Versuch zu erwarten ist[62]. Dieser Argumentation kann jedoch entgegengehalten werden, daß sie nicht das Unrecht der mißlungenen Tat beurteilt, sondern sich losgelöst von ihr auf präventiv-polizeiliche Gesichtspunkte stützt[63].

Einen Schwachpunkt der rein subjektiven Versuchstheorien streicht Zaczyk heraus, indem er darauf hinweist, daß keine Begründung vorgetragen wurde, aus der die Berechtigung abgeleitet werden kann, den streng objektiv gefaßten Unrechtsbegriff der Vollendung beim Versuch aufzugeben und auf einen aus-

---

60 RGSt. 1, 439 (441); 38, 423 (425 f.); 42, 92 (93); 47, 189 (190 f.); 49, 16 (20); 50, 35 (36); 58, 302 (303); 60, 136 (138); BGHSt. 11, 324 (327); aus der Literatur: Baumann/Weber AT, § 32 I 2c; Tröndle/Fischer § 22, Rn. 24; Lackner/Kühl § 22, Rn. 11; Otto ZStW 87 (1975), S. 539 (568), J.Meyer ZStW 87, S. 598 (603).

61 v. Buri, GA 25 (1877), S. 265 (272 ff.)

62 Waiblinger, ZStW 69 (1957), S. 189 (v.a. S. 218 f.). Kohlrausch/Lange StGB[38] Anm III vor § 43.

63 Zaczyk, Das Unrecht der versuchten Tat, S. 82.

schließlich am Willen des Täters orientierten Begriff überzugehen. Auch sei die Straflosigkeit des abergläubischen Versuchs (z.B. totbeten) mit (konsequent) subjektiven Versuchstheorien kaum zu vereinen[64].

Die subjektiven Versuchstheorien wurden vom Gesetzgeber jedoch bevorzugt: Sie bilden die Grundlage der Versuchsregelungen in den §§ 22, 23 StGB. Besonders deutlich wird dies an der 1939 vorgenommenen Streichung der bis dahin geltenden obligatorischen Strafmilderung für Versuchstaten. Künftig sollte die Strafe für den Versuch nach dem „Maß der Willensschuld des Täters, unabhängig von dem vielfach von Zufälligkeiten abhängigen Eintritt des Erfolges“ bestimmt werden[65]. Erst durch die Strafrechtsangleichungsverordnung von 1943 erfolgte die Umwandlung des § 44 a.F. RStGB in die bis heute in § 23 II StGB fortgeltende fakultative Strafmilderung. Das Festhalten an der nur fakultativen gegenüber der ursprünglich obligatorischen Strafmilderung begründete der Gesetzgeber im 2. StrRG ebenfalls mit der subjektiven Versuchstheorie: „Diese Lösung ist eine logische Konsequenz aus der im neuen StGB ausdrücklich anerkannten subjektiven Versuchstheorie." [66]

(3) Die Eindruckstheorie

Ansätze beider Extrempositionen werden in der heute herrschenden „Eindruckstheorie" verbunden[67]. Danach bildet entsprechend den subjektiven Theorien der betätigte verbrecherische Wille den Anknüpfungspunkt der Bestrafung, wobei diese nur dann erfolgen soll, wenn der betätigte Wille objektiv geeignet ist, das Vertrauen der Allgemeinheit in die Geltung der Rechtsordnung zu erschüttern. Nur in diesem Fall gefährde der Versuch das Gefühl der Rechtssicherheit und beeinträchtige so den Rechtsfrieden, weshalb er einer Sanktion bedürfe[68].

---

64 Zaczyk, a.a.O., S. 79.

65 § 4 Gewaltverbrechensverordnung vom 5.12.1939, amtliche Begründung in DJ 1939, S. 1856.

66 Ber. II zum 2. StrRG, BT-Drs. V/4095, S. 11.

67 Bereits v. Bar, Gesetz und Schuld im Strafrecht, Bd II, § 256, S. 490 f.; BGHSt 11, 324 (327); Jescheck/Weigend AT § 49 II 3, S. 514; Wessels/Beulke AT § 14 I 2, Rn. 594; J. Meyer ZStW 87 (1975), S. 598 (604); Roxin JuS 79, S. 1; LK-Vogler[10] vor § 22, Rn. 52 ff.; Sch-Sch-Eser Vorb § 22, Rn. 22.

68 Roxin JuS 79, 1; ähnlich Berz, Formelle Tatbestandsverwirklichung und materieller Rechtsgüterschutz, S. 44, der in der Versuchsstrafbarkeit eine Reaktion auf die Beeinträchtigung ideeller Rechtsgüter sieht.

Einige Befürworter der Eindruckstheorie sehen in ihr ein Mittel zur Einschränkung der nach ihrer Auffassung zu viele Fälle umfassenden, rein subjektiven Versuchslehre, indem eine strafbare Versuchstat zumindest den Eindruck der Gefährlichkeit hinterlassen muß[69]. Zum Teil wird das Eindrucksmoment aber auch als eigenes, das Unrecht des Versuchs konstituierendes Element verstanden[70]. Beide Spielarten der Eindruckstheorie geben allerdings keine Begründung an, warum es für die Strafbarkeit des Versuchs und damit für das Unrecht der Tat nicht auf die aktuelle, faktische Betroffenheit des konkreten Rechtsguts, sondern auf eine nachträglich festzustellende Eignung der Handlung zur allgemeinen Rechtsverunsicherung ankommen soll. Die Tat wird so von dem avisierten Rechtsgut losgelöst und als Angriff auf die Rechtsordnung als ganze betrachtet[71].

Grundgedanken aller drei Versuchslehren sind auch bei der Normierung von Versuchsstrafbarkeiten in einzelnen Vergehen aufgegriffen worden:

b) Die objektiven Theorien als Anordnungsgrund

(1) Rechtsgutsgefährdung im Versuchsstadium

(Versuchsstrafbarkeit der §§ 160, 240, 265 n.F., 324 StGB)

Eine Übertragung des den objektiven Strafgrundtheorien zugrundeliegenden Gedankens auf die Ebene der Normierung der Versuchsstrafbarkeit in einzelnen Vergehenstatbeständen würde zunächst zu dem Ergebnis führen, daß diejenigen Vergehen mit einer Versuchsstrafe versehen werden, deren Versuch regelmäßig eine Rechtsgutsgefahr in sich trägt. Delikte hingegen, bei denen ein gefährlicher Versuch undenkbar ist, weil die Tathandlung unmittelbar in die Vollendung mündet und mithin für den Versuch nur als untauglicher Versuch Raum bleibt, müßten nach den objektiven Strafgrundtheorien straflos zu stellen sein.

(a) Bei Aufnahme der Umweltdelikte in das StGB im Rahmen des 1. UKG führte der Gesetzgeber zu § 324 StGB aus, daß „die bisherige Beschränkung der Versuchsstrafbarkeit auf die Fälle des Handelns gegen Entgelt, in Bereicherungs- oder Schädigungsabsicht ... nicht angebracht“ sei. Die umfassende Versuchsstrafbarkeit der versuchten Gewässerverunreinigung dagegen erlaube „ein strafrechtliches Einschreiten schon in den Fällen, in denen eine Verunreinigung

---

69 Rudolphi, SK vor § 22, Rn. 13; Jürgen Meyer, ZStW 87 (1975), S. 598 (604).

70 Roxin, JuS 79, S.1.

71 Zaczyk, Das Unrecht der versuchten Tat, S. 22 f.

zwar noch vermieden werden konnte (etwa weil die Wasserbehörden rechtzeitig eingegriffen hatten), das Gewässer aber schon unmittelbar gefährdet war“ [72]. Schon die objektive Gefährdung des Schutzguts stellt danach strafbares Unrecht dar[73].

(b) Die Einsicht, daß unabhängig von der Deliktsvollendung regelmäßig eine Rechtsgutsgefahr begründet wird, könnte den Gesetzgeber veranlaßt haben, die Verleitung zur Falschaussage, § 160 StGB, mit einer Versuchsstrafbarkeit zu versehen. Bei diesem Tatbestand stellt die Einwirkungshandlung auf eine andere Person, damit sie einen Meineid leiste, lediglich eine Versuchshandlung dar, deren Vollendung erst mit Vornahme der objektiv unwahren Aussage eintritt. Doch auch wenn es letztlich nicht zu einer unwahren Aussage seitens des Dritten kommt (was sich dem Einflußbereich des Täters ohnehin entzieht), hat er doch mit dem Einwirken auf den anderen bereits eine Gefahr für die Beeinträchtigung der staatlichen Rechtspflege gesetzt. „Im Interesse der allgemeinen Rechtssicherheit (wurde) daher Versuch wie Vollendung der ... Handlung unter Strafe gestellt." [74]

(c) Im E 27 führt der Gesetzgeber zur Versuchsstrafbarkeit des § 240 StGB aus, daß „vielfach schon der Versuch der Nötigungshandlung besonders gefährlich und strafwürdig ist. Es besteht daher ein Bedürfnis nach Strafschutz auch gegenüber dem Nötigungsversuch" [75]. Auch die Verfasser des Alternativentwurfs betonen, daß „gerade bei der Nötigung viele Taten im Versuch stecken bleiben, ohne eine wesentlich geminderte Gefährlichkeit aufzuweisen“, weshalb „gewichtige kriminalpolitische Gründe für die Beibehaltung der Versuchsstrafbarkeit“ sprachen[76].

(d) Die Normierung einer Versuchsstrafbarkeit in § 265 n.F. StGB (Versicherungsmißbrauch) bezeichnete der Gesetzgeber in seiner Begründung zum 6. StrRG als unentbehrlich. Mit einem Hinweis auf gleichlautende frühere Entwürfe machte er sich unter anderem die im E 62 angeführte Begründung zu eigen:

---

72 RegE zum 18. StÄG, BT-Drs. 8/2382, S. 15 zu § 324.

73 Als weiterer Anordnungsgrund für die Versuchsstrafbarkeit klingt hier aber auch der Gedanke an, daß die Strafbarkeit strafwürdiger Handlungen nicht vom Zufall bestimmt sein soll. Denn nur vom Zufall hängt es ab, ob die Wasserbehörden so rechtzeitig zur Stelle sind, daß sie den Schaden noch verhindern können oder ob ihnen nur noch Maßnahmen zur Schadensbeseitigung bleiben. Zu diesem Anordnungsgrund sogleich ausführlich unter A 2.

74 Vorentwurf, Begründung zum BT, S. 550 zu § 170 VE.

75 E 27, Begrü. S. 141 zu § 279 E.

76 Alternativentwurf BT, Straftaten gegen die Person, 1. Halbband, Begrü. S. 67 zu § 116 AE.

„Sie (die Versuchsstrafbarkeit) erscheint bei der Gefährlichkeit der Tat nicht entbehrlich“ [77].

*(2) **Rechtsgutsbeeinträchtigung im Versuchsstadium***
(Versuchsstrafbarkeit der §§ 174, 174a, 176 StGB)

Die Möglichkeit, daß eine Versuchshandlung das Rechtsgut, dessen Beeinträchtigung der jeweilige Tatbestand verhindern soll, nicht nur gefährdet, sondern es sogar verletzt, hat bei einigen Sexualdelikten zur Normierung von Versuchsstrafbarkeiten geführt.

(a) So dienen die §§ 174 und 176 StGB (Sexueller Mißbrauch von Minderjährigen bzw. Kindern) dem Schutz Minderjähriger vor einem Eingriff in ihre ungestörte sexuelle Entwicklung[78]. Vollendet sind diese Delikte erst mit Vornahme entsprechender Handlungen an oder vor den bzw. durch die geschützten minderjährigen Personen. Der Gesetzgeber sah jedoch die Möglichkeit, daß „schon mit Beginn der Ausführungshandlungen ... regelmäßig das Verhältnis des Täters zum Schutzbefohlenen beeinträchtigt und die ungestörte sexuelle Entwicklung des jungen Menschen gefährdet“ werde[79]. Diese typischerweise vor Vollendung auftretende Möglichkeit eines Schadens für das Schutzgut legte die Normierung der Versuchsstrafbarkeit in den §§ 174 und 176 StGB nahe. Auf diese Weise behielt der Gesetzgeber zugleich den alten Rechtszustand bei, nach dem die Delikte als Verbrechen ohne weiteres im Versuch strafbar gewesen waren.
Demgegenüber lehnten zwar die Verfasser des Alternativentwurfs bei denselben Delikten eine Versuchsstrafbarkeit ab. Die dafür maßgeblichen Gründe - die Strafbarkeitsgrenze werde zu weit in das Vorfeld der eigentlichen Ausführungshandlung verlagert und hierdurch Beweisproblemen Vorschub geleistet; auch würden unnötige Verfahren provoziert, die die betroffenen Minderjährigen ebenfalls belasten und schädigen könnten - stellen aber nicht in Frage, daß mit dem Versuch bereits Rechtsgutsbeeinträchtigungen einhergehen können[80].

(b) Zur Begründung der Aufrechterhaltung der Versuchsstrafbarkeit in § 174a StGB (Sexueller Mißbrauch von Gefangenen etc.) verweist der Gesetzgeber lediglich auf die Versuchsstrafe im ähnlichen § 174 StGB. Ob sich dieser Verweis

---

77 E 62, Begrü. S. 428 zu § 256 E.

78 Tröndle/Fischer §174, Rn. 1a und § 176, Rn. 1; Lackner/Kühl § 174, Rn. 1 und § 176, Rn. 1; Sch-Sch-Lenckner § 174, Rn. 1 und § 176, Rn. 1.

79 RegE zum 4. StrRG, BT-Drs. VI/1552, S. 15.

80 Alternativentwurf zum BT, Sexualdelikte, Begrü. S. 23 zu B 4; S. 25 zu § B 5.

auch auf den Strafgrund der Möglichkeit einer bereits im Versuchsstadium verursachten Schädigung des geschützte Rechtsgut bezieht, muß zumindest bezüglich der durch § 174a I und II StGB geschützten sexuellen Freiheit der Abhängigen[81] bezweifelt werden. Sie wird regelmäßig erst mit Vornahme der sexuellen Handlung beeinträchtigt. Daneben werden in derselben Vorschrift aber auch das störungsfreie Funktionieren der Anstalten und das Vertrauen der Allgemeinheit in die Integrität der Betreuer geschützt[82]. Hinsichtlich dieser Rechtsgüter ist nicht nur eine akute objektive Gefährdung, sondern möglicherweise sogar ihre Verletzung allein durch die Versuchshandlung zu bejahen. Auch bei § 174a StGB war demnach die Möglichkeit einer Rechtsgutsbeeinträchtigung im Versuchsstadium für die Anordnung der Versuchsstrafbarkeit entscheidend.

c) Die subjektiven Theorien als Anordnungsgrund
(Versuchsstrafbarkeit der §§ 113, 156, 216, 259, 274, 303, 348, 353b StGB)

Die konsequente Umsetzung der subjektiven Theorien zum Strafgrund des Versuchs würde die Strafbarkeit jedes Vergehensversuchs bedeuten. Denn wenn der verbrecherische Wille Gegenstand der Bestrafung und dieser bei Versuch und Vollendung gleichermaßen ausgeprägt ist, so muß jede Tat, die als vollendete strafbar ist, auch im Versuch strafbar sein[83].

(1) Eine entsprechende Novelle hatte der Gesetzgeber in den dreißiger Jahren, in denen die subjektiven Theorien - teilweise in der weitergehenden Form des Willensstrafrechts - befürwortet wurden, tatsächlich verfolgt. Da die verwerfliche Einstellung des Täters zur Gemeinschaft als Grund des Strafens überhaupt angesehen wurde, sollte der als zufällig empfundene Erfolgseintritt nicht über die Bestrafung des Delinquenten entscheiden[84]. Geplant war die völlige Gleichstellung des Versuchs mit der Vollendung nach dem Vorbild des österreichischen und schweizerischen Strafgesetzbuchs[85]. So sollte nach § 7 I E 36 „als Täter schon bestraft werden, wer eine Straftat beginnt". Allerdings sollten - an-

---

81 Tröndle/Fischer § 174a, Rn. 1; Lackner/Kühl § 174a, Rn. 1; Sch-Sch-Lenckner § 174a, Rn. 1.

82 Tröndle/Fischer § 174a, Rn. 1; BT-Drs. VI/3521, S. 25; teilweise anders: Lackner/Kühl § 174a, Rn. 1 und Sch-Sch-Lenckner § 174a, Rn. 1, nach deren Auffassung diese Rechtsgüter nur von Abs.1 geschützt werden; a.A. Maurach-Schroeder-Maiwald BT1, 19/3, der diese Rechtsgüter gar nicht als geschützt ansieht.

83 RGSt 1, 439 (441); Roeder, Versuch und Teilnahme nach der Strafrechtsangleichungsverordnung, ZStW 62 (1944), S. 303 (304).

84 Rietzsch, Willensstrafrecht, Versuch und Teilnahme, DJ 43, S. 309.

85 Rietzsch, ebd. S. 310. Zum ÖStGB und SchwStGB siehe in der Einleitung unter C.

ders als nach dem ÖStGB und dem SchwStGB - einige Vergehenstatbestände trotz der generellen Versuchsstrafbarkeit weiterhin im Versuch straflos bleiben[86].

(2) Der Vorschlag einer grundsätzlichen Versuchsstrafbarkeit von Vergehen wäre auch von den Finalisten zu erwarten, nach deren Auffassung jede willensgetragene (finale) Nichtbefolgung einer Norm strafbares Unrecht ist[87]. Ob ein Verhalten, das auf Herbeiführung eines wertwidrigen Ziels gerichtet ist - zufällig - zum Erfolg führt oder nicht, soll gleichgültig sein. Der Erfolg wird vielmehr als schuldunabhängige, objektive Bedingung der Strafbarkeit angesehen[88]. Die herkömmliche Unterscheidung zwischen beendetem Versuch und Vollendung sei in einem Strafrechtssystem, das sich als Schuld- und nicht als Erfolgsstrafrecht versteht, systemwidrig. Die eigentliche Scheidelinie auf der Unrechtsebene verlaufe vielmehr zwischen beendetem und unbeendetem Versuch, da der unbeendete Versuch regelmäßig geringeres Handlungsunrecht aufweise als die zu Ende geführte Tathandlung[89].
Allerdings beschränken sich die von den Finalisten hieraus für die Normgestaltung gezogenen Folgerungen auf das im Allgemeinen Teil anzudrohende Strafmaß für den Versuch. Die Forderung nach ausnahmsloser Versuchsstrafbarkeit der Vergehen wird nicht erhoben[90]. Zielinski räumt vielmehr ein, daß die Beurteilung der Strafbedürftigkeit des Versuchs trotz des übereinstimmenden Handlungsunrechts bei Versuch und Vollendung unterschiedlich ausfallen könne[91]. Dahinter könnte die Erwägung stehen, daß die Beurteilung der Strafbedürftigkeit eines Verhaltens bei fehlendem Erfolgseintritt wegen der mit dem Erfolg verbundenen Indizierung des Täterplans anders ausfallen kann als beim vollendeten Verbrechen.
Die Forderung der finalistischen Lehre zielt nur auf eine Revision des § 23 II und III StGB. Danach wären Vollendung und strafbarer beendeter Versuch (auch der grob unverständige) mit gleicher Strafe zu belegen, der strafbare unbeendete Versuch hingegen obligatorisch milder zu bestrafen[92].

---

86 Z.B. die Körperverletzung und die Beleidigung. Siehe hierzu oben in Einleitung unter B 3 und die Entwurfsbegründung von Rietzsch, DJ 43, S. 309 (310).

87 Zielinski, Handlungs- und Erfolgsunwert im Unrechtsbegriff, Kapitel 4, bes. S. 136, 143 f.; Armin Kaufmann, ZStW 80 (1968), S. 34 (50 ff).

88 Zielinski, Handlungs- und Erfolgsunwert im Unrechtsbegriff, S. 147.

89 Zielinski, a.a.O., S. 144; Armin Kaufmann, ZStW 80 (1968), S. 34 (51 f.).

90 So behandelt etwa Welzel die Versuchsstrafbarkeit in seinem Gutachten zur Auswirkung einer Umsetzung der finalistischen Lehre auf den Allgemeinen Teil des StGB gar nicht: Materialien zur Strafrechtsreform, S. 45 ff.

91 Zielinski, a.a.O., S. 216 unter (b).

92 Armin Kaufmann, ZStW 80 (1968), S. 34 (51 f.); Zielinski, Handlungs- und Erfolgsunwert im Unrechtsbegriff, S. 216 f.

(3) Daß das StGB immer bei der grundsätzlichen Straflosigkeit des Vergehensversuchs blieb, liegt allerdings allein an der mangelnden Umsetzung des E 36. Die in ihm vorgesehene Einführung der generellen Versuchsstrafbarkeit hat der Gesetzgeber nach Ausbruch des Krieges für zu aufwendig befunden. Denn die nach dem E 36 geplante explizite Ausnahme harmloser Vergehen aus der generellen Versuchsstrafbarkeit hätte die Untersuchung jedes einzelnen Vergehens des RStGB auf seine Strafwürdigkeit und Strafbedürftigkeit im Versuch erfordert. Um diese Arbeiten mit gebotener Gründlichkeit betreiben zu können, wurde die Einführung der generellen Versuchsstrafbarkeit auf Friedenszeiten verschoben.[93] Statt dessen begnügte sich der Gesetzgeber damit, zumindest in den „als dringend erscheinenden Fällen" der §§ 113, 156, 216[94], 259, 274, 348 StGB eine Versuchsstrafbarkeit zu normieren[95]. Diese wurde nur in zwei Fällen wieder aufgehoben, nämlich in § 113 StGB wegen dessen tatbestandlicher Versuchsstruktur (vgl. unter B.3: Tätigkeitsdelikte mit Versuchsstruktur) und in § 156 StGB wegen unerwünschter Nebeneffekte der Versuchsstrafbarkeit (vgl. unter B.10: Negative Folgen)[96].

(4) Auch der 1936 neu ins RStGB aufgenommene § 353b StGB (Verletzung des Dienstgeheimnisses) wurde im Gegensatz zu seinem Vorbild, § 353a StGB (Vertrauensbruch im Auswärtigen Dienst), und entgegen früherer Vorschläge[97] und Entwürfe[98] mit einer Versuchsstrafe versehen, was der Tendenz, das Strafrecht dem Willensstrafrecht anzunähern, und der Betonung der subjektiven Strafgrundtheorien entsprach[99].

(5) Ansätze der subjektiven Strafgrundtheorien zur Begründung der Anordnung von Versuchsstrafbarkeit sind ferner in den Beratungen des Reichstages über die endgültige Fassung des Strafgesetzbuches für den Norddeutschen Bund dokumentiert: Bei den Beratungen zum Tatbestand der Sachbeschädigung (§ 303 StGB) wurde dessen Versuchsstrafbarkeit mit dem Argument befürwortet, „überall da, wo die Thatsache selbst kriminell bestraft ist, auch den Versuch be-

---

93 Strafrechtsangleichungsverordnung vom 29.5.1943, RGBl I, S. 339.

94 Vgl. zu § 216 StGB auch Ausführungen unter: Schwere der Tat / Rechtsgüterrang, A 3 b (4).

95 Strafrechtsangleichungsverordnung vom 29.5.1943, RGBl I, S. 339.

96 Beide Änderungen erfolgten durch 3. StÄG vom 4.8.1953, BGBl I, S. 735; Begrü. in RegE zum 3. StÄG, BT-Drs. I/3713, S. 35 f.

97 Preiser, Strafrechtlicher Schutz der Verpflichtung zur Amtsverschwiegenheit, DJZ 1907, Spalte 874 (875 f.).

98 § 353b StGB entsprechen § 133 E 25 und § 140 E 27, in denen jeweils keine Versuchsstrafbarkeit vorgesehen war.

99 Probst, Der strafrechtliche Schutz des Amtsgeheimnisses unter besonderer Berücksichtigung der §§ 353b und 353c StGB, S. 67.

strafen" zu wollen, denn es sei „vielfach ... ja rein zufällig, ob das Faktum, welches zur Vollendung nothwendig ist, eintritt oder nicht, (was) dem Thäter selbst ... nicht zu gute gerechnet werden" könne[100].

2. Ausschluß von Zufälligkeiten

(Versuchsstrafbarkeit der §§ 201, 236 StGB)

Für die Normierung der Versuchsstrafbarkeit hat sich der Gesetzgeber auch in Fällen entschieden, in denen die Tatvollendung neben der Vornahme der tatbestandsmäßigen Handlung durch den Täter noch von weiteren, externen Voraussetzungen abhängt. Sofern der Täter alles für den Erfolgseintritt Erforderliche getan hat, soll es hinsichtlich seiner Bestrafung nicht auf den außerhalb seiner Gewalt liegenden Erfolgseintritt ankommen.
In dieser Argumentation finden sich die Elemente der oben dargestellten subjektiven Strafgrundtheorien, nach denen die Strafwürdigkeit des Versuchs aus dem betätigten verbrecherischen Willen resultiert. Der von Zufälligkeiten bestimmte Erfolgseintritt soll dagegen - wie maßgeblich von den Finalisten betont - für die Bestrafung nicht in erster Linie entscheidend sein[101]. Diese Erwägungen erhalten zusätzliches Gewicht, wenn der Erfolgseintritt regelmäßig neben der Tathandlung durch weitere, externe Geschehensabläufe bedingt ist. Daher sollen diese Delikte hier als eigenständige Gruppe dargestellt werden, die mit den vorangehend angeführten Erwägungen der subjektiven Versuchstheorien allerdings in engem Zusammenhang stehen, wie sich insbesondere an der soeben wiedergegebenen Begründung zur Versuchsstrafbarkeit in § 303 RStGB zeigt[102].

a) So stellte der Gesetzgeber in § 201 StGB (Verletzung der Vertraulichkeit des Wortes) den Versuch unter Strafe, um sicherzustellen, „daß die Tathandlungen auch dann erfaßt werden, wenn die unberechtigte Aufnahme nicht gelingt oder das eingebaute Abhörgerät nicht arbeitet", denn: „Von solchen Zufälligkeiten darf die Strafbarkeit nicht abhängen"[103].

---

100 Wortmeldung des Abgeordneten Miquel im Reichstag, StenBer, 1.LP, Sess. 70, 2. Bd, 37. Sitzung, S. 738.

101 So z.B.: Zielinski, Handlungs- und Erfolgsunwert im Unrechtsbegriff, S. 144; Armin Kaufmann, ZStW 80 (1968), S. 34 (51 f.); ferner vgl. Rietzsch, DJ 43, S. 309 in der Begründung zur Strafrechtsangleichungsverordnung vom 29.5.1943.

102 Zitat unter A. 1c (5); Fn. 100.

103 Entwurf eines Gesetzes zur Beschränkung des Brief-, Post- und Fernmeldegeheimnisses (G10), BT-Drs. V/1880, S. 15.

b) Von den gleichen Erwägungen hat sich der Gesetzgeber auch bei § 236 StGB n.F. (Kinderhandel) leiten lassen. Hier tritt Vollendung erst ein, sobald das Kind einer anderen Person überlassen wird. Dies hängt aber maßgeblich von der Einigung zweier Personen ab, nämlich des Vermittlers (strafbar nach § 236 I S. 1 StGB) und der übernehmenden Person (strafbar nach § 236 I S. 2 StGB). Um auch auf den angestrebten, letztlich aber gescheiterten Handel angemessen reagieren zu können, wurde der Versuch unter Strafe gestellt[104].

3. Die Schwere der Tat

Bei einer Vielzahl der Vergehenstatbestände führt der Gesetzgeber zur Begründung der Versuchsstrafbarkeit die Schwere der Tat an. Danach ist der Versuch bei schwereren Vergehen anders als bei leichteren strafwürdig und wird deshalb pönalisiert. Dies entspricht der Motivation, aus der heraus der Gesetzgeber in § 43 II RStGB (entspricht dem heutigen § 23 I StGB) für Vergehen das Erfordernis einer Einzelandrohung von Versuchsstrafbarkeit im Besonderen Teil des StGB festgelegt hat. Im Vorentwurf führt er dazu aus: „Wie bereits bemerkt, besteht ein Bedürfnis, neben der vollendeten auch schon die versuchte Straftat mit Strafe zu bedrohen, nur bei strafbaren Handlungen von größerer Erheblichkeit für die Rechtsordnung... Hinsichtlich der Vergehen ist damit die Gewähr gegeben, daß der Versuch nur da mit Strafe bedroht ist, wo er aus kriminalpolitischen Erwägungen und rechtlichen Gründen wirklich strafwürdig erscheint" [105].

Danach gilt es herauszuarbeiten, welche Vergehen „von größerer Erheblichkeit für die Rechtsordnung“ sind. Als Differenzierungsmerkmal könnte zunächst das Strafmaß der einzelnen Vergehen herangezogen werden, zumal mit ihm auch die Deliktsnatur des Vergehens im Gegensatz zum Verbrechen und damit zugleich die grundsätzliche Straflosigkeit des Versuchs bestimmt wird. Danach wäre bei Vergehen mit hohem Strafmaß, weil sie den Verbrechen näher sind, die Androhung einer Versuchsstrafbarkeit zu erwarten. Eine Gesamtschau aller Vergehen des StGB bestätigt diesen Gedanken: Die schwersten unter ihnen, die mit dem für Vergehen höchsten Mindeststrafrahmen von sechs Monaten geahndet werden (§§ 95; 96 II; 176 I, II; 180b II; 244 n.F.; 260 StGB[106]), sind ausnahmslos im

---

104 Entwurf des Bundesrats zur Reform der Strafvorschriften gegen Kinderhandel, BT-Drs. 13/6038, S.10; RegE eines 6. StrRG, BT-Drs. 13/8587, S. 40.

105 Vorentwurf, Begründung zum AT, § 75 VE, S. 289 f.

106 Es sind dies die Delikte: Offenbaren von Staatsgeheimnissen, § 95 StGB; Auskundschaften von Staatsgeheimnissen, § 96 StGB; Sexueller Mißbrauch von Kindern, § 176 I, II StGB; Menschenhandel, § 180b II StGB; Diebstahl mit Waffen, Banden-

Versuch strafbar. Je niedriger das Strafmaß bei den restlichen Delikten festgesetzt ist, desto höher ist auch der Anteil nicht versuchsstrafbarer Delikte unter ihnen. Schließlich sind die mit geringster Strafdrohung versehenen Vergehen (§§ 107b, 160, 184a, 285 StGB[107]) mit Ausnahme des § 160 StGB einheitlich nicht mit Versuchsstrafe belegt.

Das Strafmaß ist jedoch nur Ausdruck für das festgestellte Ausmaß der Schwere einer Tat, nicht aber dafür, worin das Unrecht der Tat begründet liegt, was die Tat also zu einer schwereren und damit strafwürdigeren macht. Hierzu können aus den Gesetzesmaterialien Hinweise ermittelt werden, die erkennen lassen, an welchen Kriterien der Gesetzgeber die Bewertung der Schwere eines Vergehens festmacht. Sie lassen sich in drei Gruppen zusammenfassen, die jeweils für sich allein die Versuchsstrafbarkeit eines Vergehens zu begründen vermögen.

a) Gefahr eines besonders großen Schadens im Falle der Vollendung
(Versuchsstrafbarkeit der §§ 95, 96 II, 109 - 109h, 281, 330a a.F. StGB sowie der konkreten Gefährdungsdelikte)

Die Schwere des Unrechts einer Versuchshandlung wird zunächst an den Auswirkungen der vollendeten Tat festgemacht. Danach sind im Versuch strafwürdige Delikte solche, deren Verwirklichung einen besonders großen Schaden oder eine bedeutende Rechtsgütergefährdung mit sich bringen würde.

(1) Bei der Offenbarung von Staatsgeheimnissen (§ 95 StGB) führt das vollendete Delikt zur Gefahr eines schweren Nachteils für die äußere Sicherheit der Bundesrepublik. In diesem Bereich einer den gesamten Staat erfassenden Gefährdung könne - so betont der Gesetzgeber - „eine (Strafbarkeits-) Lücke ... nicht hingenommen werden" [108]. Daneben hatten auch die im Alternativentwurf gegen die Versuchsstrafbarkeit vorgetragenen Bedenken kein Gewicht, daß „der Versuchstäter ... in diesem Bereich kein äußeres Tatbestandsmerkmal (verwirkliche), aus dem verläßlich entnommen werden könnte, daß er sich das Geheimnis

---

diebstahl, Wohnungseinbruch, § 244 StGB n.F.; Gewerbsmäßige Hehlerei, § 260 StGB; Schwere Gefährdung durch Freisetzen von Giften, § 330a III StGB.

107 Nötigung des Bundespräsidenten, § 106 StGB; Fälschung von Wahlunterlagen, § 107b StGB; Verleitung zur Falschaussage, § 160 StGB; Ausübung der verbotenen Prostitution, 184a StGB; Beteiligung am unerlaubten Glücksspiel, § 285 StGB n.F.

108 Ber zum 8. StÄG, BT-Drs. V/2860, S. 19; besonders eindringlich auch in Vorentwurf, Begrü. zum BT, S.444 zu § 110 VE.

verschaffte, um es einer fremden Macht wie ein Landesverräter bekanntzumachen" [109].
Durch Verweis auf seine Begründung zu § 95 StGB hat der Gesetzgeber auch die Versuchsstrafbarkeit in § 96 StGB mit dem besonderen Schadensausmaß im Falle einer Vollendung begründet. Bezugnehmend auf die im Alternativentwurf zu § 95 StGB vorgetragenen Einwände führt er zum Erfordernis lückenlosen Strafschutzes aus, daß „Schwierigkeiten einer Tatsachenfeststellung und Differenzierung nach der subjektiven Tatseite kein Grund (seien), auf einen Tatbestand zu verzichten, der gefährliches und strafwürdiges Verhalten unter Strafe stellt" [110].

(2) In den §§ 109 und 109a StGB wird der Personalbestand der Bundeswehr geschützt[111]. „Wegen der besonderen Gefährlichkeit der Wehrpflichtentziehung für die Einsatzbereitschaft der Truppe wurde auch hier der Versuch unter Strafe gestellt." [112]
Schließlich liegt es nahe, daß die Erwägungen, die Funktions- und Einsatzfähigkeit der Bundeswehr möglichst umfassend zu schützen, dazu geführt haben, in allen übrigen Vorschriften des fünften Abschnitts ebenfalls Versuchsstrafbarkeiten anzuordnen[113]. In § 109d StGB geschieht dies, obwohl die Ausgestaltung des Tatbestands als abstraktes Gefährdungsdelikt bereits eine Vorfelderfassung gewährleistet.

(3) Schließlich läßt sich auch § 330a StGB (Schwere Gefährdung durch Freisetzen von Giften) in seiner bis zum 6. StrRG geltenden Fassung als Beispiel anführen. Der Tatbestand wurde bis zum 6. StrRG als Vergehen bestraft. Seine Versuchsstrafbarkeit, die in § 330a II normiert war, begründete der Gesetzgeber zum einen mit seiner Deliktsnatur eines konkreten Gefährdungsdelikts[114], zum anderen aber auch mit „schwerwiegenden Deliktscharakter der Tat (Freiheitsstrafe von sechs Monaten bis zu zehn Jahren) und auf die bereits mißbilligens-

---

109 Alternativentwurf zum BT, Politisches Strafrecht, § 15, S. 65.

110 Ber zum 8. StÄG, BT-Drs. V/2860, S. 19. Vgl zur Versuchsstrafbarkeit des § 95 auch unten: Versuchsstrafbarkeit konkreter Gefährdungsdelikte in Teil 1 B 4 b.

111 LK[11]-Schroeder zu § 109, Rn. 1, zu § 109a, Rn. 1.

112 Entwurfsbegründung zu §§ 17, 18 WStG, BT-Drs. II/3040, Anlage 5, S. 28 und 29. (§§ 17 f. WStG wurden als Anlage 5 zum 4. StÄG zu dessen Bestandteil und als §§ 109 f. StGB erlassen).

113 Ausgenommen wurden lediglich §§ 109e V und 109g IV StGB , vgl. hierzu unter Relative Schwere der Tat (B 8 c). Zu den im übrigen im Versuch strafbaren §§ 109e und 109g StGB vgl. unten unter Versuchsstrafbarkeit konkreter Gefährdungsdelikte (B 4 b).

114 Hierzu unten Teil 1 B 4 b.

werte Möglichkeit des ‚Ansetzens' "[115]. Die besondere Schwere auch der Versuchstat sah der Gesetzgeber bei § 330a StGB darin, daß die Norm tatbestandlich „im Vergleich zu ..." den übrigen, im 29. Abschnitt enthaltenen „...Vorschriften einengend sogar die Gefahr u.a. einer schweren Gesundheitsbeschädigung oder die Gefahr einer Gesundheitsbeschädigung einer großen Zahl von Menschen voraussetzt." [116]
Wegen der erhebliche Schadensgefahr beim Umgang mit entsprechenden Giften war bereits während der Ausarbeitung des Tatbestands im 1. UKG[117] vorgeschlagen worden, das Delikt als Verbrechen zu fassen[118], wie es schließlich durch das 6. StrRG geschehen ist. Gleichwohl wurde die Versuchsstrafbarkeit erst durch das 2. UKG auf Anregung von Wissenschaft und Praxis aufgenommen.

(4) Taten, deren Vollendung den Eintritt eines unabsehbar bzw. außergewöhnlich großen Schadens befürchten lassen, sind vom Gesetzgeber oftmals als konkrete Gefährdungsdelikte gefaßt, so z.B. die §§ 95, 109e II, 109g, 241a, 312 n.F., 315 ff StGB. Obwohl die Strafbarkeitsgrenze hier schon durch die Deliktsform vorverlagert wird, da es für die Vollendung nicht zu einem Schadenseintritt kommen muß, sind die Delikte zusätzlich noch mit einer Versuchsstrafbarkeit versehen[119]. Auf diese Weise wird die Strafbarkeitsgrenze erneut nach vorne verlagert und so insgesamt das Vorfeld der Tat in weitem Maße von der Strafbarkeit erfaßt. Diese üblicherweise bei konkreten Gefährdungsdelikten auftretende Doppelung der Vorfeldsanktionierung dürfte auf die regelmäßig in ihnen erfaßten besonderen Schadensgefahren zurückzuführen sein (hierzu ausführlich unter B 4 b, Tatbestandsfassung als Gefährdungsdelikt).

(5) Mit dem 1941 als Vergehen im StGB aufgenommenen Tatbestand des Mißbrauchs von Ausweispapieren (§ 281 StGB) sollte eine wesentlich strengere Bestrafung als nach dem bis dahin geltende Übertretungstatbestand des § 363 RStGB ermöglicht werden. Diese Hochstufung zum Vergehen stand im Einklang mit früheren Entwürfen[120] und wurde während des Krieges als um so dringender empfunden, als das Fehlen einer entsprechenden Strafnorm nun eine „besonders fühlbare Lücke" darstellte[121].

---

115 Ber. II zum 2. UKG, BT-Drs. 12/7300, S. 24.

116 Ber. II zum 2. UKG, BT-Drs. 12/7300, S. 24

117 Das 1. UKG wurde als 18. StÄG am 28.3.1980 (BGBl I, S. 373) erlassen.

118 Entwurf der SPD-Fraktion zum 2. UKG, BT-Drs. 12/376.

119 Eine eigene Abhandlung zur Versuchsstrafbarkeit bei konkreten Gefährdungsdelikten folgt in Teil 1 B 4 b

120 In E 1919 als § 240 E; in E 1925 als § 190 E; in E 1927 als § 210 E.

121 Cramer, in GA 63, S. 363 f., mit einem Verweis auf Schmidt-Leichner, DR 1941, 2149.

Daneben brachte die 1941 vorgenommene Reform des § 281 StGB aber auch - und insofern entgegen den früheren Entwürfen - eine erhebliche Verschärfung des Strafmaßes mit sich, die in besonders schweren Fällen sogar bis zur Zuchthausstrafe reichte, so daß der Mißbrauch von Ausweispapieren in die Nähe der Verbrechenstatbestände gerückt wurde. Vor diesem Hintergrund entsprach die gleichzeitige Anfügung einer Versuchsstrafbarkeit, auch wenn sie in sämtlichen früheren Entwürfen fehlte, der im Strafmaß ausgedrückten Einschätzung der Strafwürdigkeit der Tat.
Durch das 1. StrRG wurde schließlich das Strafmaß des § 281 StGB herabgesetzt. Überlegungen, im gleichen Zuge auch die weiterhin geltende Strafbarkeit des Versuchs zurückzunehmen, wurden hingegen nicht dokumentiert.

b) Schwere der Tat nach dem Wert der geschützten Rechtsgüter
(Versuchsstrafbarkeit der §§ 223, 224 StGB n.F.)

Die Schwere deliktischen Handelns läßt sich auch vom angegriffenen Rechtsgut aus beurteilen. Danach wiegt eine Tat um so schwerer, je höher das angegriffene Rechtsgut in der Werteordnung rangiert. Den sensiblen Rechtsgütern wird ein ihrem Rang entsprechender, umfassender Strafschutz gewährt. Die gesetzgeberische Entscheidung über die Versuchsstrafbarkeit eines Vergehens erfolgt daher unter Berücksichtigung des Rangs des angegriffenen Rechtsguts, der bei hochrangigen Rechtsgütern für ihren zusätzlichen Schutz durch Anordnung einer Versuchsstrafbarkeit streitet. Demnach läßt sich auch umgekehrt der einem Rechtsgut zugeordnete Wert am Ausmaß seines strafrechtlichen Schutzes und damit insbesondere am Strafmaß und der Weite der Vorfelderfassung ersehen[122].

(1) Das Rangverhältnis zwischen Vermögenswerten einerseits und den höchstpersönlichen Rechtsgütern Leben, körperliche Unversehrtheit und Freiheit andererseits ist in dieser Hinsicht besonders aufschlußreich, zumal es seit Bestehen des RStGB eine erhebliche Wandlung erfahren hat, die sich auch auf die Versuchsstrafbarkeit auswirkte.
Bei der Kodifizierung des RStGB 1871 gab es mit § 223 StGB nur den Tatbestand der (einfachen) Körperverletzung. Er enthielt bis zu seiner Reform durch das 6. StrRG 1998[123] keine Versuchsstrafbarkeit. Das wurde damit begründet, daß die einfache Körperverletzung im Versuch in der Regel nicht strafwürdig sei

---

[122] Wolf, Die Justiz 1927, Bd 3, S.110 (111 f.); Oehler, Wurzel, Wandel und Wert der Strafrechtlichen Legalordnung, S.1.

[123] 6. StrRG vom 26.1.1998, BGBl. I, S. 164.

und daß die wenigen für eine Versuchsstrafbarkeit „in Betracht kommenden Fälle mit kriminellem Gehalt sich unter dem rechtlichen Gesichtspunkt der Beleidigung erfassen" ließen[124]. Denn die Mißachtung einer anderen Person wird üblicherweise auch dann zum Ausdruck kommen, wenn eine Körperverletzung beispielsweise fehlgeschlagen ist. Diese Auffassung negiert jedoch den eigenständigen Wert des Rechtsguts der körperlichen Unversehrtheit neben dem von § 185 StGB geschützten Ehranspruch. Dem durch § 223 StGB geschützten Rechtsgut wurde daher, selbst wenn Strafbarkeitslücken durch das Ausweichen auf § 185 StGB vermieden wurden, keine hinreichende Beachtung eingeräumt.
Nach Auffassung der Verfasser des Alternativentwurfs war eine Versuchsstrafbarkeit im Grunddelikt entbehrlich, „da die wirklich gefährlichen (und somit strafwürdigen) Versuchsfälle" unter den Qualifikationstatbestand § 226 StGB der heutigen Fassung fielen[125].
Die Versuchsstrafbarkeit des § 223 StGB wurde schließlich durch das 6. StrRG eingefügt. Zur Begründung führt der Gesetzgeber aus: „Die Werteordnung des Grundgesetzes legt es nahe, dem höchstpersönlichen Rechtsgut der körperlichen Unversehrtheit nicht nur im Hinblick auf die Strafbarkeit des Versuchs den gleichen - hier in das Versuchsstadium vorverlagerten - Strafschutz wie Eigentum und Vermögen zukommen zu lassen." [126]

(2) Mit Aufnahme des Qualifikationstatbestandes der gefährlichen Körperverletzung (§ 223a StGB a.F., § 224 StGB n.F.) in das RStGB 1876 wurde anerkannt, daß „das öffentliche Interesse in höchstem Grade daran betheiligt (ist), daß die Sicherheit der Person mindestens ebenso so sehr als die des Eigenthums geschützt sei und daß Gefährdungen derselben strenge geahndet werden."[127] Trotz dieser vergleichenden Betrachtung des Rechtsgüterschutzes hat der Gesetzgeber die Angleichung des Strafschutzes damals nicht auf die Versuchsstrafbarkeit bezogen. Denn während Eigentum und Vermögen in den §§ 242, 246, 249, 253, 263 und 303 RStGB sämtlich schon im Versuchsstadium strafrechtlich geschützt wurden, ist eine entsprechende Strafausdehnung bei § 223a StGB (§ 224 StGB n.F.) 1876 gar nicht erwogen worden. Dies mag zwar darauf zurückzuführen sein, daß die zunächst neben § 223a StGB bestehenden Übertretungstatbestände des § 366 Nr. 6, Nr. 7 und des § 367 I Nr. 10 RStGB (später StGB) gefährliche

---

124 E 1962, Begr. zu § 164 E, S. 282.

125 Alternativentwurf zum BT, Straftaten gegen die Person, zu §§ 108, 109 AE, S. 47. Die Versuchsstrafbarkeit wurde im AE auf das Verbrechen des § 110 AE beschränkt.

126 RegE zum 6. StrRG, BT-Drs. 13/8587, S. 36. Zur Begründung der Neuaufnahme der Versuchsstrafbarkeit in § 223 StGB führte der Gesetzgeber auch das weitere Ziel an, mit der Gesetzesnovellierung Wertungswidersprüche zu beseitigen; hierzu sogleich unter A 4, Beseitigung von Wertungswidersprüchen.

127 RegE zum StÄG vom 26.2.1876, Stenogr. Ber. Bd. 3 (2.Leg.Per., 3.Sess 75/76), Aktenstück Nr. 54, S. 174.

Angriffe auf die körperliche Unversehrtheit erfaßten (Hetzen eines Hundes, Werfen eines Steines, Benutzen einer Waffe), ohne daß es auf einen Verletzungserfolg ankam. Die tatbestandliche Fassung der Übertretungen entsprach also der eines Tätigkeitsdelikts, so daß sich ihre Strafbarkeit wegen der erfolgsunabhängigen Pönalisierung der Angriffshandlungen bis in den Versuchsbereich der Körperverletzung hinein erstreckte. Dennoch durften diese Übertretungstatbestände jedenfalls dann nicht als Substitut für eine Versuchsstrafbarkeit in § 223a StGB angesehen werden, wenn man der Körperverletzung einen der objektiven Werteordnung entsprechenden Strafrechtsschutz hatte zukommen lassen wollen. Denn durch einen Übertretungstatbestand wird eine Tat regelmäßig mit geringerem Strafmaß und Unwerturteil belegt, als dies bei Vergehen der Fall ist[128].
Erst spätere Reformentwürfe erstreckten die aus dem Werteverhältnis zwischen Körper und Vermögen gefolgerte Gleichstellung auch auf die Versuchsstrafbarkeit der gefährlichen Körperverletzung, die durch das EGStGB[129] schließlich normiert wurde. Hierzu sei beispielhaft für die ähnlich lautenden Begründungen in den verschiedenen Reformentwürfen[130] der E 62 angeführt: Bei der gefährlichen Körperverletzung „erscheint der Gesichtspunkt, daß die Versuchsfälle der Körperverletzung als Beleidigung erfaßt werden können, nicht mehr ausreichend. Vielmehr sieht der Entwurf bei der gefährlichen Körperverletzung wegen ihres erhöhten Unrechtsgehalts die Strafbarkeit des Versuchs besonders vor. Dadurch soll sogleich der Eindruck vermieden werden, als würde nach dem Entwurf die körperliche Unversehrtheit des Menschen geringer geschützt sein als sein Vermögen, das meist schon gegen versuchte Angriffe Schutz genießt." [131]

c) Die relative Schwere der Tat
(Versuchsstrafbarkeit der §§ 84, 85 I, 129 III, 334 II StGB)

(1) In den §§ 84 I, 85 I StGB wird neben der vollendeten Aufrechterhaltung einer verbotenen Partei oder Vereinigung als Rädelsführer oder Hintermann auch der Versuch unter Strafe gestellt. Die bloße Mitgliedschaft oder Unterstützung derselben Partei oder Vereinigung ist hingegen nicht mit Versuchsstrafbarkeit belegt. Hierin kommt die dritte Modalität der Feststellung der Schwere einer Tat zum Ausdruck: Von unterschiedlichen Formen eines gleichgerichteten Rechts-

---

128 Ber zum RegE eines 2. StrRG, BT-DRs. V/4095, S. 49.
129 EGStGB v. 3.2.1974, BGBl I, S. 469.
130 VE, Begrü. S. 661 zu § 228 VE; E 27, Begrü. S. 45 zu § 261 E; E 62, Begrü. S. 284 zu § 148 E; E-EGStGB, Begrü. S. 245 zu § 223a E.
131 E 62, Begrü. S. 284 zu § 148 E.

gutsangriffs wird nur die schwerere mit Versuchsstrafbarkeit belegt. So stellt unter den in den §§ 84, 85 StGB pönalisierten Verstößen die Aufrechterhaltung der verbotenen Partei oder Vereinigung die schwerwiegendste Begehungsform dar. Erst die hier zutage tretende kriminelle Energie läßt auch den Versuch strafwürdig erscheinen. Hingegen konnte in den Begehungsformen minderer Intensität, der bloßen Mitgliedschaft oder Unterstützung des Zusammenhalts, wegen des deutlich geringeren Maßes an krimineller Energie von einer Versuchsstrafe abgesehen werden[132].
Die gleichen Erwägungen liegen auch § 129 StGB (Bildung krimineller Vereinigungen) zugrunde, der hinsichtlich der Versuchsstrafbarkeit zwischen Mitgliedern, Werbern und Förderern einerseits sowie den Gründern einer kriminellen Vereinigung andererseits unterscheidet. Nur letztere werden nach § 129 III StGB im Versuch bestraft, um wiederum nur schwerste Begehungsformen zu erfassen[133].

(3) Die Normierung der Versuchsstrafbarkeit im Tatbestand der Bestechung von (Schieds-) Richtern (§ 334 II StGB) erfolgte „mit Rücksicht auf die Schwere der Tat" [134]. Ebenso dürfte die frühere, bis zur Novellierung durch das EGStGB fortgeltende Fassung des § 334 II StGB als Verbrechen auf das besondere Unrecht der Tat zurückzuführen sein.
Dagegen wurde der leichtere Tatbestand der Bestechung sonstiger Amtsträger (§ 334 I StGB) stets als Vergehen ohne Versuchsstrafbarkeit geahndet, worin erneut die Bedeutung der relativen Schwere einer Tat zum Ausdruck kommt.

4. Beseitigung von Wertungswidersprüchen
(Versuchsstrafbarkeit der §§ 216, 223, 235 StGB)

Teilweise wurde die Normierung einer Versuchsstrafbarkeit erforderlich, um das StGB als Gesamtgefüge widerspruchsfrei zu gestalten. Auch hier kommt der soeben beschriebene Gesichtspunkt des Rangs des geschützen Rechtsguts nach der objektiven Werteordnung zum Tragen. Denn Wertungswidersprüche hat der Gesetzgeber dort gesehen, wo ein Rechtsgut nicht den ihm im Vergleich zu anderen Rechtsgütern gebührenden Strafrechtsschutz aufwies.

---

132 E 62, Begrü. S. 566 zu § 374 E.
133 E 62, Begrü S. 467 zu § 294 E, der insofern auf die Übereinstimmung mit den §§ 374, 375 E (§§ 84, 85 StGB) verweist.
134 E 62, Begrü. S. 656 zu § 463 E; E-EGStGB, BT-Drs. 7/550, S. 276 zu § 334 E.

a) So war bei der Tötung auf Verlangen (§ 216 StGB) zunächst keine Versuchsstrafbarkeit normiert worden, obwohl der Tatbestand das Rechtsgut Leben schützt[135]. Auf diese Weise sollten dem Täter die privilegierenden Tatumstände, die ihn vom Totschläger unterscheiden, nicht nur im Strafmaß, sondern auch durch die Straflosigkeit des Versuchs zugute kommen[136].
Eingefügt wurde die Versuchsstrafbarkeit schließlich durch die Strafrechtsangleichungsverordnung von 1943[137], die sich ihrerseits auf frühere Reformentwürfe stützen konnte[138], um Wertungswidersprüche, die sich aus der Rechtsanwendung ergeben hatten, zu beseitigen.
Erforderlich wurde die Gesetzesänderung auf Grund der Rechtsprechung des Reichsgerichts, das in ständiger Praxis im Falle fehlgeschlagener oder nicht zu Ende geführter Tötung nach § 216 StGB wegen vollendeter Körperverletzung, gegebenenfalls sogar wegen vollendeter schwerer Körperverletzung (§§ 224, 225 StGB a.F., die § 226 StGB n.F. entsprechen) verurteilte, wo das Tatgeschehen dies zuließ[139]. Hierdurch gelangte das RG unter Umgehung der in § 216 StGB bezweckten Privilegierung des Täters doch zu einer Bestrafung der versuchten Tötung auf Verlangen. Den Willen des Gesetzgebers ignorierte das RG hierbei gleich in mehrfacher Hinsicht, denn abgesehen von der Bestrafung des bewußt straflos belassenen Versuchs griff es mit den §§ 224 f. StGB a.F. hilfsweise auf einen Verbrechenstatbestand zurück, obwohl das eigentlich angestrebte, unvollendet gebliebene Delikt lediglich als Vergehen eingestuft worden war. Auch im Strafmaß gingen die §§ 224 f. StGB a.F. (1 Jahr bis 5 bzw. 10 Jahre) über § 216 StGB (6 Monate bis 5 Jahre) hinaus.
Zu der Reaktion des Gesetzgebers, den Versuch des § 216 StGB unter Strafe zu stellen, heißt es im VE: „Der Entwurf betrachtet die Tötung auf Verlangen als ein Sonderdelikt und hat sich daher der Auffassung in der Plenarentscheidung des Reichsgerichts vom 8. Februar 1896[140], daß die in Ausführung des Versuchs dieser Tat verübte Körperverletzung nach Maßgabe der Vorschriften über Körperverletzungen bestraft werden könne, nicht angeschlossen. Eine notwendige Konsequenz dieser Stellungnahme ist die Bestimmung des Entwurfs im Abs. 2, wodurch der Versuch der Tötung des Verlangenden unter besondere Strafe gestellt ist. Die Vorschrift beseitigt auch den unhaltbaren Zustand, daß die versuchte Tat, wenn die Merkmale der schweren Körperverletzung vorliegen, härter

---

135 Lackner/Kühl vor § 211, Rn. 11.

136 Motive zu § 216 RStGB, nachzulesen in Höinghaus, Das neue Strafgesetzbuch, S. 153 f.

137 Strafrechtsangleichungsverordnung vom 29.5.1943, RGBl I, S. 339.

138 Die Aufnahme einer Verschsstrafbarkeit war bereits vorgesehen in: VE in § 215 VE; E 25 in § 223 E; E 36 in § 408 E.

139 RGSt 2, 442 (442 f.); RGSt 24, 369 (369 f.); Beschluß der Vereinigten Senate RGSt 28, 200 (212).

140 RG 28, 200.

bestraft werden kann, wie die vollendete." [141] Dieser Vorschlag wurde in nachfolgenden Entwürfen aufgegriffen und schließlich 1943 durch die Strafrechtsangleichungsverordnung[142] umgesetzt.
Die Versuchsstrafbarkeit der Tötung auf Verlangen schließt nunmehr als spezielle Vorschrift den Rückgriff aus die §§ 224 ff StGB aus[143]. Dem in der Spruchpraxis des Reichsgerichts zum Ausdruck gekommenen Bedürfnis, bei nur versuchter Tötung auf Verlangen Kriminalstrafe zu verhängen, ist der Gesetzgeber somit durch Normierung der Versuchsstrafbarkeit in § 216 StGB gefolgt, ohne die Privilegierung des Täters im übrigen aufzugeben, welche jetzt nur noch in der Deliktsnatur eines Vergehens und dem vergleichsweise niedrigen Strafrahmen besteht.

b) Der bereits unter dem Stichwort der Schwere einer Tat nach dem Wert des angegriffenen Rechtsguts[144] angeführte Tatbestand der einfachen Körperverletzung (§ 223 StGB) verdankt seine Versuchsstrafbarkeit auch dem Bestreben des Gesetzgebers, durch das 6. StrRG[145] den „Wertungswiderspruch des geltenden Rechts“ zu beseitigen, „ daß zwar der Versuch des Diebstahls und der Unterschlagung (selbst einer geringwertigen Sache), des Betruges (selbst bei geringwertigem Wertverlust) und sogar der ‚einfachen’ Sachbeschädigung, nicht aber der ‚einfachen’ Körperverletzung strafbar ist." [146]

c) Einen weiteren Wertungswiderspruch sollte die Aufnahme der Versuchsstrafbarkeit im Tatbestand der Kindesentziehung (§ 235 StGB) durch das 6. StrRG beseitigen. Denn die bis dahin geltende Fassung führte „zu dem untragbaren Wertungswiderspruch, daß zwar der versuchte Diebstahl eines Kinderwagens, nicht aber die versuchte Wegnahme des Säuglings, der in dem Kinderwagen liegt, strafbar“ war.[147]
Die von einem Angehörigen begangene Kindesentziehung mußte allerdings aus anderen Gründen weiterhin aus der Versuchsstrafbarkeit ausgenommen werden (vgl. hierzu B.10: Negative Folgen einer Versuchsbestrafung).

---

141 VE, Begrü zum BT, S. 634 zu § 215 E.

142 Strafrechtsangleichungsverordnung vom 29.5.1943, RGBl I, S. 339.

143 Lackner/Kühl § 216, Rn. 1; Sch-Sch-Eser § 212, Rn. 25; SK-Horn § 216, Rn. 16; gegen eine generelle Privilegierung, unabhängig vom individuellen Tatbild allerdings LK[10] - Jähnke § 212, 43.

144 Oben unter A 3 b (1).

145 Gesetz v. 1.4.1998, BGBl I, S. 164.

146 RegE zum 6. StrRG, BT-Drs. 13/8587, S. 36.

147 RegE zum 6. StrRG, BT-Drs. 13/8587, S. 24.

5. Entstehung aus einem Verbrechenstatbestand

Das RStGB von 1871 enthielt nur 18 Vergehen, die mit einer Versuchsstrafbarkeit versehen waren. Es waren dies die heutigen §§ 108[148], 120, 109h[149], 147[150], 160, 169, 240, 242, 246, 253, 263, 289, 303, 304, 305, 352 StGB[151] sowie die zwischenzeitlich aus dem Strafgesetzbuch gestrichenen §§ 339[152] und 350[153] RStGB. Im übrigen waren die Vergehen mit Ausnahme der Unternehmensdelikte, die den Versuch als Vollendung tatbestandlich erfassen, nicht im Versuch strafbar. Daneben ergaben sich freilich aus § 43 RStGB ohne explizite Anordnung im Besonderen Teil weitere Versuchsstrafbarkeiten für die im Vergleich zum heutigen StGB zahlreichen Verbrechen. Seit dem Reformentwuf von 1925 wurde die Verminderung der Verbrechenstatbestände verfolgt. Dazu sollten alle Delikte, die nicht in den Bereich der Schwerkriminalität gehörten, durch Herabsetzung des Strafmaßes in Vergehen umgewandelt werden[154].

Im Rahmen entsprechender Reformentwürfe mußte der Gesetzgeber für den jeweiligen Verbrechenstatbestand, der in ein Vergehen umgewandelt werden sollte, wegen der in § 23 I StGB festgelegten Versuchssystematik über die Anordnung einer Versuchsstrafe im neuen Vergehenstatbestand entscheiden. Dem Gesetzgeber erschien die Normierung einer Versuchsstrafbarkeit bei den ehemaligen Verbrechen jedoch eher als die zwangsläufige Folge der Herabstufung. So führt er beispielsweise im E 62 zur Begründung an, die ausdrückliche Bestimmung der Versuchsstrafbarkeit eines Vergehens werde „im Entwurf häufiger geschehen als im geltenden Recht, da zahlreiche Verbrechenstatbestände in Vergehen umgewandelt werden" [155]. Nähere Ausführungen konnten in der Regel

---

148 Damals § 107 RStGB.

149 Damals § 140 RStGB.

150 Damals § 148 RStGB.

151 Wahlbehinderung, § 107 StGB; Anwerben für fremden Wehrdienst, § 109h StGB; Gefangenenbefreiung,, § 120 StGB; Wertzeichenfälschung, § 148 StGB; Verleitung zur Falschaussage, § 160 StGB; Personenstandsfälschung, § 169 StGB; Nötigung, § 240 StGB; Diebstahl, § 242 StGB; Unterschlagung, § 246 StGB; Erpressung, § 253 StGB; Betrug, § 263 StGB; Pfandkehr, § 289 StGB; Sachbeschädigung, § 303 StGB; Gemeinschädliche Sachbeschädigung, § 304 StGB; Zerstörung von Bauwerken, § 305 StGB; Gebührenüberhebung, § 352 StGB.

152 Amtsmißbrauch, aus dem Strafgesetzbuch gestrichen durch Strafrechtsangleichungsverordnung vom 29.5.1943, RGBl. I, S. 339.

153 Unterschlagung amtlicher usw. Gelder, aus dem Strafgesetzbuch gestrichen durch Art. 19 Nr. 194 EGStGB, BGBl. I, S. 469.

154 E 25, S. 22 der allgemeinen Begründung, E 62, Begrü. S. 164 zu § 43 E; Bockelmann, Strafrechtliche Untersuchungen, S. 158.

155 E 62, Begrü. S. 142, vor § 26.

auch in den Begründungen zu den einzelnen Tatbeständen nicht gefunden werden.
Ebenso begnügte sich auch der französische Gesetzgeber in diesen Fällen mit der Begründung, daß in allen Fällen, in denen ein Delikt durch Herabsetzung des Strafmaßes seinen Verbrechenscharakter verliere, das neue Vergehen durch Spezialanordnung auf den Vergehensversuch ausgedehnt werden müsse (*dans tout les cas, où la modification des peines emporte le déclassement des crimes, une disposition spéciale assimile la tentative au délit consommé*)[156].

a) Einfache Herabsetzung des Strafmaßes

(Versuchsstrafbarkeit der §§ 95, 96 II, 100a, 106, 169, 174, 174a, 174b, 176, 258a, 260, 283, 283d, 315, 331 II, 332 I, 334 II StGB)

Eine Herabstufung von Verbrechen zu versuchsstrafbaren Vergehen erfolgte bei §§ 95, 96 II StGB (Offenbaren bzw. Auskundschaften von Staatsgeheimnissen), die ansatzweise auf § 92 Nr. 1 RStGB (Bekanntmachen von Staatsgeheimnissen etc.) zurückgehen. Auch in den §§ 100a[157], 106[158], 174[159], 174a[160], 174b[161], 176[162], 258a[163], 260[164], 283[165], 283d[166], 315[167], 331 II[168], 332 I[169], 334 II[170] StGB

---

156 Chauveau et Hélie II, Théorie du Code pénal, Kapitel XI, Anm. 268, S. 400.

157 Landesverräterische Fälschung, herabgestuft durch 8. StÄG v. 25.6.1968, BGBl I, S. 741.

158 Nötigung des Bundespräsidenten etc. durch 8. StÄG, Begründung in BT-Drs. V/2860, S. 26.

159 Sexueller Mißbrauch von Schutzbefohlenen, vgl. Ber zum 1. StrRG, BT-Drs. V/4094, S. 30.

160 Sexueller Mibrauch von Gefangenen etc., Ber zum 1. StrRG, BT-Drs. V/4094, S. 27.

161 Sexueller Mißbrauch unter Ausnutzung einer Amtsstellung, Ber zum 1. StrRG, BT-Drs. VI/3521, S. 29.

162 Sexueller Mißbrauch von Kindern, RegE zum 4. StrRG BT-Drs. VI/1552. S. 17.

163 Strafvereitelung im Amt, E-EGStGB, BT-Drs. 7/550, S. 251.

164 Gewerbsmäßige Hehlerei, E-EGStGB, BT-Drs. 7/550, S. 253.

165 Bankrott, durch 1.WiKG, BT-Drs. 7/3441.

166 Schuldnerbegünstigung, 1.WiKG, BT-Drs. 7/3441.

167 Gefährliche Eingriffe in den Bahn-, Schiffs- und Luftverkehr vgl. E 62, Begrü. S. 523 zu § 342 E.

168 Vorteilsannahme, vgl. E 62, Begrü S. 651 zu § 460 E und E-EGStGB, BT-Drs. 7/550, S. 271.

169 Bestechlichkeit, vgl. E 62, Begrü. S. 653 zu § 461 I, III E und E-EGStGB, BT-Drs. 7/550, S. 273.

170 Bestechung, vgl. E 62, Begrü. S. 656 zu § 463 E und E-EGStGB BT-Drs. 7/550, S. 276.

führte die Herabsetzung des Strafmaßes im Gegenzug zur Aufnahme der Versuchsstrafdrohung in den Tatbestand.

Im Tatbestand der Personenstandsfälschung (§ 169 StGB) läßt sich die Versuchsstrafbarkeit auf den Verbrechenstatbestand des § 138 PrStGB zurückführen, nach dessen Vorbild § 169 StGB gefaßt wurde. Die Strafrahmenmilderung im Fall der einfachen Unterschiebung eines Kindes (1. Alt.) sollte eine schuldangemessene Bestrafung neben der als Verbrechen belassenen gewinnsüchtigen Begehungsweise (2. Alt.) ermöglichen[171]. Zur Aufrechterhaltung des Rechtszustandes im übrigen war daher die Einfügung der Versuchsstrafbarkeit erforderlich.

b) Herabstufung eines Qualifikationstatbestands
(Versuchsstrafbarkeit der §§ 120, 147, 258a, 244 StGB)

(1) In anderen Fällen ergab sich das Festhalten an der Versuchsstrafbarkeit neben der Aufrechterhaltung des alten Rechtszustandes aus einer gleichzeitigen Verschmelzung der ehemals als Verbrechen sanktionierten Qualifikation mit dem Grundtatbestand, der seinerseits bereits im Versuch strafbar gewesen war. So gingen § 347 StGB a.F. in § 120 StGB (Gefangenenbefreiung) und § 148 StGB a.F. in § 147 StGB (Inverkehrbringen von Falschgeld) auf. Die hier für das Grunddelikt angeordnete Versuchsstrafbarkeit legte die Aufrechterhaltung des alten Rechtszustandes im neu geschaffenen Tatbestand nahe.

(2) Eine ähnliche Konstellation ergab sich für § 258a StGB (Strafvereitelung im Amt), der vormals in § 346 StGB als Verbrechen bestraft wurde und nun als Vergehen unmittelbar hinter den Grundtatbestand der im Versuch strafbaren Strafvereitelung in § 258 StGB (Strafvereitelung) gesetzt wurde.

(3) Schließlich gab es auch zu dem ursprünglich als Verbrechen bestraften Diebstahl mit Waffen (§ 244 StGB) bereits den im Versuch strafbaren Grundtatbestand des § 242 StGB. Im Rahmen der Herabstufung des § 244 StGB zum Vergehen führt der Gesetzgeber daher nur aus: „Daß der Versuch der Tat auch hier strafbar sein muß, bedarf keiner weiteren Begründung" [172].

---

171 Motive zu § 169 RStGB, nachzulesen in Höinghaus, Das Neue Strafgesetzbuch, S. 133.

172 E 62, Begrü. S. 407 zu § 237 E, der in wörtlicher Übereinstimmung durch das 1. StrRG als § 244 in das StGB eingefügt wurde.

6. Ermöglichung eines früheren Zugriffs der Verfolgungsbehörden
(Versuchsstrafbarkeit der §§ 235, 236, 326, 324, 324a, 325 I, 311 n.F. StGB)

Mit der Versuchsstrafbarkeit verlagert der Gesetzgeber die Strafbarkeitsgrenze in das Vorfeld einer Rechtsgutsverletzung und ermöglicht so ein früheres Eingreifen der Verfolgungsbehörden. Auf diese Weise kann ein Schadenseintritt möglicherweise sogar verhindert werden. Die Anordnung von Versuchsstrafbarkeit könnte danach zu einem effektiveren Rechtsgüterschutz beitragen.

a) Diese Erwartung läßt sich an der Entstehungsgeschichte des § 235 n.F. StGB (Entziehung Minderjähriger) dokumentieren. In seiner früheren, mit hier nicht interessierenden Änderungen aus dem RStGB 1871 übernommen Fassung bestrafte § 235 StGB a.F. die versuchte einfache Kindesentziehung nicht. Hätten die Strafverfolgungsbehörden daher mit dem Eingreifen in das Geschehen abwarten wollen, bis der Täter die Strafbarkeitsgrenze des § 235 StGB a.F. überschreitet, indem er die Kindesentziehung vollendet, so wäre ein effektiver Schutz des elterlichen Sorgerechts und vor allem des mittelbar durch die Vorschrift geschützten Kindes[173] nicht gewährleistet gewesen. Der Gesetzgeber beschloß daher mit besonderem Augenmerk auf eine unverzügliche Verbringung des Kindes ins Ausland (heute in § 235 II Nr.1 StGB geregelt): „Außerdem soll der Versuch auch dann strafbar sein, wenn der Täter beabsichtigt, das Kind in das Ausland zu verbringen (Absatz 3). Damit wird erreicht, daß Ermittlungen bereits vor Vollendung der Tat mit dem Ziel aufgenommen werden können, die Ausreise und damit eine möglicherweise endgültige Entziehung des Kindes zu verhindern." [174].

b) Ein Grund für die Versuchsstrafbarkeit des Kinderhandels, § 236 StGB, war der Wunsch, derartige Geschäfte „bereits im Ansatz bekämpfen zu können" [175].

c) Einer effektiven Gefahrenabwehr soll auch die Versuchsstrafbarkeit im Tatbestand der umweltgefährdenden Abfallbeseitigung (§ 326 III StGB) dienen: „Dadurch ist es möglich, strafrechtlich schon gegen die Täter einzuschreiten, die

---

173 Tröndle/Fischer § 235, Rn. 2; Sch-Sch-Eser § 235, Rn. 1; LK[10]-Vogler § 235, Rn. 1; SK-Horn § 235, Rn. 2; RGSt 18, 273 (281).

174 RegE zum 6. StrRG, BT-Drs. 13/8587, S. 39. Zu der weiteren Erwägung, mit Aufnahme der Versuchsstrafbarkeit in § 235 StGB bestehende Wertungswidersprüche zu beseitigen, vgl. oben unter A 4 c.

175 RegE zum 6. StrRG, BT-Drs. 13/8587, S. 40.

unmittelbar ansetzen, Abfälle unzulässigerweise zu beseitigen"[176]. Denn Ziel der Vorschrift ist die Vermeidung ungeordneter Beseitigung von besonders gefahrenträchtigen Abfällen[177].

d) Schließlich soll die Versuchsstrafbarkeit der Gewässerverunreinigung (§ 324 StGB) „ein strafrechtliches Einschreiten schon in den Fällen, in denen eine Verunreinigung ... noch vermieden werden konnte" [178], ermöglichen. Unter Bezugnahme auf diese Begründung drohte der Gesetzgeber auch in den Tatbeständen der Bodenverunreinigung (§ 324a StGB), der Luftverunreinigung, (§ 325 StGB), und des Freisetzens ionisierender Strahlen (§ 311 StGB n.F. entspr. § 311 d StGB a.F.) die Versuchsstrafbarkeit an[179].

7. Umgestaltung von einem Absichts- in ein Erfolgsdelikt

(Versuchsstrafbarkeit der §§ 258, 283c StGB)

a) Alternativität von vorverlagertem Vollendungszeitpunkt und Versuchsstrafbarkeit

Die Androhung einer Versuchsstrafbarkeit steht in engem Zusammenhang mit der Tatbestandsfassung des jeweiligen Vergehens. Danach ergibt sich aus dem tatbestandlich festgelegten Vollendungszeitpunkt, ob eine Vorverlagerung der Strafbarkeitsgrenze durch Anfügen einer Versuchsstrafbarkeit erforderlich und erwünscht ist. Deshalb muß die Frage der Versuchsstrafbarkeitsnormierung bei einer Änderung des tatbestandlichen Vollendungszeitpunkts erneut behandelt werden. Das wird hier an der Umgestaltung von Absichts- in Erfolgsdelikte dargestellt.

Als Erfolgsdelikte werden Tatbestände bezeichnet, deren tatbestandlich umschriebene Handlung einen ebenfalls tatbestandlichen Erfolg kausal herbeiführt (z.B. das Delikt der Köperverletzung, § 223 StGB). Das Erfolgsdelikt läßt sich in zwei Verwirklichungsakte untergliedern: die tatbestandliche Handlung einerseits (bei § 223 StGB beispielsweise das bewußte Anrempeln einer Person) so-

---

176 RegE eines 18. StÄG, BT-Drs. 8/2382, S. 19.

177 RegE eines 18. StÄG, BT-Drs. 8/2382, S. 17. Zu den massiven Bedenken, die die Normierung der Versuchsstrafbarkeit in § 326 StGB gleichwohl hervorrief, siehe unten unter B 4 a.

178 RegE eines 18. StÄG, BT-Drs. 8/2382, S. 15.

179 RegE zum 18. StÄG, BT-Drs. 8/2382, S. 16 zu § 325 StGB a.F.; RegE zum 2. UKG, BT-Drs. 12/192, S. 17 zu § 324a StGB; Ber zum 18. StÄG BT-Drs. 8/3633, S. 24 zu § 311 StGB.

wie den räumlich und zeitlich hiervon getrennten Erfolgseintritt andererseits (z.B. Verletzung infolge der Rempelei). Auf beide Elemente des objektiven Tatbestandes muß sich der Vorsatz beziehen. Vollendet ist das Erfolgsdelikt erst dann, wenn auch der vom Vorsatz erfaßte tatbestandliche Erfolg eingetreten ist[180].

Absichtsdelikte hingegen zeichnen sich dadurch aus, daß die Intention des Täters auf Herbeiführung eines jenseits des objektiven Tatbestandes liegenden Erfolgs gerichtet ist[181]. So wird z.B. bei der Begünstigung (§ 257 StGB) die Hilfeleistung bestraft, die in der Absicht einer Vorteilssicherung vorgenommen wird, ohne daß dieser Erfolg tatsächlich einzutreten braucht. Bildet demnach der mit der Handlung erstrebte weitergehende Erfolg kein Element des objektiven Tatbestands, so kann sein Ausbleiben für die Vollendung auch keine Rolle spielen. Das Absichtsdelikt ist vielmehr schon dann vollendet, wenn der Täter, getragen von der Absicht, den Erfolg herbeizuführen, die tatbestandliche Handlung vornimmt. Das Absichtsdelikt wird daher auch zu den Gefährdungsdelikten gezählt[182].

Bei einer Gegenüberstellung beider Deliktsarten zeigt sich nun, daß das Absichtsdelikt gegenüber dem Erfolgsdelikt eine Strafbarkeitsvorverlagerung beinhaltet. Mit der Entscheidung für die Ausgestaltung eines Tatbestands als Absichtsdelikt bestimmt der Gesetzgeber nämlich einen Zeitpunkt als Vollendung, zu dem bei einem Erfolgsdelikt mangels Erfolgseintritts erst das Versuchsstadium erreicht wäre[183]. Der Gesetzgeber hat daher alternative Regelungsmöglichkeiten zur Bestimmung derselben Strafbarkeitsgrenze im Vorfeld darin gesehen, einen Tatbestand entweder als Erfolgsdelikt bei gleichzeitiger Androhung von Versuchsstrafbarkeit oder als Absichtsdelikt zu fassen. Ein Unterschied ergibt sich allerdings daraus, daß in dem einen Fall als formelle Vollendung bestraft wird, was im anderen Fall erst ein Versuch wäre. Das hat wiederum Auswirkungen auf die Möglichkeit des Rücktritts (§ 24 StGB) und auf die Möglichkeit einer Strafmilderung im Einzelfall (§ 23 II StGB).

b) Die Anordnung der Versuchsstrafbarkeit in § 258 StGB

180 Roxin AT § 10, Rn. 102.

181 Maurach/Zipf, AT 1, § 20, Rn. 39.

182 So im Vorentwurf, Begrü. S. 568 zu § 280 VE (entspricht § 257 StGB).

183 Weber, Die Vorverlagerung des Strafrechtsschutzes durch Gefährdungs- und Unternehmensdelikte, Beiheft zur ZStW 1987, S. 17 f.

Im RStGB von 1871 umfaßte das Delikt der Begünstigung in § 257 StGB zwei Arten des Hilfeleistens: Zum einen wurde wie heute die auf Beutesicherung gerichtete Hilfeleistung sanktioniert (damals sächliche Begünstigung), ferner aber auch die heute in § 258 StGB enthaltene Strafvereitelung (damals persönliche Begünstigung). Der einheitliche Tatbestand der Begünstigung (§ 257 RStGB) war als Absichtsdelikt ausgestaltet. Zu seiner Verwirklichung genügte daher bereits eine auf Beutesicherung oder Strafentziehung gerichtete Hilfeleistung[184], ohne daß es auf eine tatsächliche Besserstellung des Vortäters durch die begünstigende Handlung angekommen wäre. Dementsprechend bezeichnete der BGH die Begünstigung „als eine zur selbständigen Straftat erhobene Versuchshandlung" [185].

Durch das EGStGB[186] wurde die Tatbestandsvariante der Strafvereitelung dem Vorbild früherer Entwürfe folgend aus dem Delikt der (sächlichen) Begünstigung herausgenommen und als § 258 StGB selbständig mit Strafe bedroht. Im Zuge dieser Verselbständigung wurde das Delikt aber auch inhaltlich umgestaltet und als Erfolgsdelikt gefaßt. Zur Tatvollendung ist seitdem neben der Vereitelungshandlung auch der Erfolgseintritt in Form einer zumindest teilweisen oder vorübergehenden Strafvereitelung erforderlich[187]. Der Vorentwurf, der bereits einen entsprechenden Reformvorschlag enthielt, erläutert die Neufassung mit folgenden Worten: „Diese Regelung wird der von wissenschaftlicher Seite erhobenen Forderung gerecht, daß die äußere Tatseite, nicht die innere Willensrichtung das Maßgebende für die Tatbestandsbildung sein solle. Sodann dient sie dem Zweck, bei Handlungen, die ihrem Wesen nach Versuchshandlungen sind, nach Möglichkeit dem Täter den Rücktritt mit der Folge der Straflosigkeit offen zu halten.“ Und weiter: „Als notwendige Folge dieser Änderung ergibt sich, daß der Versuch für strafbar zu erklären ist, da sonst die Strafbestimmung in den allermeisten Fällen versagen würde." [188] Die Versuchsstrafbarkeit stellt demnach ein Gegengewicht zu der tatbestandlich engeren Fassung der Begünstigung dar.
Für den im übrigen fortgeltenden § 257 StGB blieb es bei dessen Fassung als Absichtsdelikt und entsprechend bei der formellen Straflosigkeit des Versuchs.

c) Schließung von Strafbarkeitslücken in § 283c StGB

---

184 Olshausen § 257, Anm. 10; Oppenhoff § 257, Anm. 13; Schwarze § 257, Anm. 25.

185 BGHSt 4, 222 (224) zu § 257 StGB.

186 Gesetz v. 2.3.1974, BGBl I, S. 469.

187 LK[11]-Ruß § 258, Rn. 10; SK-Samson § 258, Rn. 31.

188 VE, Begrü. S. 568 f. zu § 172 VE.

Auch bei der Aufnahme des Verbots der Gläubigerbegünstigung in das StGB (§ 283c) durch das 1. WiKG kam die Alternativität des erzielten Strafrechtsschutzes durch ein Absichtsdelikt einerseits und ein im Versuch strafbares Erfolgsdelikt andererseits zum Tragen. § 283c StGB sollte entgegen der bis dahin geltenden Strafnorm des § 240 KO als Erfolgsdelikt gefaßt werden, weil bei diesem Delikt „der Erfolg der Handlung für die Beurteilung von Unrecht und Schuld durchaus wesentlich“ sei. „Mit Rücksicht auf diese Neugestaltung des Tatbestandes (wird zugleich) der Versuch für strafbar erklärt." [189]

8. Kriminalpolitische Notwendigkeit

(Versuchsstrafbarkeit der §§ 107, 240, 242, 246, 268, 271, 315, 315b StGB)

(1) Die Versuchsstrafbarkeit wird vom Gesetzgeber in den §§ 242[190], 246[191], 268[192], 315[193], 315b[194] StGB mit kriminalpolitischer Notwendigkeit begründet. Was sich dahinter verbirgt, bleibt bei diesen Delikten jedoch im Dunkeln. So heißt es etwa zu § 242 StGB schlicht: „Daß schon der Versuch des Diebstahls strafbar sein muß, entspricht einer kriminalpolitischen Notwendigkeit."[195] Auch zu § 315 StGB lautet die Begründung kaum anders: „Die vorgesehene Strafbarkeit ... ist aus kriminalpolitischen Gründen nicht verzichtbar." [196]

(2) Weitere Ausführungen zum Begriff des kriminalpolitischen Bedürfnisses machte der Gesetzgeber dagegen im Rahmen der Begründung der Versuchsstrafbarkeit der mittelbaren Falschbeurkundung (§ 271 StGB). Hierzu führt er aus, daß das Delikt erfahrungsgemäß nur unmittelbar bei Vornahme der tatbestandlichen Verleitung einer Amtsperson aufgedeckt werde, also bei der Angabe falscher Daten zur Erstellung einer Urkunde. Denn dies sei der Zeitpunkt, zu dem die Angaben des Täters auf ihre Richtigkeit hin untersucht werden. Erwecken die Angaben in diesem Stadium bei der beurkundenden Amtsperson keine Zweifel, so sei die spätere Aufdeckung der Täuschung während der Herstellung der Urkunde (erst mit diesem Zeitpunkt ist das Delikt vollendet[197]) un-

---

[189] RegE des 1.WiKG, BT-Drs. 7/3441, S. 39.
[190] E 62, Begrü S. 401 zu § 235 E.
[191] E 62, Begrü. S. 409 zu § 240 E.
[192] E 62, Begrü. S. 483 zu § 306 E.
[193] E 62, Begrü. S. 542 zu § 342 E.
[194] RegE zum 2.StraßenverkehrssichG BT-Drs. IV/651, S. 28.
[195] E 62, Begrü S. 401 zu § 235 E.
[196] E 62, Begrü. S. 542 zu § 342 E.
[197] Tröndle/Fischer § 271, Rn. 17.

wahrscheinlich[198]. Somit liegt der maßgebliche Anwendungsbereich des § 271 StGB im Versuch, weshalb der Gesetzgeber seine Strafbarkeit als „kriminalpolitisch vernünftig" [199] bewertete.
(3) Auch in den Begründungen zur Versuchsstrafbarkeit des § 240 StGB werden die kriminalpolitischen Erwägungen näher erläutert: Nach dem Alternativentwurf sprechen „gewichtige kriminalpolitische Gründe für die Aufrechterhaltung der Versuchsstrafbarkeit“, weil „gerade bei der Nötigung viele Taten im Versuchsstadium stecken bleiben, ohne eine wesentlich geminderte Gefährlichkeit aufzuweisen" [200]. Während diese Formulierung auf die Gefährlichkeit der Versuchstat abstellt, scheint der Gesetzgeber in der Begründung zum E 62 eher auf den maßgeblichen Anwendungsbereich des Versuchs abzustellen, wenn er ausführt: „Sonst (also ohne Versuchsstrafbarkeit) würde die Vorschrift den wesentlichen Teil ihrer kriminalpolitischen Bedeutung verlieren." [201]

(4) Schließlich wurde die Versuchsstrafbarkeit der Wahlbehinderung (§ 107 StGB) mit der „Art der Tat" [202], das Zustandekommen eine Wahl zu verhindern, begründet. Denn „wollte man gerade diese Tat erst nach erreichtem Erfolg treffen, so würde die Strafvorschrift ihren Zweck zum Teil verfehlen“[203]. Demnach legt es der Zweck der Vorschrift, einen ungestörten Wahlvorgang zu garantieren, nahe, daß die Strafdrohung bereits vor vollendeter Wahlstörung bzw. -hinderung wirkt, um Unregelmäßigkeiten so möglicherweise vorbeugen zu können.

9. Vermeidung von Beweisproblemen

Die Bestrafung aus einem Tatbestand erfordert den Nachweis der Vornahme der tatbestandsmäßigen Handlung und bei Erfolgsdelikten darüber hinaus ihre Kausalität für den ebenfalls nachzuweisenden Erfolgseintritt. Das ist bei manchen Delikten regelmäßig besonders schwierig. Einen Ausweg, gleichwohl zu einer Strafbarkeit zu gelangen, bietet hier die Versuchsstrafbarkeit. Denn Lücken im objektiven Tatbestand, die allein auf Beweisschwierigkeiten zurückzuführen sind, stehen einer Bestrafung wegen Versuchs dann nicht entgegen, wenn ein entsprechender Tatvorsatz zweifellos festgestellt wurde.

---

[198] MR Göhler, in Prot. der Sonderkommission zur Strafrechtsreform, V/2773 ff. (2774).
[199] MR Göhler, ebenda.
[200] Alternativentwurf zum BT, Straftaten gegen die Person, Begrü. s. 47 zu § 116 AE.
[201] E 62, Begrü. S. 310 zu § 170 E.
[202] Vorentwurf, Begrü. zum BT, S. 461 zu § 122 VE.
[203] Vorentwurf, Begrü. zum BT, S. 461 zu § 122 VE.

a) Tathandlung

(Versuchsstrafbarkeit des § 179 StGB)

Bei den Beratungen zur Neufassung des § 179 StGB (Sexueller Mißbrauch widerstandsunfähiger Personen) durch das 33. StÄG wurde die Funktion des Tatbestandes betont, neben der in § 177 StGB pönalisierten Sexuellen Nötigung jene Fälle zu erfassen, in denen eine Nötigungshandlung nach § 177 StGB nicht nachgewiesen werden kann, die Ausnutzung einer hilflosen Lage zur Vornahme sexueller Handlungen hingegen feststeht[204].
Die Versuchsstrafbarkeit in § 179 III StGB dürfte deshalb dazu dienen, diese Auffangfunktion auch im Vorfeld der Tat zu erfüllen.

b) Kausalitätsnachweis

(Versuchsstrafbarkeit der §§ 218, 324, 324a StGB)

(1) Befürchtete Beweisnot führte ferner beim Tatbestand des Schwangerschaftsabbruchs (§ 218 StGB) zur Normierung einer Versuchsstrafbarkeit für die Variante der Fremdabtreibung.
Hier läßt sich schon der Erfolg einer Abtreibungshandlung kaum nachweisen, wenn die Schwangerschaft selbst nicht zuvor zweifelsfrei festgestellt worden ist. Ist in dem Delikt aber auch der Versuch unter Strafe gestellt, so kann bei Vorliegen der restlichen Tatbestandsmerkmale zumindest wegen versuchter Abtreibung bestraft werden. Im E 62 hat diese Überlegung den Gesetzgeber dazu bewogen, die Versuchsstrafbarkeit für die Abtreibung sogar ganz allgemein anzuordnen: „Absatz 3 stellt den Versuch ... unter Strafe. Das gilt auch für den Versuch der Eigenabtreibung. Hierfür sprechen kriminalpolitische Gründe. Ohne Versuchsbestrafung wäre die Abtreibungsvorschrift in weitem Umfange wirkungslos, da sich bei Abtreibungshandlungen oft nicht nachweisen läßt, ob eine Schwangerschaft vorgelegen hat." [205]
Aber auch wenn insofern Klarheit besteht, daß eine Schwangerschaft vorlag und eine Abtreibungshandlung vorgenommen wurde, ist noch der problematische Nachweis zu führen, daß der Tod oder Abgang der Leibesfrucht auf den unerlaubten Eingriff und nicht auf andere Ursachen zurückzuführen ist. Gelingt dies nicht, so ergibt sich eine Lücke im objektiven Tatbestand, die einer Verurteilung wegen Vollendung entgegensteht. Für den Gesetzgeber war dies ein weiterer Grund, die Versuchsstrafbarkeit zu normieren: „Mehr als ein Drittel der Verur-

---

204 Ber zum Entwurf eines 33. StÄG, BT-Drs. 13/7663, S. 4.

205 E 62, Begü. S. 279 zu § 140 E.

teilungen nach § 218 Abs. 3 StGB erfolgt wegen Versuchs. Eine Straflosigkeit des Versuchs macht die Strafvorschrift in allen Fällen unanwendbar, in denen nicht feststeht, ob Tötung und Abgang der Frucht durch den unerlaubten Eingriff oder durch andere Gründe verursacht worden sind. Dieser Gesichtpunkt wird besonders bei der Anwendung medikamentöser Abortivmittel bedeutsam werden... Unter diesen Umständen ist insbesondere die Strafbarkeit des Versuchs für eine wirksame Bekämpfung krimineller Aborte, insbesondere der Kurpfuscheraborte, grundsätzlich unentbehrlich." [206]

(2) Zum Tatbestand des Gewässerverunreinigung (§ 324 StGB) heißt es in der Beschlußempfehlung des Rechtsausschusses: „Der Verzicht auf den oft äußerst schwierigen Nachweis einer konkreten Gefährdung oder Schädigung ermögliche es auch, das Problem der kumulativen Umweltverschmutzung sachgerecht zu lösen ... Erleichtert werde damit auch der Nachweis tatbestandsmäßigen Verhaltens." [207] Diese Ausführungen des Gesetzgebers beziehen sich allerdings auf die tatbestandliche Vorverlagerung der Gewässerverunreinigung. Aus den Ausführungen des Rechtsausschusses geht nämlich hervor, daß er in dem Tatbestand ein abstraktes Gefährdungsdelikt sah, da zu seiner Vollendung kein handgreiflicher Schaden erforderlich ist[208]. Heute wird der Tatbestand dagegen überwiegend als Verletzungs- und Erfolgsdelikt mit frühem Vollendungszeitpunkt angesehen.[209] Die Versuchsstrafbarkeit in § 324 StGB hilft aber - entsprechend dem gesetzgeberischen Ziel - über nach wie vor auftretende Beweisschwierigkeiten hinweg. Denn zur Tatbestandsvollendung genügt zwar schon ein geringer Verschmutzungsbeitrag, wenn er sich durch Kumulation, Summation oder synergetische Wirkung als Gewässerverunreinigung auswirkt[210]. Aber der Nachweis, daß gerade die in Frage stehende Handlung für die Verunreinigung mitursächlich geworden ist, läßt sich insbesondere bei schon zuvor verschmutzten Gewässern kaum führen[211]. Hier kommt nur eine Bestrafung wegen Versuchs in Betracht.
Die gleichen Erwägungen gelten auch für den Tatbestand der Bodenverunreinigung (§ 324a StGB), der nach dem Vorbild des § 324 StGB gestaltet wurde.[212]

---

206 RegE zum 5. StrRG, BT-Drs. VI/3434, S. 15.

207 Ber. zum 1.UKG (18 StÄG), BT-Drs. 8/3633, S. 22.

208 Ber. zum 1.UKG (18 StÄG), BT-Drs. 8/3633, S. 22.

209 BGH NJW 92, 122 (123); OLG Saarbrücken NJW 91, 3045; Sack § 324, Rn. 6; SK-Horn § 324, Rn. 2; Rudolphi, NStZ 84, 193 (194); Lackner/Kühl § 324, Rn. 1; Sch-Sch- Cramer vor § 324 ff, Rn. 9.

210 Laufhütte/Möhrenschläger, ZStW 92 (1980), S. 912 (926).

211 Lackner/Kühl § 324, Rn. 15; Tröndle/Fischer § 324, Rn. 8; LK[11]-Steindorf § 324, Rn. 31.

212 RegE zum 2. UKG, BT-DRs. 12/192, S. 19.

c) Subjektiver Tatbestand
(Versuchsstrafbarkeit der §§ 176 III Nr. 1, 248b StGB)

Ebenfalls auf Beweisprobleme sind die Versuchsstrafbarkeiten in § 176 III Nr. 1 und § 248b StGB zurückzuführen. Hier sind die Beweisprobleme allerdings jeweils bereits in einem anderen Delikt angelegt, nämlich in § 176 I bzw. § 242 StGB. Neben diesen Delikten füllen die §§ 176 III Nr. 1, 248b StGB Strafbarkeitslücken aus, die aus den Beweisproblemen des jeweils anderen Delikts resultieren können. Die gleiche Aufgabe kommt ihnen aber auch im Versuchsbereich zu:

(1) Schwierigkeiten, den wahren Tatplan des Täters im nachhinein zu ermitteln, wurden im Tatbestand des Sexuellen Mißbrauchs von Kindern (§ 176 StGB) bei der Einbeziehung des Abs. 3 Nr. 1 in die Versuchsstrafbarkeitsdrohung nach Abs. 4 berücksichtigt.
Bei den Beratungen über die Herabstufung des § 176 StGB a.F. in den Bereich der Vergehen durch das 4. StrRG wurde für die Tatmodalitäten nach Abs. 5 (exhibitionistische Handlungen ohne körperliche Berührung, § 176 III StGB n.F.) die Sanktionierung des Versuchs teilweise abgelehnt, da dieser Absatz bereits das Vorfeld zu Abs. 1 (sexueller Mißbrauch) abdecke und zudem die Abgrenzung zwischen vorbereitender Handlung und Versuch besonders schwierig sei[213]. Hiergegen setzte sich im Laufe des Gesetzgebungsverfahrens jedoch die Auffassung durch, daß der Verzicht auf eine Versuchsstrafbarkeit im Bereich des Abs. 5 Nr. 1 (Vornahme sexueller Handlungen *vor* einem Kind) Strafbarkeitslücken zur Folge hätte. Wenn nämlich der Versuch des Täters, ein Kind sexuell zu mißbrauchen (Abs. 1), bereits im Ansatz stecken bleibe, könne der Täter sich unwiderleglich darauf hinausreden, keine der im Versuch strafbaren Handlungen mit Körperkontakt geplant zu haben. Vielmehr habe er sich ausschließlich im Sinne des Abs. 5 Nr. 1 (Abs. 3 Nr. 1 heutiger Fassung) vor dem Kind präsentieren wollen. Um dem Täter nicht auf diese Weise Straflosigkeit zu ermöglichen, wurde die Versuchsstrafbarkeit auch auf § 176 V Nr. 1 StGB a.F. ausgedehnt[214].

(2) Regelmäßig auftretende Beweisschwierigkeiten führten letztlich auch in § 248b StGB zur Aufnahme der Versuchsstrafbarkeit.
Der Tatbestand, der den unbefugten Gebrauch eines Fahrzeugs pönalisiert, wurde u.a. deswegen in das StGB eingefügt, um Strafbarkeitslücken im Bereich des § 242 StGB zu schließen, die auf das Mißlingen des Nachweises des Tatbestandmerkmals „Zueignungsabsicht" beim Diebstahl zurückzuführen waren. Die Schwierigkeit, das Vorliegen einer Zueignungsabsicht zu beweisen, trat bei der

213 Diemer-Nicolaus, Prot. des Rechtsausschusses 6.WP, Bd.2, S.1513.
214 Ber zum Entwurf eines 4. StrRG, BT-Drs. VI/ 3521, S.38.

Entwendung von Kraftfahrzeugen besonders oft hervor, weil sich der Täter hier allzu leicht Straffreiheit verschaffen konnte, indem er behauptete, das Auto nur vorübergehend zum Zwecke einer „Spritztour“ an sich gebracht zu haben. Der Gesetzgeber fügte daher mit § 248b StGB einen Tatbestand in das Strafgesetzbuch ein, der wie § 242 StGB auch den Gewahrsamsbruch an einem Kraftfahrzeug oder Fahrrad sanktioniert, allerdings ohne daß zusätzlich das Merkmal der Zueignungsabsicht vorliegen muß. Auf diese Weise ist in den Fällen, in denen eine Verurteilung des Täters nur an der Nichterweislichkeit der Zueignungsabsicht scheitert, mit einem Rückgriff auf § 248b StGB eine Bestrafung gleichwohl möglich[215].
Hiermit nahm der Gesetzgeber eine Art „Verdachtsstrafe wegen Diebstahls"[216] auf, was er auch selbst nicht verhehlt, wenn er ausführt: Die neue Vorschrift „dient zu einem wesentlichen Teil auch dazu, um in allen Fällen, in denen eine Diebstahlsabsicht zwar wahrscheinlich, aber nicht nachweisbar ist, die bisher bestehenden Beweisschwierigkeiten aus dem Weg zu räumen und bequeme Ausreden abzuschneiden"[217].

Die Überlegung, im Bereich des Auto- und Fahrraddiebstahls neben § 242 StGB aufgetretene Strafbarkeitslücken durch Aufnahme des § 248b StGB zu schließen, wirkt bis in den Bereich der Versuchsstrafbarkeit hinein. Der Gesetzgeber führt dazu aus, daß erfahrungsgemäß die oftmals vorgebrachte Schutzbehauptung, ohne Zueignungsabsicht gehandelt zu haben, „noch weniger zu widerlegen (war), wenn es gelang, den Täter beim Besteigen des fremden Wagens zu fassen oder auf der Flucht einzuholen"[218]. Hier erschwert der Mangel an objektiv verwirklichten Merkmalen den Schluß auf den Tatplan noch zusätzlich, so daß eine Verurteilung wegen versuchten Diebstahls häufig nicht möglich sein wird. Zur Beseitigung der mißbilligten Strafbarkeitslücken mußte dem § 248b StGB daher dem Vorbild des § 242 StGB folgend eine Versuchsstrafbarkeit angefügt werden.

10. Abgrenzungsprobleme zwischen Versuch und Vollendung
(Versuchsstrafbarkeit des § 246 StGB)

Mit den Beweisschwierigkeiten eng verbunden sind Abgrenzungsprobleme bei der Feststellung des tatsächlichen Geschehens als Voraussetzung seiner Sub-

---

215 vgl. hierzu Hillenkamp, Beweisprobleme im Wirtschaftsstrafrecht, S. 221 (225).
216 Arzt/Weber, Strafrecht, Besonderer Teil, LH 3,Kap. F, S. 84
217 Otto Wagner (Oberregierungsrat im Reichsjustizministerium), in JR 32, S. 253 f.
218 Otto Wagner (Oberregierungsrat im Reichsjustizministerium), in JR 32, S. 253.

sumtion unter einen strafrechtlichen Tatbestand. Während sich Beweisnot ergibt, wenn der Nachweis mißlingt, daß ein pönalisiertes Verhalten überhaupt vorgenommen oder geplant wurde bzw. kausal geworden ist, können Abgrenzungsprobleme auch dann noch auftreten, wenn sowohl der äußere Tathergang als auch der Tatplan zweifelsfrei festgestellt und nachgewiesen wurden.
So kommt der Versuchsstrafbarkeit bei der Unterschlagung, § 246 StGB, gesteigerte Bedeutung zu, weil sich der genaue Zeitpunkt der zur Tatbestandsvollendung erforderlichen Zueignung häufig nicht exakt festlegen läßt. Im Gegensatz zum Diebstahl genügt zur Vollendung nicht schon ein Handeln in Zueignungsabsicht, vielmehr muß die Zueignung abgeschlossen sein[219]. Sofern sich diese aus dem Geschehen nicht zweifelsfrei ergibt, kann nur wegen Versuchs gestraft werden. So dient die Versuchsstrafbarkeit in § 246 StGB der Schließung von Strafbarkeitslücken, die sich aus der schwierigen Abgrenzung ergeben können, ob mit einem bestimmten Verhalten der Zueignungswille bereits hinreichend nach außen betätigt wurde, so daß die Zueignung vollendet ist, oder ob mangels solcher Manifestation erst das Versuchsstadium der Unterschlagung erreicht ist.
Im Vorentwurf formuliert der Gesetzgeber das folgendermaßen: Der Versuch „gelangt zwar gerade bei diesem Delikt der Natur der Sache nach selten zur Bestrafung, er ist aber möglich, und die Vorschrift ist deshalb für die Praxis von einiger Wichtigkeit, weil bei manchen Formen der Zueignung sich der Moment ihrer Vollendung schwer bestimmen läßt." [220]

11. Tatbestandliche Abwandlungen

a) Unselbständige tatbestandliche Abwandlungen

(Versuchsstrafbarkeit der §§ 304, 305 StGB)

Das Verhältnis zwischen Grundtatbestand und seinen Abwandlungen kann ebenfalls von Einfluß auf die Anordnung von Versuchsstrafbarkeit sein. Unter den tatbestandlichen Abwandlungen sollen zunächst die unselbständigen Abwandlungen - Qualifikation und Privilegierung - betrachtet werden. Diese Tatbestände sind durch die Erweiterung des Grundtatbestandes mit qualifizierenden oder privilegierenden Merkmalen entstanden, die sich strafschärfend oder -mildernd auswirken[221]. Im übrigen werden in der unselbständigen Abwandlung alle Merkmale des Grundtatbestandes unverändert und mit derselben Auslegung

---

219 Tröndle/Fischer § 246, Rn. 12; Sch-Sch-Eser § 246, Rn. 11.

220 VE, Begrü. S. 745 zu § 271 VE.

221 Maurach/Zipf § 20, Rn. 43; Roxin AT § 10, Rn. 102.

übernommen. Mithin enthalten sie auch einen gleichgerichteten Rechtsgüterschutz[222].
Unter den unselbständigen Abwandlungen bringt die Qualifikation eine Intensivierung des Rechtsgüterschutzes mit sich, da zu dem durch das Grunddelikt gewährleisteten Schutz bei Vorliegen der jeweiligen qualifizierenden Merkmale eine erhöhte Strafdrohung tritt. Soll der Rechtsgüterschutz durch Qualifikationstatbestände also erweitert werden, so liegt es nahe, daß zumindest die im Grundtatbestand mit Versuchsstrafbarkeit versehenen Delikte auch in ihrer Qualifikation eine Versuchsstrafbarkeit aufweisen.

Dieser Zusammenhang zwischen Grundtatbestand und Qualifikation wirkte sich bei der Normierung der Sachbeschädigungsdelikte, §§ 303 ff StGB, aus: Eine im Reichstag während der zweiten Lesung zum Strafgesetzbuch für den Norddeutschen Bund geführte Debatte beschäftigte sich mit der Frage der Versuchsstrafbarkeit der Sachbeschädigung[223]. Gegenstand der Erörterung war ausschließlich der Grundtatbestand, § 303 StGB. Mit knapper Mehrheit (83 zu 79 Stimmen) befürworteten die Abgeordneten schließlich die Aufnahme der Versuchsstrafbarkeit in diesen Tatbestand. Direkt im Anschluß folgte ein Antrag auf entsprechende Erweiterung der §§ 304 und 305 StGB, wobei § 304 StGB wegen des fehelenden Tatbestandsmerkmals der Fremdheit der Sache allerdings keine Qualifikation zu § 303 StGB ist. Zu dem Antrag auf Aufnahme einer Versuchsstrafbarkeit in den §§ 304, 305 StGB erklärte der Abgeodnete v. Levetzkow, nachdem er sich zuvor vehement gegen die Normierung einer Versuchsstrafbarkeit im Grundtatbestand eingesetzt hatte: „Das Amendement ... glaube ich Ihnen nunmehr zur Annahme empfehlen zu müssen. Wenn der Versuch bei der einfachen Sachbeschädigung strafbar sein soll, wie Sie eben beschlossen haben, so würden Sie ihn bei der schweren Sachbeschädigung nicht straflos lassen dürfen."[224] Die Aufnahme einer Versuchsstrafbarkeit in den Qualifikationstatbeständen wurde sodann mit großer Mehrheit beschlossen.

b) Selbständige tatbestandliche Abwandlungen

(Versuchsstrafbarkeit des § 239 StGB)

Daneben gibt es selbständige tatbestandliche Abwandlungen. Sie enthalten zwar (wie beispielsweise die Freiheitsberaubung, § 239 StGB) sämtliche Merkmale

---

222 Maurach, Unselbständige tatbestandlichen Abwandlungen, in Materielien zur Strafrechtsreform Bd.1, S. 249 (250).

223 Stenographischer Bericht, 1. LP, Sess. 70, 37.Sitzung, S. 738 ff.

224 Stenographischer Bericht, 1. LP, Sess. 70, 37.Sitzung, S. 741.

eines anderen Delikts (im Beispiel die der Nötigung, § 240 StGB), sind aber weder erschwerte noch gemilderte Fälle dieses anderen Delikts. Sie stellen vielmehr selbständige Tatbestände mit eigenem Unrechtstyp dar. Trotz der partiellen Übereinstimmung in ihrer Schutzrichtung und der Ähnlichkeit des Rechtsgutsangriffes hat die Grundhandlung hier eine derartige Änderung erfahren, daß sie „ein rechtliches Einheitsgefüge neuen Wertranges", „einen selbständigen Verbrechensbegriff mit eigenem Gehalt, rechtlichem Eigenleben und einem besonderen Wirkungsbereich beschreibt" [225].
Die rechtliche Eigenständigkeit der Delikte erlaubt es, hinsichtlich der Versuchsstrafbarkeit zwischen dem Ursprungsdelikt und der selbständigen Abwandlung zu differenzieren. So erklärt es sich auch, daß die einfache Freiheitsberaubung (§ 239 I StGB) zwar „eine hervorgehobene, schwerer strafbare Unterart der Nötigung ist" [226], als selbständige Abwandlung im Gegensatz zum Nötigungstatbestand bis zum 6. StrRG[227] aber keine Versuchsstrafbarkeit enthielt. Allerdings empfand der Gesetzgeber die Straflosigkeit der versuchten Freiheitsberaubung teilweise auch als Fehlentscheidung. Der Vorentwurf hatte die im Widerspruch zur Nötigung stehende Straflosigkeit der Freiheitsberaubung mit den Worten kritisiert: „Dieser Mangel an Folgerichtigkeit ist zu beseitigen." [228].
Dagegen tritt die Eigenständigkeit der selbständigen Abwandlung in der Begründung zum 6. StrRG, das die Versuchsstrafbarkeit der einfachen Freiheitsberaubung schließlich einfügte, insofern wieder hervor, als sie sich gerade nicht auf die im Vorentwurf gerügte Diskrepanz zu § 240 StGB stützt. Nach dem 6. StrRG dient die Aufnahme der Versuchsstrafbarkeit vielmehr „dem Anliegen, dem von § 239 StGB geschützten höchstpersönlichen Rechtsgut der Fortbewegungsfreiheit den gleichen Strafschutz zu gewähren wie Eigentum und Vermögen" [229].

12. Anlehnung an bereits bestehende Tatbestände

Das Ziel, das StGB als ein in sich harmonisches System von Normen zu fassen, das den geschützten Rechtsgütern im Verhältnis untereinander den ihnen nach der objektiven Werteordnung zukommenden strafrechtlichen Schutz zuordnet[230],

---

225 Maurach, Materialien zur Strafrechtsreform, Bd.1, S. 249 (251); inhaltlich ebenso: Roxin AT § 10, Rn. 134.

226 Vorentwurf, Begrü. zum BT, S. 670 zu § 239 VE.

227 Gesetz vom 1.4.1998, BGBl I 164.

228 Vorentwurf, Begrü. zum BT, S. 671 zu § 239 VE; inhaltlich ebenso E 62, Begrü. S. 302 zu § 163 E.

229 RegE zum 6.StrRG, BT-Drs. 13/8587, S. 41.

230 RegE zum 6. StrRG, BT-Drs. 13/8587, S. 18.

erfordert eine vergleichende Betrachtung des Gesetzgebers. Insofern orientiert er sich sowohl bei der Normierung neuer Tatbestände als auch bei der Überprüfung und Reform der bestehenden Vorschriften an anderen Strafrechtsnormen, die durch Vergleich und Abgrenzung Aufschluß darüber geben, wie die in Frage stehende Norm gestaltet werden muß, um sich in das Gesamtgefüge des StGB einzureihen. Die so verfolgte Harmonisierung der Strafvorschriften erhält besonders bei der Festlegung der Strafrahmen Gewicht, dehnt sich aber auch auf die Androhung der Versuchsstrafbarkeit bei Vergehen aus.

a) Tatbestände mit der gleichen Tatbestandshandlung

(Versuchsstrafbarkeit der §§ 88, 90a II, 104, 168, 274, 316b, 317, 318; 312, 315b StGB)

(1) Die in § 303 StGB umschriebene Tatbestandshandlung des Zerstörens oder Beschädigens von Sachen ist in manchen Vorschriften wörtlich (§§ 90a II, 104, 168 II 1. und 2. Fall, 274, 316b, 317, 318 StGB), in anderen dem Inhalt nach (z.B. § 88 StGB) aufgegriffen worden. Um die so geschaffene Parallelität zwischen § 303 StGB und den übrigen Normen auch auf die Sanktionierung des Versuchs auszudehnen, wurde diesen nachträglich eine Versuchsstrafbarkeit angefügt[231]. So begründete der Gesetzgeber die Versuchsstrafbarkeit in § 90a StGB etwa mit den Worten: „Die Strafbarkeit des Versuchs ... bedeutet eine Angleichung an die Vorschrift über die Sachbeschädigung." [232]

(2) Dem Tatbestand der fehlerhaften Herstellung kerntechnischer Anlagen (§ 312 StGB n.F.) liegt als Vorbild der § 109e II StGB zugrunde[233], dem § 315b StGB der § 315 StGB[234], was sich in beiden Fällen auch auf die Anfügung einer Versuchsstrafbarkeit erstreckt.

---

231 Dokumentiert ist diese Erwägung für § 90a StGB in RegE zum 1. StÄG, BT-Drs. I/1307, S. 38; zu § 104 StGB in: RegE zum 1. StÄG, BT-Drs. I/1307, S. 39; zu § 168 StGB in: RegE zum 3. StÄG, BT-Drs. I/3713, S. 37; zu § 318 in: Ber zum 6. StrRG, BT-Drs. 13/9064, S. 40. Aber auch in den übrigen Vorschriften dürfte sich die Aufnahme der Versuchsstrafe an § 303 StGB orientiert haben, wenngleich der Gesetzgeber ihre Normierung nicht begründet hat.

232 RegE zum 1. StÄG, BT-Drs. I/1307, S. 38.

233 Nach dem RegE zu § 49 AtomG, BT-Drs. III/759, S. 46 f., der - im wesentlichen unverändert - durch das 18. StrÄG (BGBl I, S. 373) in das StGB übernommen wurde.

234 RegE zum 2. StrVSiG, BT-Drs. IV/651, S. 28.

b) Tatbestände mit ähnlichen Schutzgütern oder Rechtsgutsangriffen
(Versuchsstrafbarkeit der §§ 253, 263a, 265a, 268, 269, 270, 303a, 303b, 311 n.F., 324 ff. StGB)

(1) Als Reaktion auf die zunehmende Technisierung und Computerisierung von Arbeitsvorgängen wurden die §§ 263a, 268, 269, 270, 303a und 303b StGB in das Strafgesetzbuch aufgenommen. Sie umschreiben Rechtsgutsangriffe, die denen der §§ 263 bzw. 267 und 303 StGB nahestehen. Daher dienten die §§ 263, 267 und 303 StGB dem Gesetzgeber bei Abfassung der neuen Tatbestände als Vorbild. So betont der Gesetzgeber beispielsweise in seiner Begründung zu § 263a StGB, dieser lehne sich „eng an den Tatbestand des Betrugs an. Mit ihm sollen ... nur die Unzulänglichkeiten des geltenden Rechts beseitigt werden, die sich daraus ergeben, daß der Tatbestand des Betrugs menschliche Entscheidungsprozesse voraussetzt, die bei dem Einsatz des Computers fehlen."[235] Ähnliche Äußerungen[236] zu den übrigen Delikten lassen darauf schließen, daß mit der engen Anlehnung an den jeweils schon bestehenden Tatbestand auch dessen Versuchsstrafbarkeit in dem neu geschaffenen Tatbestand übernommen wurde.

(2) Es ist anzunehmen, daß bei der Normierung der Versuchsstrafbarkeit der Erpressung (§ 253 III StGB) ihre Ähnlichkeit zum Raub berücksichtigt wurde: Während § 249 StGB die unter Einsatz von Nötigungsmitteln vorgenommene Vermögensbeschädigung in der Form einer Eigentumsverletzung durch einen Dritten umschreibt, erfaßt § 253 StGB die unter dem Eindruck von Nötigungsmitteln vorgenommene Selbstschädigung am Vermögen. Eine unterschiedliche Schwere der Tat ergibt sich zwar aus dem Erfordernis qualifizierter Nötigungsmittel in § 249 StGB, wohingegen der Einsatz einfacher Nötigungsmittel bei § 253 StGB genügt. Diesem qualitativen Unterschied zwischen Raub und Erpressung wird jedoch - wie aus der Räuberischen Erpressung in § 255 StGB ersichtlich - dadurch Rechnung getragen, daß der Einsatz qualifizierter Nötigungsmittel als Verbrechen sanktioniert wird. Die Unrechtsabstufung mußte daher nicht mehr durch unterschiedliche Regelung der Versuchsstrafbarkeit verdeutlicht werden.

(3) § 265a StGB (Erschleichen von Leistungen) wurde zur Schließung von Strafbarkeitslücken eingeführt, die in Fällen aufgetreten waren, in denen eine entgeltliche Leistung ohne Täuschung nach § 263 StGB erschlichen worden

---

235 RegE zum 2. WiKG, BT-Drs. 9/2008, S. 19.

236 Zu § 269 StGB: ebd. S. 33; zu § 270 StGB: ebd. S.34; zu § 268 StGB: E 62 zu § 306 E, S. 483; zu §§ 303a, 303b StGB: Ber zum Entwurf des 2. WiKG, BT-Drs. 9/5058, S. 35 f.

war[237]. Neben § 263 StGB aufgetretene Strafbarkeitslücken konnten durch § 265a StGB aber nur dann umfassend geschlossen werden, wenn er wie § 263 StGB auch die Versuchsfälle sanktionierte.

(4) Um einen gleichförmigen strafrechtlichen Umweltschutz zu gewährleisten, wurden Gewässer- (§ 324 StGB) und Luftverunreinigungen (§ 325 I StGB) sowie später die Bodenverunreinigung (§ 324a StGB) einheitlich mit Versuchsstrafe belegt[238]. Der Gesetzgeber stellt in seiner Begründung klar, daß die Normierung der Versuchsstrafbarkeit nicht nur Ausfluß einer gewünschten Gleichförmigkeit des Strafrechtsschutzes ist, sondern daß die Erwägungen, die im Ursprungstatbestand die Androhung einer Versuchsstrafe erforderten, in den angelehnten Delikten gleichermaßen einschlägig sind. Zu § 324a StGB merkt er etwa an: „Absatz 2 stellt entsprechend § 324 Abs. 2 auch den Versuch unter Strafe. Die dortigen Erwägungen gelten auch hier." [239]

(5) An § 325 StGB a.F. orientierte sich der Gesetzgeber wiederum bei der Schaffung des Tatbestandes über das Freisetzen ionisierender Strahlen (§ 311 StGB n.F.): „Die Mehrheit hält es angesichts der Existenz gefährlicher ionisierender Strahlen (und gefährlicher Kernspaltungsvorgänge) für geboten, die Reichweite des Strafrechtsschutzes - parallel zu dem Grundtatbestand des Immissionsschutzes über Luftverunreinigung und Lärm in § 325 des Entwurfs - vorzuverlagern." [240].

B. Gründe gegen die Anordnung von Versuchsstrafbarkeit

Der Zusammenstellung der aus der Sicht des Gesetzgebers für die Normierung einer Versuchsstrafbarkeit sprechenden Gründe schließt sich nun eine Darstel-

---

237 Entwurf eines 3. StÄG, BT-Drs. I/3713, S. 24.

238 RegE zum 18. StÄG, BT-Drs. 8/2382, S. 16; zu § 324a StGB: RegE eines 2. UKG, BT-Drs. 12/192, S. 17.

239 BT-Drs. 8/2382, S. 16. Die Erwägungen, auf die der Gesetzgeber hier Bezug nimmt, werden in Teil 1 A unter 6c und 9c referiert. Es ist einerseits die Fortführung des § 38 WHG, der bereits eine auf bestimmte, schwere Fälle begrenzte Versuchsstrafbarkeit angeordnete hatte. Ferner auch die Überlegung, daß im Bereich der Umweltstrafrechts die Strafbarkeit nicht von dem Zufall abhängen soll, ob durch rechtzeitiges Eingreifen der Behörden der tatbestandliche Verunreinigungserfolg noch verhindert werden konnte. Und schließlich war die Versuchsstrafbarkeit auch aus Gründen der Beweisnot erforderlich.

240 Ber zum 18. StÄG, BT-Drs. 8/3633, S. 23.

lung der Erwägungen an, die einer Versuchsbestrafung bei Vergehen entgegenstehen. Hierbei werden Argumentationsstrukturen wieder auftauchen, die im entgegengesetzten Sinn bereits zur Begründung der Niederlegung von Versuchsstrafen verwendet wurden. Anders als im ersten Teil knüpfen die aufgefundenen gesetzgeberischen Erwägungen zur Straflosigkeit des Versuchs jedoch überwiegend an die Deliktsnatur der jeweiligen Vorschrift an.

1. Fahrlässigkeitsdelikte

(z.B. §§ 97 II, 138 III, 163, 222, 229 n.F., 264 IV, 306d n.F., 308 VI, 316 II StGB)

Bei Fahrlässigkeitsdelikten ist die Anordnung einer Versuchsstrafbarkeit von vornherein ausgeschlossen, weil sie ihrer Deliktsnatur nach nicht versucht werden können.
In Fahrlässigkeitsdelikten wird nämlich die ungewollte Verwirklichung des gesetzlichen Tatbestands durch eine pflichtwidrige Vernachlässigung der im Verkehr erforderlichen Sorgfalt bestraft[241]. Der Versuch setzt hingegen vorsätzliches Handeln voraus, wie § 22 StGB mit der Wendung klarstellt, daß „eine Straftat versucht, wer *nach seiner Vorstellung* von der Tat“ zu deren *Verwirklichung* unmittelbar ansetzt[242]. Demnach fehlt es beim Fahrlässigkeitsdelikt an dem für einen Versuch erforderlichen Tatvorsatz, so daß nach einhelliger Auffassung der Versuch einer Fahrlässigkeitstat ausgeschlossen ist[243].
In den Fahrlässigkeitstatbeständen des StGB (z.B. den §§ 97 II, 138 III, 163, 222, 229 n.F., 264 IV, 306d n.F., 308 VI, 316 II StGB[244]), die sämtlich Vergehen sind, hat der Gesetzgeber daher durchgehend und ohne weitere Begründung von einer Versuchsbestrafung abgesehen.

---

241 Wessels/Beulke AT, § 15 I, Rn. 656.

242 Vgl. hierzu Ber zum RegE eines 2.StrRG, BT-Drs V/4095, S. 1, wonach diese Formulierung eine Versuchsdefinition, wie sie § 26 I E 62 vorgesehen hatte, erübrigte. § 26 I E 62 lautete: Eine Straftat versucht, wer den Vorsatz, die Tat zu vollenden, durch eine Handlung betätigt, die den Anfang der Ausführung bildet oder nach seiner Vorstellung von den Tatumständen bilden würde, jedoch nicht zur Vollendung führt.

243 LK[10]-Vogler § 22, Rn. 17; Tröndle/Fischer § 22, Rn. 2; Jescheck/Weigend AT, § 49 III 1a, S. 516; Sch-Sch-Eser § 22, Rn. 22; Maurach/Gössel/Zipf AT II, § 41, Rn. 52.

244 Preisgabe von Staatsgeheimnissen, § 97 II StGB; Nichtanzeige geplanter Straftaten, § 138 StGB; Fahrlässiger Falscheid, § 163 StGB; Fahrlässige Tötung, § 222 StGB; Fahrlässige Körperverletzung, § 229 StGB n.F.; Subventionsbetrug, § 264 IV StGB; Verletzung der Buchführungspflicht, § 306d StGB n.F.; Herbeiführung einer Sprengstoffexplosion, § 308 VI StGB; Trunkenheit im Verkehr, § 316 II StGB.

2. Unternehmensdelikte

(§§ 108e; 131 I Nr. 4; 184 I Nr. 8, 9, III Nr. 3, V; 275; 276 Nr. 1; 357 StGB)

Das Unternehmensdelikt stellt eine Sonderform unter den strafbaren Handlungen dar, indem es Versuch und Vollendung als Unternehmen einer Tat zu einem in sich geschlossenen Tatbestand mit gleicher Strafdrohung zusammenfaßt. Das ergibt sich aus der Legaldefinition des § 11 I Nr. 6 StGB, wonach das Unternehmen einer Tat deren Versuch und Vollendung ist[245].
Unternehmensdelikte sind unter den Vergehen die § 108e, § 131 I Nr. 4, § 184 I Nr. 8, 9, III Nr. 3, V, § 275, § 276 Nr. 1, § 357 StGB[246]. In sämtlichen Fällen ist die zusätzliche Anordnung einer Versuchsstrafbarkeit unterblieben. Das hat seine Ursache darin, daß nach insoweit einhelliger Ansicht der Versuch eines Unternehmensdelikts ausgeschlossen ist. Streitig ist allein die Begründung hierfür:

Teilweise wird die Unmöglichkeit, ein Unternehmensdelikt mit einer Versuchsstrafe zu erweitern, allein an der Begrifflichkeit festgemacht: Der Versuch im technischen Sinne werde als Unternehmen der Tat bereits tatbestandlich erfaßt. Mit der Ausgestaltung als Unternehmensdelikt ordne der Gesetzgeber nicht nur die Versuchsstrafbarkeit des betreffenden Delikts an, sondern lege darüber hinaus fest, wie der Versuch zu bestrafen ist, nämlich als (formell) vollendete Tat[247]. Zudem bleibe für einen Versuch des Unternehmens, da jede auf Deliktsvollendung gerichtete Tat bereits dessen Vollendung darstellt, nur der Versuch eines Versuchs der Deliktsverwirklichung. Dies sei aber eine unmögliche Konstellation , weil sich der strafbare Versuch nach § 22 StGB auf die Deliktsverwirklichung beziehen muß[248]. Andere halten den Versuch einer Unternehmenstat zwar begrifflich für möglich, meinen aber, diese Konstellation würde der ratio legis der Unternehmensdelikte widersprechen. Denn da es für den gesetzgeberischen Willen keinen Anhaltspunkt gebe, bei den Unternehemensdelikten eine noch weitere Ausdehnung in das Vorbereitungsstadium hinein zuzulassen, beschreibe der Versuch der Deliktsvollendung die Grenze der vom Gesetzgeber beabsichtigten strafrechtlichen Vorfelderfassung[249].

---

245 Jescheck/Weigend AT, § 49 VIII, S. 526.

246 Abgeordnetenbestechung, § 108e StGB; Ein- und Ausfuhr von Gewaltdarstellungen, § 131 I Nr. 4 StGB; Verbreitung pornographischer Schriften, § 184 Abs. 1 Nr.8, 9, Abs. 3 Nr. 3 und Abs. 5 StGB; Vorberitung der Fälschung von amtlichen Ausweisen, § 275 StGB; Verschaffen von falschen amtlichen Ausweisen, § 276 StGB; Verleitung eines Untergebenen zu einer Straftat, § 357 StGB.

247 LK[11]-Gribbohm § 11, Rn. 90; Tröndle/Fischer § 11, Rn. 34; Sowada GA 1988, S. 195 (195 f); Jakobs AT, 25/6, S. 707.

248 RGSt 58, 238 (239 f.); RGSt 42, 266 (267 ff.); Günther, JZ 87, S. 16 (17).

249 SK-Rudolphi § 11, Rn. 24; Burkhardt JZ 71, S. 352 (357); Sauermann, Der Versuch als „delictum sui generis", S. 53 ff.

Deshalb ist nach einhelliger Auffassung selbst bei den Verbrechen unter den Unternehmensdelikten (z.B. Hochverrat gegen den Bund, § 81 StGB, Mißbrauch ionisierender Strahlen § 309 I, II StGB n.F.), für die sich formell aus § 23 I StGB eine zusätzliche Versuchsstrafandrohung ergeben könnte, der Versuch des Unternehmens ausgeschlossen[250].

3. Tätigkeitsdelikte mit Versuchsstruktur

(§§ 113, 121, 257, 292, 293, 333, 334 StGB)

Unter den Straftatbeständen des StGB gibt es solche, deren Tatbestandsbeschreibung als formelle Tatvollendung auch solche Bereiche mit abdeckt, die bei materieller Betrachtung dem Versuchsbereich zuzurechnen sind. Sie weisen daher tatbestandlich eine Versuchsstruktur auf[251]. So wird beispielsweise in § 113 StGB das Widerstandleisten als vollendetes Delikt bestraft. Damit wird auch das untaugliche und erfolglos gebliebene Ansinnen, eine Amtsperson an der Vornahme ihrer Vollstreckungshandlung zu hindern, sofern es sich in einer Handlung manifestiert mit Vollendungsstrafe belegt[252]. Der Gesetzgeber strich deshalb mit dem 3. StÄG[253] die zuvor mit der Strafrechtsangleichungsverordnung von 1943 eingefügte Versuchsstrafbarkeit wieder aus dem Tatbestand heraus. Die bis dahin bestehende Rechtslage kritisierte er und begründete sogleich seine Entscheidung, von einer Versuchsstrafbarkeit künftig abzusehen: „...die Strafbarkeit des Versuchs ... bedeutet jedoch eine Überspannung. Denn dadurch, daß bereits für den Fall der ‚Bedrohung mit Gewalt' Vollendungsstrafe angedroht ist, tritt die Strafbarkeit vielfach schon in einem so frühen Stadium ein, daß der Versuch des Angriffs oder der Gewaltanwendung schon erfaßt ist." [254]

Ähnlich liegt es bei der Begünstigung (§ 257 StGB), die bereits mit Vornahme einer in Vorteilssicherungsabsicht unternommenen Handlung vollendet ist. Auf einen tatsächlichen Erfolgseintritt in Form der Beutesicherung kommt es auch hier nicht an[255]. Ebenso genügt es bei den §§ 121 I Nr. 1, 2. Alt. (tätliches An-

---

250 Schröder, Kern-Festschrift S.457 (459); LK[10]- Schäfer zu § 316a a.F., Rn. 24; Tröndle/Fischer zu § 11, Rn. 34.

251 Sowada, GA 88, S. 194 (198).

252 Tröndle/Fischer § 113, Rn. 18; Lackner/Kühl § 113, Rn. 5; LK[11]-v. Bubnhoff § 113, Rn. 13a.

253 Drittes Strafrechtsänderungsgesetz v. 4.8.1953, BGBl I, S. 735.

254 RegE zum 3.StÄG, I/3713, S. 35.

255 Tröndle/Fischer § 257, Rn. 6; Lackner/Kühl § 257, Rn. 3; LK[11]-Ruß § 257, Rn. 13 und 19; Sch-Sch-Stree § 257, Rn. 15.

greifen), 164, 292, 293, 333, 334 StGB[256] (die letzten beiden jeweils in den Begehungsvarianten, nach denen ein *künftiges* Verhalten beeinflußt werden soll) zur Vollendung schon, daß eine Tätigkeit ausgeübt wird, die auf Herbeiführung des vom Tatbestand nicht erfaßten Erfolges abzielt.

Im Hinblick auf die tatbestandliche Sanktionierung des Versuchsstadiums einer Rechtsgutsbeeinträchtigung hat Schröder für diese verselbständigten Versuchstaten die Bezeichnung „unechte Unternehmensdelikte" eingeführt[257]. Sowohl der Kreis der hierunter fallenden Delikte als auch die möglichen Konsequenzen, die sich aus ihrer Klassifizierung als „unechte Unternehmensdelikte" ziehen lassen, sind jedoch umstritten. Diskutiert wurde insbesondere die Zulässigkeit einer Übertragung der Versuchsdogmatik in Parallelität zu den echten Unternehmensdelikten, für die deren Anwendbarkeit in § 11 I Nr. 6 StGB gesetzlich geregelt ist. Für die vorliegende Betrachtung wäre zwar die Übertragbarkeit des Grundsatzes, daß echte Unternehmensdelikte ihrer Deliktsnatur nach nie mit einer zusätzlichen Versuchsstrafbarkeit versehen werden können, mit der Folge zu erwägen, daß auch Tätigkeitsdelikte mit Versuchsstruktur (unechte Unternehmensdelikte) nicht durch Anordnung einer Versuchsstrafbarkeit erneut vorverlagert werden dürfen. Dem steht jedoch entgegen, daß § 316a StGB (Räuberischer Angriff auf Kraftfahrer) im Rahmen des 6. StrRG von einem echten in ein unechtes Unternehemendelikt umgewandelt wurde[258]. Da das Delikt aber als Verbrechen bestraft wird, tritt nunmehr zu der weiten tatbestandlichen Voverlagerung des § 316a StGB noch die Versuchsstrafbarkeit gem. § 23 I StGB hinzu. Auch der Tatbestand des § 113 StGB wies zeitweise zusätzlich zur tatbestandlichen Vorverlagerung der Strafbarkeitsgrenze in den Versuchsbereich hinein noch eine Versuchsstrafbarkeit auf.

Hieraus kann jedenfalls geschlossen werden, daß allein die Einteilung verselbständigter Versuchstaten als „unechte Unternehmensdelikte" die Frage der Möglichkeit einer zusätzlichen Normierung einer Versuchsstrafbarkeit in diesen Tatbeständen nicht beantwortet. Allerdings hat der Gesetzgeber zu erkennen gegeben, daß er dann auf die zusätzliche Androhung einer Versuchsstrafe verzichten will, wenn der Versuch bereits tatbestandlich erfaßt wird. Denn die zusätzliche Anordnung einer Versuchsstrafbarkeit sei eine „Überspannung" [259].

---

256 Gefangenenmeuterei, § 121 StGB, Vortäuschen einer Straftat, § 145d StGB; Falsche Verdächtigung, § 164 StGB; Jagdwilderei, § 292 StGB; Fischwilderei, § 293 StGB; Vorteilsgewährung, § 333 StGB; Bestechung, § 334 StGB.

257 Schröder, Kern-FS, S. 457 (465).

258 Der Gesetzgeber ersetzte das Verb unternehemen durch das Verb verüben.

259 RegE zum 3. StÄG, BT-Drs. I/3713, S. 35 zu § 113 StGB.

4. Tatbestandsfassung als Gefährdungsdelikt

a) Die Versuchsstrafbarkeit abstrakter Gefährdungsdelikte

(z.B. §§ 80a, 86, 86a, 111, 125 3. Fall, 130, 131, 145, 145d, 153 ff, 181a, 184, 185 ff, 219a, 264, 264a, 264b, 265b, 323a, 323b, 316, 323a, 325 II, 325a II, 326, 327, 329 StGB)

Abstrakte Gefährdungsdelikte sind Tatbestände, die ein Verhalten als solches unter Strafe stellen, ohne daß es im konkreten Fall zu einer Rechtsgutsverletzung oder -gefährdung kommen muß. Vielmehr wird aufgrund der Vornahme der erfahrungsgemäß besonders gefährlichen tatbestandlichen Handlung das Vorliegen einer Gefahr unwiderleglich vermutet. Die üblicherweise aus der sanktionierten Handlung hervorgehende Gefahr ist mithin nur gesetzgeberisches Motiv bei Fassung des Tatbestandes gewesen, ohne daß sie als Merkmal Eingang in denselben gefunden hat[260]. Insofern unterscheidet sich das abstrakte Gefährdungsdelikt von den Erfolgsdelikten, bei denen der Eintritt einer Verletzung oder Gefahr objektives Tatbestandsmerkmal und somit im Einzelfall nachzuweisen ist[261].
Da die abstrakten Gefährdungsdelikte keinen Erfolgseintritt voraussetzen, entfällt entsprechend auch das Erfordernis der Kausalität der pönalisierten Handlung für einen Erfolg und selbst eines Schädigungsvorsatzes bedarf es zur Deliktsverwirklichung nicht.

Im Vergleich zu den Erfolgsdelikten verlagert das abstrakte Gefährdungsdelikt den Rechtsgüterschutz vor, indem die Strafbarkeit schon zu einem Zeitpunkt einsetzt, zu dem weder Tauglichkeit noch Kausalität der pönalisierten Handlung zur Erfolgsverursachung im Einzelfall feststehen[262]. Geschehensabläufe, die im Rahmen eines Erfolgsdelikts mangels Kausalität, Erfolgseintritts oder Beweisbarkeit dieser Elemente allenfalls als Versuch zu bestrafen wären, werden hier schon als vollendetes Delikt erfaßt.
Die unterschiedlichen Strafbarkeitsgrenzen lassen sich am Beispiel der §§ 223, 315c, 316 StGB verdeutlichen: Führt jemand im Zustand und Bewußtsein der Fahruntüchtigkeit ein Fahrzeug im Verkehr, so hat er sich bereits, ohne daß sich das Geschehen im Einzelfall tatsächlich zu einer konkreten Gefahrensituation zuspitzt, nach dem abstrakten Gefährdungsdelikt des § 316 StGB strafbar ge-

---

260 Tröndle/Fischer vor § 13, Rn. 13a; Roxin AT, § 11, Rn. 127; Schünemann, JA 75, S. 792 (793).

261 Tröndle/Fischer vor § 13, Rn. 13a; Roxin AT, § 11, Rn. 127; Maurach/Zipf AT I, § 20, Rn. 31; Schmidhäuser AT, Lehrbuch, 8/103; Schröder, Die Gefährdungsdelikte ZStW 81 (1969) S. 9 (17), der allerdings für die begrenzte Zulasssung eines Gegenbeweises hinsichtlich der Gefahrverursachung eintritt.

262 F.C. Schroeder, ZStW-Beiheft 1982, S.1 (7).

macht. In diesem Stadium ist das konkrete Gefährdungsdelikt des § 315c StGB mangels Gefährdung einer Person oder Sache noch nicht vollendet, denkbar wäre allenfalls ein Versuch. Auch wegen einer Körperverletzung (§ 223 StGB) hat sich der Täter (noch) nicht strafbar gemacht. Kommt es während der Fahrt sodann aber zu einer kritischen Situation, in der er die Gesundheit eines Fußgängers gefährdet, so wäre auch der Tatbestand des § 315c StGB erfüllt und bei entsprechendem Vorsatz auch eine Strafe wegen versuchter Körperverletzung verwirkt. Wegen vollendeter Körperverletzung ist der Täter dagegen erst strafbar, wenn die konkrete Gefahrensituation in eine Körperverletzung umschlägt.

Die Vorverlagerung der Strafbarkeitsgrenze durch abstrakte Gefährdungsdelikte kann sogar noch weiter gehen, beispielsweise bei Delikten öffentlicher Kundgabe. Sanktioniert wird hier schon die Verbreitung von Standpunkten potentiell staatsgefährdender (z.B. §§ 80a, 86, 86a StGB[263]), bzw. die allgemeine Sicherheit (z.B. §§ 111, 125 3. Fall, 131, 184 StGB[264]) oder spezielle Rechtsgüter gefährdender Art (z.B. §§ 130, 219a, 264a StGB[265]). In dieser Gruppe der abstrakten Gefährdungsdelikte wird die Schaffung einer typischerweise gefährlichen Situation bestraft, die sich nur indirekt verwirklichen kann, nämlich nur durch die selbständige Handlung Dritter, durch die das letztlich geschützte Rechtsgut erst beeinträchtigt wird. Die in diesen Delikten pönalisierte öffentlich vorgetragene Mißachtung der Werteordnung ist daher bezogen auf das gefährdete Rechtsgut eine Vorbereitungshandlung[266]. Hieran wird besonders deutlich, wie weit sich die Strafbarkeit bei abstrakten Gefährdungsdelikten in das Vorfeld hinein erstrecken kann.

Der Gesetzgeber hat sich daher in den weit überwiegenden Fällen der Normierung eines abstrakten Gefährdungsdelikts mit der tatbestandlichen Vorverlagerung der Strafbarkeitsgrenze begnügt, und hierdurch auch den Bereich des Versuchs bezogen auf das geschützte Rechtsgut als abgedeckt angesehen. Dies geht beispielsweise aus seiner Begründung zur Straflosigkeit des Versuchs in § 264 StGB hervor: „Als abstraktes Gefährdungsdelikt ... deckt dieser Tatbestand den

---

263 Aufstacheln zum Angriffskrieg, § 80a StGB; Verbreiten von Propagandamitteln verfassungswidriger Organisationen, § 86 StGB; Verwenden von Kennzeichen verfassungswidriger Organisationen, § 86a StGB.

264 Öffentliche Aufforderung zu Straftaten, § 111 StGB, wobei nach § 111 II StGB die erfolglos gebliebene Aufforderung mit milderer Strafe bedroht wird, so daß die Deliktsqualität der erfolgsunabhängigen, abstrakten Gefährdung hier hinsichtlich des Strafmaßes durchbrochen wird; Landfriedensbruch, § 125 StGB; Gewaltdarstellung, § 131 StGB; Verbreitung pornographischer Schriften, § 184 StGB.

265 Volksverhetzung, § 130 StGB; Werbung für den Abbruch der Schwangerschaft, § 219a StGB; Kapitalanlagebetrug, § 264a StGB.

266 LK[11]-Laufhütte § 184, Rn. 43.

Bereich der Versuchshandlungen von Verletzungsdelikten ab."[267] Aus dem gleichen Grund hielt die Minderheit im Rechtsausschuß bei den Beratungen zum 1. UKG, § 324 StGB, „die Versuchsstrafbarkeit bei dem abstrakten Gefährdungstatbestand ... nicht für hinnehmbar" [268].

Die grundsätzliche Entscheidung des Gesetzgebers gegen eine Versuchsstrafbarkeit bei abstrakten Gefährdungsdelikten steht insofern auch im Einklang mit der Wissenschaft, als der vorverlagerte Rechtsgüterschutz in Form abstrakter Gefährdungsdelikte zum Teil nur unter Einschränkungen für legitim gehalten wird. In diesem Zusammenhang wird auf den Konflikt der Deliktsform mit dem Schuldprinzip insbesondere in den Fällen verwiesen, in denen ein Schaden offensichtlich überhaupt nicht eintreten konnte, z.B. weil der Täter alle erforderlichen Vorkehrungen getroffen hatte[269]. Obwohl das Entstehen einer konkreten Gefahrensituation hier von vornherein ausgeschlossen war, hat der Täter das Delikt tatbestandlich voll erfüllt.
Die Fortführung dieses Gedankens vermag nun auch den grundsätzlichen Ausschluß einer Versuchsbestrafung bei abstrakten Gefährdungsdelikten zu erklären. Denn die Versuchsstrafbarkeit würde sich auch auf den untauglichen Versuch erstrecken. Dieser ist aber - im Gegensatz zu geeigneten Vorkehrungen - mit Sicherheit niemals gefährlich. Hier würde die weite Vorverlagerung der Strafbarkeitsgrenze erst recht in Konflikt mit dem Schuldgrundsatz geraten.
Der Gesetzgeber hat vom Grundsatz der Straflosigkeit des Versuchs abstrakter Gefährdungsdelikte jedoch Ausnahmen gemacht, indem er in manchen Vergehen gleichwohl Versuchsstrafbarkeit androht (z.B. in den §§ 174, 176, 334 II 2 StGB)[270] und auch Verbrechen, die nach § 23 I StGB ohnehin im Versuch strafbar sind, als abstrakte Gefährdungsdelikte faßt[271].

---

267 RegE zum 1.WiKG, BT-Drs. 7/3441, S. 25.

268 Ber des Rechtsausschusses zum RegE eines 1.UKG (18. StÄG), BT-Drs. 8/3633, S. 29. Allerdings befand die Mehrheit des Rechtsausschusses den Gesichtspunkt, durch Aufnahme einer Versuchsstrafbarkeit ein frühzeitiges Eingreifen der Behörden zu ermöglichen, als vordringlich. Letztlich wurde daher eine Versuchsstrafbarkeit in § 324 StGB aufgenommen. Hierzu RegE zum 18. StÄG (1.UKG), BT-Drs. 8/2382, S. 19; auch in Teil A unter 6c.

269 Arthur Kaufmann JZ 63, 432; Schröder, Die Gefährdungsdelikte, ZStW 81 (1969), 2 (17); Cramer, Der Vollrauschtatbestand als abstraktes Gefährdungsdelikt, 1962, S.67 ff.; Horn, Konkrete Gefährdungsdelikte, 1973, S. 28 (94 f).; Roxin AT, § 11, Rn. 127; Schünemann JA 75, S. 792 mwNw.

270 Hierzu bereits obern unter A 1b (2).

271 Hierzu in Teil 4. Die Systematik der Versuchsstrafbarkeit von Verbrechen.

b) Die Versuchsstrafbarkeit konkreter Gefährdungsdelikte
(§§ 95, 109e II, 109g, 241a, 312 n.F., 315 ff. StGB)

Im Anschluß an die abstrakten sollen hier die konkreten Gefährdungsdelikte und ihr Verhältnis zur Versuchsstrafbarkeit dargestellt werden. Das geschieht an dieser Stelle, um einen Vergleich und eine Abgrenzung zu den abstrakten Gefährdungsdelikten zu ermöglichen, obwohl der Versuch in den konkreten Gefährdungsdelikten überwiegend unter Strafe gestellt ist.

Konkrete Gefährdungsdelikte erfordern anders als die abstrakten neben der tatbestandsmäßigen Handlung noch den Eintritt einer Verletzungsgefahr. Sie sind Erfolgsdelikte, weil bei ihnen die Verursachung einer mehr oder weniger nahen Gefahr für das geschützte Rechtsgut im Einzelfall nachzuweisen ist[272]. Damit steht das konkrete Gefährdungsdelikt gewissermaßen zwischen dem abstrakten Gefährdungs- und dem Verletzungsdelikt: Einerseits erfordert es als zusätzliches Element gegenüber dem abstrakten Gefährdungsdelikt die Entwicklung einer tatsächlichen Rechtsgutsgefährdung aus der tatbestandlichen Handlung, andererseits ist es gegenüber dem Verletzungsdelikt insofern früher vollendet, als die Vollendung nicht von der Realisierung der Gefahr in einem Schaden abhängt[273]. Mithin ist in den konkreten Gefährdungsdelikten eine - im Einzelfall möglicherweise nur geringe - Vorverlagerung des Rechtsgüterschutzes gegenüber den Verletzungsdelikten zu sehen.

Trotz der bereits tatbestandlich angelegten Vorfelderfassung sind die konkreten Gefährdungsdelikte, beispielsweise die des Verkehrsstrafrechts, in der Regel zusätzlich noch mit einer Versuchsstrafbarkeit versehen. Da bei ihnen das tatbestandliche Verhalten nicht losgelöst von der Verursachung eines Gefährdungserfolgs sanktioniert wird, spricht der Gesichtspunkt einer zu weitgehenden Strafbarkeitsvorverlagerung bei den konkreten Gefährdungsdelikten anders als bei den abstrakten allerdings auch nicht gegen eine Versuchsbestrafung. Der Gesetzgeber hat vielmehr aus der Tatsache, daß die zahlreichen konkreten Gefährdungsdelikte des Verkehrsstrafrechts (§§ 315; 315a I Nr. 1; 315b I; 315c I Nr. 1 StGB) überwiegend den Versuch unter Strafe stellen, für nachfolgende Normierungsvorhaben den Grundsatz abgeleitet, konkrete Gefährdungsdelikte seien in der Regel im Versuch strafbar[274]. So hat der Gesetzgeber bei der Normierung der Versuchsstrafbarkeit in § 330a StGB neben anderen Gesichtspunkten berück-

---

272 Roxin, AT § 11, Rn. 121; Schmidhäuser, AT, Lehrbuch 8/41.

273 Schroeder, ZStW-Beiheft 1982, S. 1 (14).

274 Konkrete Gefährdungsdelikte ohne Versuchsstrafbarkeit sind bspw. §§ 315a I Nr. 2 und 315c I Nr.2 StGB, vgl zu ihnen unten unter B 8 a, geringes Unrecht der Versuchstat, und B 6, Abgrenzungsprobleme.

sichtigt, daß die Aufnahme einer Versuchsstrafbarkeit „im wesentlichen den Regelungen der konkreten Gefährdungsdelikte im 27. Abschnitt des Besonderen Teils“, nämlich den §§ 315 ff StGB entspreche[275].

Die überwiegende Versuchsstrafbarkeit konkreter Gefährdungsdelikte läßt sich aber auch positiv erklären. So wurden beispielsweise die §§ 95, 109e II, 109g, 241a, 312 n.F. (entspr. § 311c a.F.), 315 ff. StGB zwar ohne weitere Begründung mit einer Versuchsstrafbarkeit belegt. All diesen Delikten ist aber gemein, daß sie hochrangige Rechtsgüter schützen, denen aus der jeweiligen tatbestandlichen Handlung die Gefahr eines besonders großen Schadens droht; bei den staatsgefährdenden oder gemeingefährlichen Straftaten gilt das sogar für eine unbestimmte Anzahl von Menschen. Ein Versuch dieser Delikte erfordert demnach den Vorsatz, die Gefahr eines Personen- oder Sachschadens unbestimmbaren, jedenfalls aber bedeutenden Ausmaßes zu verursachen. Das sind genau die Elemente, die - wie oben dargestellt - die Schwere einer Tat ausmachen, derentwegen der Versuch bestraft wird.

5. Vorbereitungshandlungen

Vorbereitungshandlungen sind Taten, die darauf gerichtet sind, geeignete Vorbedingungen für die Durchführung eines geplanten Verbrechens zu schaffen. Sie liegen daher vor der Verwirklichung des Verbrechensplans, mithin vor dem den Versuchsbeginn markierenden unmittelbaren Ansetzen[276]. Andererseits liegt eine Vorbereitung als die der Planung nachfolgende Verwirklichungsstufe einer vorsätzlichen Straftat erst dann vor, wenn sie sich durch Handlungen objektiviert.

a) Grundsätzliche Straflosigkeit von Vorbereitungshandlungen

Vorbereitungshandlungen sind grundsätzlich straflos[277]. Dies ist zum einen auf die Schwierigkeit zurückzuführen, in diesem Stadium anhand der vorgenomme-

---

275 Ber zum RegE des 2. UKG, BT-Drs. 12/7300, S. 24. bis zum 6. StrRG umfaßte der 27. Abschnitt die heute im 28. Abschnitt enthaltenen gemeingefährlichen Straftaten (§§ 306 - 323c StGB), auf welche sich der Gesetzgeber in dem angeführten Zitat bezieht.

276 LK[10]-Vogler vor § 22, Rn. 4 ff.; Lackner/Kühl vor § 22, Rn. 3; Maurach/Gössel/Zipf AT II, § 40, 1, Sch-Sch-Eser Vorbem § 22, Rn. 13.

277 Lackner/Kühl vor § 22, Rn. 3; Jescheck/Weigend AT, § 49 VI, S. 523; Sch-Sch-Eser Vorbem zu § 22, Rn. 13.

nen Handlung einen Verbrechensplan nachzuweisen, denn Vorbereitungshandlungen sind bei isolierter Betrachtung zumeist strafrechtlich indifferent. Beispielsweise kann aus dem Kauf von Rattengift nicht auf seine Verwendung zur Vergiftung eines Menschen geschlossen werden[278].

Die Straflosigkeit der Vorbereitungshandlungen läßt sich aber auch mit den Theorien zum Strafgrund des Versuchs erklären. Denn wenn die nach diesen Theorien aufgestellten Voraussetzungen der Versuchsbestrafung bei der Vorbereitungshandlung nicht vorliegen, so darf diese als dem Versuch vorgelagerte Deliktsverwirklichungsstufe erst recht nicht strafbar sein. Danach stünde einer Bestrafung von Vorbereitungshandlungen nach den objektiven Theorien die fehlende Verletzungsgefahr für das Schutzgut entgegen. In dieser frühen Verwirklichungsstufe ist das letztlich bedrohte Rechtsgut in der Regel noch nicht so akut gefährdet, daß zu seinem Schutz strafrechtliche Sanktionen erforderlich sind. Die subjektiven Theorien hingegen, die die Strafbarkeit allein an den zutage getretenen verbrecherichen Willen knüpfen, würden in der Regel ebenfalls zu keiner Strafbarkeit gelangen, weil der Verbrechensvorsatz in diesem frühen Stadium noch gar nicht endgültig gefaßt sein muß, so daß die Grundlage der Bestrafung entfallen kann. Schließlich führt auch eine Anwendung der Grundsätze der Eindruckstheorie zur Straffreiheit der Vorbereitungshandlung, weil sie von der Vollendung noch so weit entfernt ist, daß sie in der Regel nicht geeignet ist, das Rechtsgefühl der Allgemeinheit ernsthaft zu erschüttern (Zur Verdeutlichung auch hier das oben angeführte Beispiel: Kauf von Rattengift)[279].

Der Grundsatz der Straflosigkeit von Vorbereitungshandlungen wird jedoch in einigen Fällen wegen ihrer besonderen Gefährlichkeit durchbrochen. Unter den strafbaren Vorbereitungshandlungen lassen sich nach der Art der Tatbestandsfassung zwei Formen unterscheiden: Entweder es wird jede nur denkbare vorbereitende Handlung sanktioniert, die auf ein tatbestandlich beschriebenes Ziel gerichtet ist (z.B. *Vorbereitung* eines hochverräterischen Unternehmens,§ 83 StGB und *Vorbereitung* einer Verschleppung, § 234a I iVm. III StGB) oder der Straftatbestand beschränkt sich auf bestimmte, tatbestandlich genau umschriebene Handlungen, die materiell Vorbereitungshandlungen sind (z.B. Agententätigkeit zu Sabotagezwecken, § 87 StGB)[280].

---

278 Beispiel aus Maurach/Gössel/Zipf AT II, § 40, Rn. 1.

279 LK[10]-Vogler vor § 22, Rn. 6; Jescheck/Weigend AT, § 49 VI, S. 523.

280 Die Unterteilung folgt Maurach/Gössel/Zipf AT II, § 40, Rn. 7 f.; eine abweichende, hier nicht weiterführende Einteilung in selbständige und unselbständige Vorbereitungsdelikte z.B. bei LK[10]-Vogler vor § 22, Rn. 7 f.; Jescheck/Weigend AT, § 49 VI, S. 523 f.

Zu untersuchen ist, ob der Gesetzgeber die Strafbarkeitsgrenze einer ausnahmsweise unter Strafe gestellten Vorbereitungshandlung durch Anfügung einer Versuchsstrafbarkeit noch weiter in das Vorfeld der Deliktsverwirklichung verlagern kann oder ob dies wegen der Deliktsnatur des Vorbereitungstatbestands von vornherein ausgeschlossen ist.

b) Sanktionierung beliebiger Vorbereitungshandlungen
(§ 234a III StGB, Vorbereiten einer Verschleppung)

Die Delikte, in denen keine spezifische Vorbereitungshandlung umschrieben wird, sondern jede beliebige Form der Vorbereitung des tatbestandlich genau bestimmten Verbrechens pönalisiert wird (Vorbereitungs*delikte*), können nicht zusätzlich mit einer Versuchsstrafbarkeit versehen werden, denn schon die entfernteste Vorbereitung erfüllt den Tatbestand. Mithin ist auch die frühzeitig abgebrochene und daher Versuch gebliebene Vorbereitung bereits vollendete Vorbereitungshandlung[281].

Eine andere Beurteilung kommt nur hinsichtlich des untauglichen Versuchs in Betracht, weil nach überwiegender Ansicht eine untaugliche Handlung keine Straftat vorbereitet[282]. Als Vorbereitung sollen nur objektiv gefährliche Handlungen sanktioniert werden. Der entgegengesetzten Auffassung, die in entsprechender Anwendung der Grundsätze vom untauglichen Versuch auch die untaugliche Vorbereitungshandlung als tatbestandlich ansieht[283], stößt dagegen auf verfassungsrechtliche Bedenken. Denn eine Berechtigung zu staatlicher Strafe besteht nur da, wo sie dem Rechtsgüterschutz dient. Aus diesem Grund ist auch die Pönalisierung tauglicher Vorbereitungshandlungen nur in seltenen Ausnahmefällen zulässig und strikt auf diejenigen Fälle beschränkt, in denen schon der vorbereitenden Handlung eine erhebliche Rechtsgutsgefährdung innewohnt. Untaugliche Vorbereitungshandlungen sind dagegen niemals geeignet, auch nur eine entfernte Rechtsgutsgefahr zu begründen. Es besteht daher kein legitimer Grund, auch bei ihnen von dem Grundsatz abzuweichen, daß die Grenze des

---

281 RGSt 58, 392 (394); Arndt ZStW 66 (1954) S. 41 (72 f.); Maurach/Gössel/Zipf AT II, § 40, Rn. 7 f.; Jescheck/Weigend AT, § 49 VI, S. 523; Tröndle/Fischer § 22, Rn. 3; insoweit auch Sch-Sch-Stree § 83, Rn. 11.

282 Maurach/Gössel/Zipf AT II § 40, Rn. 7 f.; Jescheck/Weigend AT, § 49 VI, S. 524; LK[10]-Vogler vor § 22, Rn. 90; aA jedoch Sch-Sch-Stree § 83, Rn. 8.

283 Sch-Sch-Stree § 83, Rn. 8.

strafbaren Unrechts erst dort überschritten wird, wo - jedenfalls nach Tätervorstellung - das angegriffene Rechtsgut gefährdet wird[284].

Ist die untaugliche Vorbereitungshandlung demnach nicht schon selbst Vorbereitung und insofern als Vollendung strafbar, so könnte sie theoretisch als untauglicher Versuch der Vorbereitungshandlung pönalisiert werden. Dann wäre nach § 83 StGB beispielsweise strafbar, wer sich um die Anschaffung eines nur irrtümlich für Sprengstoff gehaltenen Pulvers zur Verwirklichung eines geplanten hochverräterischen Verbrechens bemüht.
Der Gesetzgeber hat jedoch stets von der Sanktionierung einer Versuchsstrafbarkeit in Vorbereitungsdelikten abgesehen. Grund dafür dürften die oben angeführten verfassungsrechtlichen Bedenken sein. Denn die Versuchsstrafbarkeit würde ausschließlich die untauglichen Vorbereitungshandlungen erfassen, die mangels von ihnen ausgehender Rechtsgutsgefährdung aus dem Begriff der tatbestandlichen Vorbereitungshandlung ausgeschieden wurden, und zwar mit dem Ziel, sie straffrei zu lassen. Die Straflosigkeit des Versuchs von Vorbereitungsdelikten dürfte daher auf den Mangel an Rechtsgütergefährdung im Versuchsstadium zurückzuführen sein.

Demnach können Vorbereitungsdelikte insgesamt nicht mit einer Versuchsstrafbarkeit erweitert werden. Dies vermag auch zu erklären, warum in den Gesetzesmaterialien keine Ausführungen des Gesetzgebers gefunden werden konnten, in denen die Straflosigkeit des Vergehensversuchs in § 234a III StGB erläutert wird. Schließlich folgt aus den Ausführungen auch, daß der Verbrechenstatbestand des § 83 StGB von der generellen Versuchsstrafbarkeitsandrohung des § 23 I 1. Alt StGB nicht erfaßt wird[285].

c) Delikte mit tatbestandlich spezifizierter Vorbereitungshandlung
(§§ 87, 98, 99, 149, 310 n.F., 316c IV n.F. StGB)

Daneben bestehen weitere Delikte, die zwar auch Vorbereitungshandlungen zur vollendeten Straftat erheben, im Gegensatz zu den soeben dargestellten Vorbereitungsdelikten aber die pönalisierten Vorbereitungshandlungen tatbestandlich näher beschreiben. Da bei ihnen nicht schon jede auf die Vorbereitung der tatbestandlich umschriebenen Straftat gerichtete Tätigkeit vom Tatbestand erfaßt wird, bleibt begrifflich für einen Versuch Raum[286]. Von der Anordnung seiner

284 SK-Rudolphi § 83, Rn. 6 f.; Lackner/Kühl § 83, Rn. 3.
285 Tröndle/Fischer § 83, Rn. 3.
286 Maurach /Gössel/Zipf AT II, § 40, Rn. 9; Jescheck/Weigend AT, § 49 VI, S. 524.

Versuchsstrafbarkeit hat der Gesetzgeber jedoch auch hier ganz überwiegend abgesehen.

(1) Bei einigen dieser Delikte kann die Straflosigkeit des Versuch aus ihrer Funktion erklärt werden, den strafbaren Bereich im Vorfeld bestimmter anderer Verbrechenstatbestände zu erweitern. So erfassen die §§ 98, 99, 310 n.F., 316c IV n.F. StGB[287] ausschließlich Vorbereitungshandlungen zu den Verbrechenstatbeständen der §§ 94, 96, 308 n.F. und 316c I n.F. StGB[288]. Sie weiten die Strafbarkeit dieser ohnehin schon im Versuch strafbaren Verbrechen in den Bereich der Vorbereitung aus. Dies war aus kriminalpolitischen Gründen bei den §§ 94, 96, 308 n.F. und 316c StGB erforderlich, da der Zugriff auf den Täter in diesem frühen Stadium noch den Eintritt eines großen Schadens verhindern kann, später hingegen (z.B. nach erfolgreicher Agententätigkeit oder nach einem Anschlag auf Luftfahrzeuge) nicht mehr viel auszurichten vermag[289]. Dienen die §§ 98, 99, 310 n.F., 316c VI n.F. StGB demnach nur der abermaligen Vorverlagerung der Strafbarkeitsgrenze der Verbrechenstatbestände, auf die sie sich beziehen, so besteht für ihre eigene Erweiterung durch eine Versuchsstrafbarkeit kein Bedürfnis mehr.

(2) Die übrigen Vorbereitungshandlungen (§§ 87, 149 StGB) sind, ohne einem anderen Tatbestand zugeordnet zu sein, wegen ihrer besonderen Gefährlichkeit mit Strafe belegt.[290] Keiner von ihnen enthält eine Versuchsstrafbarkeit. Das dürfte auch hier auf den außergewöhnlich weit in das Vorfeld einer Rechtsgüterbeeinträchtigung hineinreichenden Tatbestand zurückzuführen sein. Denn mit der Bestrafung der umschriebenen Vorbereitungshandlungen hat der Gesetzgeber die Strafbarkeitsgrenze aus Gründen eines effektiven Rechtsgüterschutzes legitimerweise weit über den normalerweise strafbaren Bereich hinaus ausgedehnt. Das Bedürfnis nach einer erneuten Strafbarkeitsvorverlagerung durch zusätzliche Androhung einer Versuchsstrafbarkeit dürfte daneben nicht mehr bestehen.

---

287 Landesverräterische Agententätigkeit, § 98 StGB, Geheimdienstliche Agententätigkeit, § 99 StGB; Vorbereitung eines Explosions- und Strahlungsverbrechens, § 310 n.F. StGB; Angriffe auf den Luft- und Seeverkehr, § 316c IV StGB.

288 Landesverrat, § 94 StGB; Landesverräterische Ausspähung, § 96 StGB; Herbeiführen einer Sprengstoffexplosion, § 308 StGB; Angriffe auf den Luft- und Seeverkehr.

289 Jescheck/Weigend AT, § 49 VI, S. 523 f.

290 Weber, ZStW-Beiheft 1987, S.1 (15 f); Jescheck/Weigend AT § 49 VI, S. 524; Maurach/Gössel/Zipf § 40, Rn. 6.

6. Abgrenzungsprobleme zwischen Vorbereitung und Versuch
(§§ 171, 315a I Nr. 2, 315c I Nr. 2 StGB)

Der Grundsatz, daß Vorbereitungshandlungen noch nicht die Schwelle zur Strafwürdigkeit überschreiten, wirkt sich noch in einem weiteren Sinn als oben unter dem Titel Vorbereitungshandlungen (B 5) beschrieben auf die Normierung von Versuchsstrafbarkeit aus. Sofern nämlich die Abgrenzung zwischen strafloser Vorbereitungshandlung und dem den Versuchsbeginn markierenden Ansetzen zur Deliktsverwirklichung nicht gelingt, bleibt nur der Verzicht auf die Normierung einer Versuchsstrafbarkeit. Andernfalls bestünde die Gefahr, daß aufgrund der schwierigen Abgrenzung entgegen dem gesetzgeberischen Willen auch einmal eine Vorbereitungshandlung sanktioniert wird.

a) Aus dieser Überlegung sowie vor dem Hintergrund des ohnehin nur geringen Strafbedürfnisses hat sich der Gesetzgeber bei § 171 StGB im Rahmen der Herabstufung der ehemals als Verbrechen bestraften Doppelehe zum Vergehen gegen die Anordnung einer Versuchsstrafbarkeit entschieden: „Die Vorschrift sieht die Bestrafung des Versuchs nicht mehr vor, weil die Versuchsfälle nur schwer von den Vorbereitungsfällen zu trennen sind und weil ein Bedürfnis für die Bestrafung des Versuchs nicht gegeben ist." [291]

b) Auch bei den schweren Verkehrsverstößen der §§ 315a I Nr. 2 und 315 c I Nr. 2 StGB bleibt der Versuchsbeginn in der Praxis in vielen Fällen völlig unklar. So hatte während der Beratungen zu § 315c I Nr. 2 StGB schon die Frage, bei welchen Tatvarianten ein Versuch überhaupt in Frage kommt, nicht eindeutig beantwortet werden können. Bei anderen Begehungsalternativen - etwa dem Fahren mit überhöhter Geschwindigkeit oder der Mißachtung der Vorfahrt - wurde die Befürchtung geäußert, man verzettele sich bei der Feststellung des Versuchsbeginns in fruchtlosen Abgrenzungsfragen: „Wann versucht jemand, zu schnell zu fahren oder die Vorfahrt nicht zu beachten? Die begriffliche Abgrenzung müßte sehr große Schwierigkeiten bereiten. Wegen dieser Schwierigkeiten wird in Übereinstimmung mit dem geltenden Recht, von einer Bestrafung des Versuchs abgesehen" [292].

---

[291] RegE zum 4. StrRG, BT-Drs. VI/1552, S. 14.

[292] Lackner/Kühl, Niederschriften Bd. 5, S. 331; zu § 315c StGB vgl. auch oben unter B 4 b.

7. Keine Rechtsgutsgefährdung im Versuchsstadium
(§§ 123 I 2. Alt, 202a, 239, 323c, 326 III StGB)

In § 202a StGB sowie in § 239 StGB[293] in seiner bis zum 6. StrRG gültigen Fassung begründet der Gesetzgeber das Fehlen einer Versuchsstrafbarkeit mit der nicht hinreichenden Gefährdung des geschützten Rechtsguts im Versuchsstadium.
Damit greift er Elemente der objektiven Strafgrundtheorien auf, nach denen die abstrakte oder konkrete Gefährdung des durch einen Tatbestand geschützten Handlungsobjekts Strafgrund des Versuchs ist[294]. Ein Delikt, dessen Versuch regelmäßig noch keine Rechtsgutsgefährdung in sich birgt, soll danach nicht bestraft werden.

a) In § 202a StGB (Ausspähen von Daten) wollte der Gesetzgeber die Strafbarkeit auf Fälle beschränken, „wo ein Schaden oder wenigstens eine Rechtsgutsbeeinträchtigung ... eingetreten ist." In diesem Zusammenhang wies er auf die Gefahr einer Überkriminalisierung hin, wenn schon der unbefugte Zugang zu besonders gesicherten Daten an sich bestraft würde. Danach ergaben sich für den Gesetzgeber Bedenken hinsichtlich einer Versuchsstrafbarkeit zum einen aus der Überlegung, daß das unbefugte Eindringen oftmals selbst nur eine - grundsätzlich straflose - Vorbereitungshandlung zu anderen Computerstraftaten sei. Ferner beurteilte er die Gefährlichkeit des Versuchs aber auch als zu geringfügig. Bezogen auf die Versuchstat schließt er daher: „Insoweit stellt aber ein solches Verhalten erst eine Gefährdung dar, die für den Ausschuß als Ansatzpunkt für einen neuen Straftatbestand in diesem Bereich nicht ausreicht." [295]

b) Der Verzicht auf die Strafbarkeit der versuchten Freiheitsberaubung in dem bis zu seiner Reform durch das 6. StrRG geltenden § 239 StGB wurde im Alternativentwurf damit begründet, daß „die hierfür grundsätzlich zu fordernde typische Gefährlichkeit des Versuchs bei der Freiheitsberaubung bisher nicht festgestellt ist." [296]

c) Das Argument mangelnder Rechtsgutsgefährdung im Versuchsstadium kann ferner - ohne daß entsprechende Hinweise in den Gesetzesmaterialien gefunden wurden - für die Begründung der Straflosigkeit des Versuchs bei den Delikten der §§ 123 I 2. Alt, 323c und 326 III StGB fruchtbar gemacht werden. Bei ihnen

---

293 Zu § 239 StGB vgl. auch oben in Teil 1 A 11 b.
294 Zu den objektiven Strafgrundtheorien oben in Teil 1 A 1 a.
295 RegE zum 2.WiKG, BT-Drs. 10/5058, S. 29.
296 Alternativentwurf zum BT, Straftaten gegen die Person, 1.Bd., Begrü S.69 zu § 119 AE.

handelt es sich um echte Unterlassungstatbestände[297]. Der Versuch ist bei dieser Deliktsgruppe zwar theoretisch möglich[298], in seinen Erscheinungsformen jedoch reduziert:
Die §§ 123 I 2. Alt StGB (Hausfriedensbruch) und 326 III StGB (Nichtablieferung radioaktiver Abfälle) sind Unterlassungs*tätigkeits*delikte[299], bei denen die Untätigkeit und damit der Beginn des tatbestandsmäßigen Verhaltens mit der Vollendung zeitlich zusammenfallen[300]. So setzt beispielsweise der Täter, der sich trotz Aufforderung aus einer Wohnung nicht entfernt, nicht erst zu einem Hausfriedensbruch iSd. § 123 I 2. Alt. StGB an, sondern verwirklicht diesen Tatbestand bereits vollständig.
In § 326 III StGB ist der Zeitpunkt, zu dem radioaktive Abfälle abzuliefern sind, zwar ebenso wie in der Vorgängernorm (§ 9a AtG) nicht ausdrücklich normiert. Nach dem Willen des Gesetzgebers ist § 9a AtG und damit auch § 326 III StGB aber dahingehend auszulegen, daß die Abfälle so rechtzeitig zu beseitigen sind, daß der Eintritt von Gefahren vermieden wird[301]. Deshalb ist dem Besitzer keine Wartefrist einzuräumen, sondern jedes Zuwarten bereits als Vollendung zu werten. § 326 III StGB wird daher dem Gesetzeszweck nach als sofortige Ablieferungspflicht ausgelegt[302].

Bei der unterlassenen Hilfeleistung, § 323c StGB, herrscht dagegen Uneinigkeit, ob dem Täter eine Zeitspanne zuzuerkennen ist, in der er sich noch strafbefreiend zur Hilfeleistung entschließen kann. Überwiegend wird dies mit der Folge abgelehnt, daß beim Unterlassen einer unverzüglichen Rettungsaktion das Delikt bereits vollendet ist[303]. Gegen diese strenge Ansicht wird jedoch argumentiert, daß strafwürdiges Unterlassen ebenso wie strafwürdiges Tun erst mit einer sich konkretisierenden Rechtsgutsgefährdung beginne, nämlich erst dann, wenn die

---

297 Tröndle/Fischer § 123, Rn. 12; § 323c, Rn. 1; § 326, 12; SK-Rudolphi § 323c, Rn. 3; SK-Horn § 326, Rn. 27; Sch-Sch-Lenckner § 123, Rn. 27; Sch-Sch-Cramer § 323c, Rn. 1; Sch-Sch-Lenckner § 326, Rn. 13.

298 Grünwald JZ 1959, S. 46 ff.; Jakobs AT, 29/113, S. 852; Maihofer GA 58, S. 289 ff.; Maurach/Gössel/Zipf AT II,§ 41 II, Rn. 56; Sch-Sch-Eser vor § 22, Rn. 27; SK-Rudolphi vor § 13, Rn. 50; Stratenwerth AT I, Rn. 1057; LK[10]-Vogler vor § 22, Rn. 63 mwN.; aA. Maihofer, Der Versuch der Unterlassusng, GA 59, 289 (292 ff.).

299 Sch-Sch-Eser § 22, Rn. 53.

300 Sack § 326, Rn. 239; LK[11]-Steindorf § 326, Rn. 129; Lackner/Kühl § 326, Rn. 15; SK-Horn § 326, Rn. 19; Sch-Sch-Lenckner,§ 326, Rn. 13.

301 RegE zum 18. StÄG, BT-Drs 8/2382, S. 19.

302 Sack § 326, Rn. 239; LK[11]-Steindorf § 326, Rn. 126; Lackner/Kühl § 326, Rn. 15; SK-Horn § 326, Rn. 19; Sch-Sch-Lenckner § 326, Rn. 13.

303 BGHSt 14, 213 (215 f.); 17, 166 (169 f.); 21, 50 (55); Tröndle/Fischer § 323c, Rn. 9; LK[9]-Mösl § 323c, Rn. 24; Lackner/Kühl § 323c, Rn. 10; Schaffstein, Dreher-FS, S.153 (157).

Untätigkeit des Täters eine Verschlechterung der Rettungschancen bewirke. Bis dahin stehe dem Täter eine Handlungsfrist offen, innerhalb derer er sich im Versuchsstadium befinde und mit deren Verstreichen erst Vollendung eintrete[304]. Sofern eine spätere Aktivität noch die Handlungspflicht erfüllen kann, solle dem Täter daher in entsprechender Anwendung der Rücktrittsvorschriften der Weg in die Straflosigkeit noch offenstehen.[305]

Sofern man sich dem Standpunkt der herrschenden Meinung anschließt, nach der bei § 323c StGB das Unterlassen unmittelbar in Vollendung übergeht, so kann ein Versuch in den §§ 123 I 2. Alt, 323c und 326 III StGB niemals in der Form des unbeendeten Versuchs vorkommen. Es bleibt nur die Erscheinungsform des beendeten, untauglichen Versuchs[306], in § 123 I 2. Alt StGB z.B. in der Form, daß der Täter nur irrig von einer Aufforderung, sich zu entfernen, ausgeht und sich dieser widersetzt[307].

Da bei einem untauglichen Versuch eine Rechtsgutsgefährdung aber nur nach der irrigen Annahme des Täters vorliegt, entspricht es den Grundsätzen der objektiven Strafgrundtheorien, Delikte, deren Versuchskonstellationen sich auf untaugliche Versuche beschränken, nicht mit einer Strafdrohung zu versehen. Daher läßt sich die Straflosigkeit des Versuchs in den §§ 123 I 2. Alt, § 323c, 326 III StGB mit dessen mangelnder Gefährlichkeit für das tatbestandlich jeweils geschützte Rechtsgut erklären.

8. Mangelnde Strafwürdigkeit der Versuchstat

a) Geringes Unrecht der Versuchstat
(§§ 183, 183a, 218, 223, 315a, 315c StGB)

Wie schon oben bei der Zusammenstellung der *für* eine Versuchsstrafbarkeit anzuführenden Erwägungen findet die Schwere der unvollendeten Tat und damit ihre Strafwürdigkeit mit umgekehrten Vorzeichen auch Eingang in die Entscheidung, einen Vergehensversuch straflos zu stellen. Die überwiegend nur geringe Strafwürdigkeit der Vergehensversuche war darüber hinaus auch das leitende

---

304 SK-Horn § 323c, Rn. 17; Sch-Sch-Cramer § 323c, Rn. 24; Maihofer GA 58, S. 289 (296).

305 Roxin JuS 1979, S. 1 (14); Maihofer GA 58, S. 289, (296).

306 Jescheck/Weigend AT § 60 II, S. 637; Sch-Sch-Eser § 22, Rn. 53; Maurach/Gössel/Zipf AT II, § 41, Rn. 56 ff.

307 Jescheck/Weigend AT, § 60 II, S. 637.

Motiv nicht nur des deutschen, sondern auch des französischen und preußischen Gesetzgebers, im Allgemeinen Teil des Strafgesetzbuch die grundsätzliche Straflosigkeit des Vergehensversuchs anzuordnen[308].

(1) Bei Schaffung des Tatbestandes der exhibitionistischen Handlungen (§ 183 StGB) im 4. StrRG wurde der gesamten Tat so geringe Strafwürdigkeit beigemessen, daß der Gesetzgeber ausführte: „Es könnte erwogen werden, den Exhibitionismus ganz aus dem Strafrecht herauszunehmen und gesundheitsrechtlichen Vorschriften zu unterstellen."[309] Für die Aufnahme der Vorschrift im StGB und die Androhung der Vollendungsstrafe war zuletzt die Überlegung maßgebend, daß „es zweifelhaft (ist), ob ohne eine Strafdrohung bei dem Täter ein hinreichend starkes Motiv dafür gesetzt werden kann, daß er sich in ärztliche Behandlung begibt. Ein Strafverfahren bietet auch die Möglichkeit, Personen zu erkennen, bei denen sich ausnahmsweise hinter dem vordergründigen Bild des Exhibitionismus gefährliche Triebabweichungen verbergen."[310] Die vorgetragenen Bedenken an der Strafwürdigkeit der vollendeten Tat dürften den Gesetzgeber dazu bewogen haben, von einer Pönalisierung der Versuchstat abzusehen.

(2) Der Tatbestand der Erregung öffentlichen Ärgernisses, § 183a StGB (bis zum 4. StrRG § 183 StGB) dient dazu, neben § 183 StGB alle sonst strafwürdigen Fälle der Provokation durch sexuelle Handlungen zu sanktionieren[311]. Um strafunwürdige Fälle aus der Strafdrohung auszunehmen, beschränkte der Gesetzgeber den Tatbestand durch das 4. StrRG nicht nur auf die mit dolus directus unternommene Provokation[312], sondern hielt auch an der Tatbestandsfassung als Erfolgsdelikt fest, um den Versuchsbereich weiterhin straflos zu belassen. Damit verwarf er den Vorschlag des E 62 (§ 219 E), den Tatbestand als potentielles Gefährdungsdelikt auszugestalten, was zur Folge gehabt hätte, daß schon die bloße Eignung zur Erregung eines öffentlichen Ärgernisses für die Tatbestandsvollendung ausreichend gewesen wäre. Dabei war er sich bewußt: „Diese (letztlich gewählte) Fassung hat zwar den Nachteil, daß der Umstand, ob jemand ein Ärgernis genommen hat, oft vom Zufall abhängt und schwer zu beweisen ist. Wegen dieser Bedenken hatte der Entwurf 1962 (§ 219) darauf abgestellt, ob die Handlung ‚geeignet ist, Ärgernis zu erregen'. Der Entwurf sieht jedoch von dieser Erweiterung ab, um die Fälle versuchter Provokation - also die Fälle, in denen der gewollte Verletzungserfolg nicht eingetreten ist - auszuscheiden. Um diese restriktive Auslegung sicherzustellen, müssen die genannten Nachteile der

---

308 Zitate hierzu in der Einleitung unter B 1.

309 RegE zum 4. StrRG, BT-Drs. VI/1552, S. 31.

310 RegE zum 4. StrRG, BT-Drs. VI/1552, S. 31.

311 RegE zum 4. StrRG, BT-Drs. VI/1552, S. 32.

312 RegE zum 4. StrRG, BT-Drs. VI/1552, S. 32.

Tatbestandsfassung in Kauf genommen werden." [313] Der Gesetzgeber hat demnach im Bereich des § 183a StGB bewußt kleine Strafbarkeitslücken in Kauf genommen, die auf die enge Tatbestandsfassung und das Erfordernis eines Erfolgsnachweises zurückzuführen sind, um auf diese Weise sicherzustellen, daß der gesamte Versuchsbereich des § 183a StGB straflos bleibt.
Entsprechend hat der Gesetzgeber auch auf die Anordnung einer Versuchsstrafbarkeit in § 183a StGB verzichtet.

(3) In § 218 IV StGB wird der von der Schwangeren begangene Abtreibungsversuch - anders als der von einem Dritten vorgenommene - aus der Strafbarkeit ausgenommen. Damit wird dem körperlichen und seelischen Zustand der Schwangeren und dem daraus resultierenden unterschiedlichen Unrechts- und Schuldgehalt der Eigenabtreibung gegenüber der Fremdabtreibung Rechnung getragen[314]. Denn das kriminalpolitisch bedeutsamere Interesse der Norm richtet sich auf die Bestrafung der Fremdabtreibung. Zur Bewertung der versuchten Eigenabtreibung führt der Gesetzgeber dagegen aus: „Eine Bestrafung der Schwangeren wegen Versuches wird dem Rechtsgefühl vielfach unangemessen erscheinen. Das gilt beispielsweise bei Versuchshandlungen, die sie nach der Entdeckung der Schwangerschaft in ihrer Verzweiflung vorgenommen hat." [315]
Zudem geht der Gesetzgeber auf die untauglichen Abtreibungsversuche ein, die zwar noch nicht dem Bereich des groben Unverstands zugerechnet werden können, denen es aber bereits an der Strafwürdigkeit mangelt: „Die Vorschrift des § 23 Abs. 3 StGB i.d.F. des 2. StrRG ist nicht in allen Fällen anwendbar, in denen eine Bestrafung aus den genannten oder ähnlichen Gründen unangebracht erscheint." [316] Die versuchte Eigenabtreibung ist daher als insgesamt unterhalb der Strafwürdigkeitsschwelle liegend durch das 5. StrRG für straflos erklärt worden[317].

(4) Für die Bestrafung der versuchten einfachen Körperverletzung (§ 223 StGB) wurde bis zur Aufnahme der Versuchsstrafbarkeit durch das 6. StrRG eine hinreichende Strafwürdigkeit der Tat nicht anerkannt[318]. Sofern eine Versuchstat doch einmal die Schwelle zur Strafwürdigkeit überschreite, erfülle sie entweder

---

313 RegE zum 4. StrRG, BT-Drs. VI/1552, S. 33.

314 E 62, Begrü S. 279 zu § 140 E.

315 RegE zum 5. StrRG, BT-Drs. VI/3434, S. 15.

316 RegE zum 5. StrRG, BT-Drs. VI/3434, S. 15; insofern ebenso E 25 (Begrü S. 117 zu § 228 E), der allerdings grundsätzlich an der Strafbarkeit der versuchten Eigenabtreibung festhält und für leichte Fälle in Abs. 3 S. 2 ein Absehen von Strafe zuläßt.

317 RegE zum 5. StrRG, BT-Drs. VI/3434, S. 15; ebenso auch AE zum BT, Straftaten gegen die Person, Begrü. S. 39 zu § 105 AE.

318 VE, Begrü. S. 659 zu § 227 VE; AE zum BT, Straftaten gegen die Person, Begrü S. 49 zu §§ 108, 109 AE; E 62, Begrü. S. 282 zu § 146 E.

schon den Tatbestand der im Versuch strafbaren gefährlichen Körperverletzung (so der AE) oder sie könne als vollendete Beleidigung (so E 62) geahndet werden (vgl. ausführlich zur Körperverletzung oben unter A 3 b: Rang des Rechtsguts).

(5) Das Argument mangelnder Strafwürdigkeit zumindest mancher Versuchsfälle war ferner bei der als Blankettvorschrift ausgestalteten Gefährdung des Bahn-, Schiffs- und Luftverkehrs, § 315a I Nr. 2 StGB, ausschlaggebend für den Verzicht auf eine Versuchsstrafbarkeit. Seine auch im Vergleich zu § 315c I Nr. 2 StGB (Gefährdung des Straßenverkehrs) besonders weite Tatbestandsfassung, nach der *jeder* grob pflichtwidrige Rechtsverstoß bestraft wird, ist darauf zurückzuführen, daß § 315a StGB den im Vergleich größeren und vielgestaltigeren Gefahren des Bahn-, Schiff- und Luftverkehrs vorbeugen soll. Ein angemessener Schutz der regelmäßig zahlreichen Verkehrsteilnehmer in diesem Bereich ließ eine Beschränkung der Tatbestandshandlung auf die Pönalisierung nur bestimmter, typischerweise gefährlicher Verhaltensweisen wie in § 315 c I Nr. 2 StGB deshalb nicht zu[319]. Für den Versuch des § 315a I Nr. 2 StGB folgt aus der weiten Tatbestandsfassung jedoch, daß er mit dem Ansetzen zu jeder Art eines Rechtsverstoßes gegeben wäre, was schließlich zum Verzicht auf die Anordnung einer Versuchsstrafbarkeit führte: „Wegen des Blankettcharakters der Nummer 2 des Absatzes 1 könnte die Strafandrohung für den Versuch in einer nicht übersehbaren Zahl von Fällen zu unerwünschten Ergebnissen führen" [320].
Auch im ähnlich aufgebauten § 315c I Nr. 2 StGB wurde der Versuch aus diesen Erwägungen straflos gelassen; dies obwohl § 315c I Nr. 2 StGB noch vergleichsweise konkret gefaßt ist[321].

b) Vorsatz-Fahrlässigkeits-Kombinationen

(z.B. §§ 97 I, 109e V, 109g IV, 308 V, 315 V, 315a III Nr. 1, 315b IV, 315c III Nr. 1 StGB)

Tatbestände, in denen die Bestrafung neben der vorsätzlichen Handlung von einem weitergehenden Erfolgseintritt abhängt, hinsichtlich dessen dem Täter Fahrlässigkeit vorzuwerfen ist, werden Vorsatz-Fahrlässigkeits-Kombinationen genannt.

---

319 RegE zum Verkehrssicherheitsgesetz, BT-Drs IV/651, S. 26.

320 RegE zum Verkehrssicherheitsgesetz, BT-Drs IV/651, S. 27.

321 RegE zum Verkehrssicherheitsgesetz, BT-Drs IV/651, S. 32. Siehe zu § 315c StGB auch oben unter B 6 b.

Unter ihnen werden zwei Erscheinungsformen unterschieden: Das erfolgsqualifizierte Delikt und die eigentlichen Vorsatz-Fahrlässigkeits-Kombinationen[322]. Die dogmatische Differenzierung der beiden Deliktsgruppen läßt sich am Vorsatzelement der Mischtatbestände vornehmen. Denn das erfolgsqualifizierte Delikt setzt sich aus einem Grunddelikt, das schon als solches strafbar ist und einem dadurch verursachten Erfolg, meist schwere Körperverletzung oder Tod, zusammen. So wird der eigenständig strafbare Raub (§ 249 f. StGB), sofern er durch die in § 251 StGB beschriebene schwere Folge (Tod eines Menschen) qualifiziert wird, mit verschärfter Strafe bedroht. Die eigentliche Vorsatz-Fahrlässigkeits-Kombination besteht demgegenüber aus einem grundsätzlich nicht strafbaren vorsätzlichen Verhalten und einer dadurch fahrlässig verursachten konkreten Gefährdung[323]. Ein Beispiel hierfür ist die Herbeiführung einer Sprengstoffexplosion, § 308 I iVm. V StGB, bei der die vorsätzliche Herbeiführung einer Explosion für sich genommen nicht strafbar ist, sofern dadurch nicht zusätzlich eine konkrete Gefahr für Leib oder Leben eines anderen bzw. für fremde Sachen verursacht wird[324]. Bei den eigentlichen Vorsatz-Fahrlässigkeits-Kombinationen wird die Strafbarkeitsschwelle demnach erst mit der tatbestandsmäßigen Folge, der Herbeiführung einer konkreten Gefahr, überschritten[325].
Hier werden nur die eigentlichen Vorsatz-Fahrlässigkeitsdelikte untersucht, da die erfolgsqualifizierten Delikte ausnahmslos Verbrechen sind.

Im Hinblick darauf, daß das strafauslösende Element der Vorsatz-Fahrlässigkeits-Kombinationen die fahrlässige Gefährdung ist, zu der die vorsätzliche Handlung nur eine straflose Vorstufe darstellt, war der Deliktscharakter dieser Mischtatbestände (Vorsatz- oder Fahrlässigkeitsdelikt) lange umstritten und damit auch die Frage, ob ein Versuch bei diesen Delikten möglich ist. Aus den gesetzgeberischen Materialien zu den §§ 315 ff StGB ist allerdings ersichtlich, daß der Gesetzgeber die Vorsatz-Fahrlässigkeits-Kombination als Vorsatzdelikt ge-

---

322 Vgl. zur Terminologie Krey/Schneider, NJW 70, S. 640 f.; Sch-Sch-Eser § 11, Rn. 73.

323 Anders nur die eine Vorsatz-Fahrlässigkeits-Kombination enthaltenden sog. gefahrerfolgsqualifizierten Delikte wie § 315c I Nr. 1a iVm. § 315c III Nr. 1 StGB, hierzu näher Rengier, Erfolgsqualifizierte Delikte, S. 273 ff.

324 Weitere Beispiele für eigentliche Vorsatz-Fahrläsigkeits-Kombintionen im StGB sind die Preisgabe von Staatsgeheimnissen, § 97 I StGB; Sabotagehandlungen an Verteidigungsmitteln, § 109e V StGB; Sicherheitsgefährdendes Abbilden, § 109g IV StGB; Herbeiführen einer Sprengstoffexplosion, § 308 StGB; Gefährliche Eingriffe in den Bahn-, Schiffs- und Luftverkehr, § 315 V StGB; Gefährdung des Bahn-, Schiffs- und Luftver-kehrs, § 315a III Nr.1 StGB; Gefährliche Eingriffe in den Straßenverkehr, § 315b III Nr. 1 StGB; Verletzung des Dienstgeheimnisses etc., § 353b StGB.

325 Krey/Schneider, NJW 1970, S. 640 (641); LK[11]-Gribbohm § 11, Rn. 111; Sch-Sch-Eser § 11, Rn. 73.

schaffen hat. Dort heißt es: „Wenn der Entwurf damit die Fälle, in denen der Täter vorsätzlich handelt und nur die Gefahr fahrlässig verursacht, auch in der Strafdrohung von denen unterscheidet, in denen die gesamte Tat fahrlässig begangen wird, beugt er auch der irrigen Annahme vor, es könne sich auch bei den zuerst genannten Taten um fahrlässige im Sinne des Entwurfs handeln"[326]. Mit Einfügung des § 11 II StGB schaffte der Gesetzgeber insofern endgültig Klarheit. Obwohl einzelne Stimmen trotz der gesetzgeberischen „Radikallösung"[327] in § 11 II StGB nach wie vor an der Einstufung der Vorsatz-Fahrlässigkeits-Kombination als Fahrlässigkeitsdelikt festhalten (mit der Folge, daß diese Deliktsgruppe schon deshalb zumindest de lege lata im Versuch nicht strafbar sein kann)[328], erkennt das überwiegende Schrifttum den gesetzgeberischen Willen mit der Folge an, daß ein Versuch der Vorsatz-Fahrlässigkeits-Kombination nicht von vornherein ausgeschlossen ist[329].

Ist die Versuchsstrafbarkeit bei diesen Delikten demnach theoretisch möglich, so müßte sie aber doch, da es sich bei sämtlichen Delikten um Vergehen handelt, vom Gesetzgeber ausdrücklich angeordnet werden. Von dieser Möglichkeit ist mit Ausnahme des § 353b StGB kein Gebrauch gemacht worden. Eine Begründung für das grundsätzliche Absehen von einer Versuchsstrafbarkeit ist in den Gesetzesmaterialien nicht zu finden. Lediglich Äußerungen über die mindere Strafwürdigkeit der auf Fahrlässigkeit zurückzuführenden Gefährdung[330] lassen Rückschlüsse auf die nicht hinreichende Strafwürdigkeit der Versuchstat zu.

Noch aus einem weiteren Grund wäre die Bestrafung der versuchten Vorsatz-Fahrlässigkeits-Kombination angreifbar: Wenn mit der fahrlässigen Erfolgsverursachung unter den tatbestandlichen Handlungen eine Beschränkung der Strafbarkeit auf die wirklich gefährlichen erfolgen soll[331], muß dieser Zusammenhang bei der versuchten Tat ebenso gewahrt werden wie bei der vollendeten. Deshalb müßte die Strafbarkeit des Versuchs konsequenterweise ebenfalls auf die gefährlichen Versuche beschränkt werden. Das würde bedeuten, daß nur solche Versuche sanktioniert würden, die im konkreten Fall dazu geeignet waren, den tatbestandsmäßigen Erfolg tatsächlich herbeizuführen. Das ist aber beim un-

---

326 E 1962, Begrü. S. 518 zu § 340 E.

327 Schroeder, Die Gefährdungsdelikte, ZStW-Beiheft 1982, S. 1 (10).

328 SK-Rudolphi § 11, Rn. 36; Maurach/Gössel/Zipf AT II, § 43, Rn. 90 f; Krey/Schneider NJW 1970, S. 644 zur älteren Rechtslage.

329 LK[11]-Gribbohm § 11, Rn. 116; Tröndle/Fischer § 11, Rn. 38; Sch-Sch-Eser § 11, Rn. 73; Jescheck/Weigend AT, § 54 III, S. 570; Lackner/Kühl § 11, Rn. 24 und Maiwald, JuS 77, S. 353 (360), mit der Begründung, der Unrechtskern der Tat liege im vorsätzlichen Handlungsteil, nicht in der fahrlässigen Gefährdung.

330 Beratungen im Sonderausschuß für die Strafrechtsreform, Prot. V/1464 f.

331 LK[10]-Tröndle § 11, Rn. 96; LK[11]-Gribbohm § 11, Rn. 113.

tauglichen Versuch (z.B. Preisgabe eines nur vermeintlichen Staatsgeheimnisses, § 97 StGB) niemals der Fall. Zumindest dieser Bereich des Versuchs müßte daher als nicht strafwürdig aus der Versuchsstrafbarkeit einer Vorsatz-Fahrlässigkeits-Kombination ausgenommen werden[332].
Da das StGB eine derartige Beschränkung der Strafdrohung auf einzelne Erscheinungsformen des Versuchs nicht kennt, ist der Verzicht auf die Androhung von Versuchsstrafbarkeit bei den eigentlichen Vorsatz-Fahrlässigkeits-Kombinationen eine überzeugende Lösung zur Vermeidung ihrer Ausdehnung auf nicht wirklich gefährliche Sachverhalte.

c) Relative Schwere der Tat
(§§ 84 II und III, 85 II, 97 I, 109e V, 109g IV StGB)

In einer weiteren Gruppe von Delikten kommt der Gesetzgeber durch einen Vergleich verschiedener Angriffshandlungen auf dasselbe Rechtsgut zu einer Abstufung der Schwere der Tat. Die unterschiedliche Schwere spiegelt sich sodann neben einem niedrigeren Strafmaß auch im Verzicht auf eine Versuchsstrafbarkeit wider.

(1) So erfassen die Abs. 2 und 3 des § 84 StGB und Abs. 2 des § 85 StGB jeweils mildere Begehungsformen der Zuwiderhandlung gegen das Partei- oder Vereinigungsverbot als die nach Abs. 1 der Tatbestände pönalisierte Schlüsselposition des Täters, weshalb sie im Gegensatz zu Abs. 1 nicht mit Versuchsstrafbarkeit belegt sind[333].

(2) Auch in den Tatbeständen der §§ 97 I, 109e V, 109g V StGB hat der Gesetzgeber jeweils die leichteren Begehungsformen aus der für die schwerere Begehungsform angeordneten Versuchsstrafbarkeit ausgenommen. Es ist naheliegend, daß dieser Regelung ebenfalls die Erwägung zugrunde lag, nur die relativ schwereren Begehungsformen mit Versuchsstrafbarkeit zu belegen. Eine dahingehende Begründung ist in den Gesetzesmaterialien jedoch nicht enthalten.
So wäre die Normierung einer Versuchsstrafbarkeit im Vorsatz-Fahrlässigkeitsdelikt des § 97 I StGB wegen § 11 II StGB grundsätzlich möglich gewesen. Der Verzicht auf eine Versuchsstrafbarkeit könnte hier darauf zurückzuführen sein, daß in der *Preisgabe* von Staatsgeheimnissen (§ 97 I StGB) eine gegenüber dem in § 95 StGB pönalisierten *Offenbaren* von Staatsgeheimnissen wesentlich leichtere Tat gesehen wird. Denn die Gefährdung der Sicherheit der Bundesre-

---

332 LK[11]-Gribbohm § 11, Rn. 118.
333 E 62, Begrü S. 566 zu § 374 E.

publik wird in § 97 StGB anders als in dem mit Versuchsstrafbarkeit belegten § 95 StGB nur fahrlässig verursacht[334].
Ebenso wurde auch in den §§ 109e StGB und 109g StGB (Sabotagehandlungen an Verteidigungsmitteln; Sicherheitsgefährdendes Abbilden) die kriminelle Energie nach dem Schuldvorwurf abgestuft, der den Täter hinsichtlich der verursachten Gefahr trifft. Während in § 109g I StGB die wissentlich herbeigeführte Gefahr im Versuch strafbar ist, wird in den Fällen einer nur mit Eventualvorsatz oder Leichtfertigkeit verursachten Gefahr von Versuchsstrafbarkeit abgesehen (§109g V StGB). Entsprechend ist in §109e I StGB die mit Eventualvorsatz, nicht aber die fahrlässig verursachte Gefahr im Versuch strafbar (§ 109e V StGB).
Schließlich dürfte ein derartiger Vergleich auch über die Straflosigkeit der versuchten Vorteilsannahme durch einen Amtsträger etc. (§ 331 I StGB) - im Gegensatz zur Strafbarkeit der gleichen Handlung begangen von einem Richter oder Schiedsrichter (§ 331 II StGB) - entschieden haben.

9. Entstehung aus einem Übertretungstatbestand

(§§ 109 g, 132a, 145, 145a, 170 n.F., 184a, 323c StGB)

Die Strafvorschriften im RStGB waren ursprünglich nach ihrer Schwere in drei Kategorien, Verbrechen, Vergehen und Übertretungen, eingeteilt. Für die Versuchsstrafbarkeit der jeweiligen Deliktsgruppe legte § 43 RStGB in Abhängigkeit von ihrer Schwere unterschiedliche Regelungen fest. Danach galt - wie nach § 23 I StGB heutiger Fassung - für die Verbrechen eine generelle Versuchsstrafbarkeit und für die Vergehen das Erfordernis einer Einzelandrohung der Versuchsstrafbarkeit im Besonderen Teil. Für den Versuch einer Übertretung legte der Gesetzgeber dagegen die generelle Straflosigkeit fest, weil „durch den Versuch einer strafbaren Handlung die staatliche Rechtsordnung um so weniger berührt werde, je weniger schwer die vollendete strafbare Handlung selbst sein würde, und ... insbesondere durch den Versuch einer Übertretung die staatliche Rechtsordnung nicht als verletzt gelten könne[335].
Durch das EGStGB wurden die Übertretungen als solche aus dem StGB herausgenommen. Teilweise sind sie im Zuge dieser Reform ersatzlos weggefallen, überwiegend jedoch werden sie seitdem als Ordnungswidrigkeiten nach dem OWiG geahndet. Schließlich sind einige der Übertretungen - zu Vergehen aufgewertet - auch im StGB verblieben.

---

334 Verhandlung des Sonderausschusses Strafrechsreform, Prot V/1464 f.

335 Motive zu § 43 RStGB, nachzulesen in Höinghaus, S 68.

Das in der Aufwertung einer Übertretung zum Vergehen zum Ausdruck kommende Bedürfnis nach gesteigertem Strafrechtsschutz läßt sich in einigen Fällen auf eine Neubewertung des Unrechtsgehalts der pönalisierten Tat zurückführen (so beim Mißbrauch von Notrufen etc., § 145 StGB)[336], in anderen auf eine Tatbestandsausweitung (z.B. Verletzung der Unterhaltspflicht, § 170 n.F. StGB)[337] oder auf die zunehmende Häufigkeit der Deliktsbegehung (z.B. Ausübung der verbotenen Prostitution, § 184a StGB, und Mißbrauch von Ausweispapieren, 281 StGB)[338].
Eine Versuchsbestrafung fehlt in der ganz überwiegenden Zahl der Vergehen, die sich auf einen Übertretungstatbestand zurückbeziehen (so in den §§ 132a, 145, 145a, 170 n.F., 184a, 323c StGB[339]). Dies erklärt sich neben der Aufrechterhaltung des früheren Rechtszustandes auch daraus, daß die hochgestuften Tatbestände trotz ihrer Neubewertung als Vergehen weiterhin die untere Grenze kriminellen Unrechts darstellen[340]. Insofern wird die Straflosigkeit des Versuchs bei ihnen, ebenso wie bei den oben unter B 8 bereits dargestellten Tatbeständen, auf mangelnde Strafwürdigkeit zurückzuführen sein.

Die Aufnahme einer Versuchsstrafbarkeit in § 109g III StGB, der auf den früheren Übertretungstatbestand § 360 Nr. 1 RStGB zurückgeht, steht diesem Grundsatz nicht entgegen. Denn § 109g III StGB enthält anders als der ehemaligeÜbertretungstatbestand das zusätzlichen Merkmal der *wissentlichen* Gefahrverursachung für die Sicherheit der Bundesrepublik oder der Schlagkraft der Bundeswehr. Die leichteren Begehungsvarianten der vorsätzlich oder leichtfertig verursachten Gefahr sind dagegen weiterhin im Versuch straflos belassen.

10. Negative Folgen einer Versuchsbestrafung
(§§ 156, 218, 235 StGB)

Bei der Entscheidung über die Normierung einer Versuchsstrafbarkeit berücksichtigt der Gesetzgeber auch die Folgen, die eine Strafandrohung oder Bestrafung für den Täter, sein Umfeld oder die Rechtspflege als solche mit sich bringt.

---

336 E-EGStGB, BT-Drs. 7/550, S. 462.

337 LK[10]-Dippel § 170b a.F., Rn. 1 zur Entwicklung der Norm.

338 Zu § 184a StGB: E 62, Begrü. S. 386 zu § 223 E; zu § 281 StGB: § 4 des StÄG vom 4.9.1941 (RGBl I 549).

339 Ihnen entsprachen weitgehend die folgenden Übertretungstatbestände: § 360 Nr.8 StGB (§ 132a StGB); § 362 Nr.2 E 25 bzw. 395 Nr.2 E 27 (§ 145 StGB); § 361 Nr.1 StGB (§ 145a StGB); § 361 Nr.5 RStGB (§170 n.F. StGB); § 361 Nr.6 StGB (§ 184a StGB); § 360 Nr.10 RStGB (§323c StGB).

340 Cramer zu § 281 StGB in GA 63, S. 363 (364).

Untersucht wird, ob die Pönalisierung eines bestimmten Verhaltens in besonderem Maße mit negativen Folgen verknüpft ist. In diesem Fall muß im Rahmen einer Güterabwägung festgestellt werden, ob die negativen Folgen in Kauf genommen werden können, so daß die Sanktionierung der Versuchstat zulässig ist, oder ob die drohenden Folgeschäden ein solches Ausmaß erreichen können, daß die Straflosigkeit des Versuchs vorzuziehen ist.

a) Zu weitgehende, negative Folgen wurden beispielsweise in der psychischen Belastung der Schwangeren gesehen, die sich in einem Prozeß für einen Abtreibungsversuch verantworten muß: „Ein Strafverfahren gegen die Schwangere ist schwer erträglich, wenn sie inzwischen das Kind geboren hat oder kurz vor der Geburt steht“ [341]. Die Strafbarkeit der versuchten Eigenabtreibung wurde daher auch aus diesem Grund durch das 5. StrRG[342] aus dem StGB gestrichen[343].

b) Im Delikt der Kindesentziehung, § 235 StGB n.F., wird in Abs. 1 sowohl hinsichtlich der Begehungsformen als auch hinsichtlich der Versuchsstrafbarkeit nach der Person des Täters in der Weise differenziert, daß für die Strafbarkeit von Angehörigen der Einsatz von Nötigungsmitteln erforderlich ist. Danach ist ein Angehöriger wegen Kindesentziehung im Inland nur strafbar, wenn er hierbei mit List, Drohung oder Gewalt vorgeht (§ 235 I Nr. 1 StGB n.F.). Der Versuch ist in dieser Begehungsvariante nicht unter Strafe gestellt. Wer jedoch ‚ohne Angehöriger zu sein, ein Kind entführt, ist gem. § 235 I Nr. 2 StGB auch dann strafbar, wenn er ohne Nötigungsmittel vorgeht oder die Tat nur versucht (§ 235 III StGB).
Der Gesetzgeber hat diese Privilegierung Angehöriger vorgenommen, um das Strafrecht so weit wie möglich aus dem familiären Bereich herauszuhalten: „Insoweit soll sich also daran nichts ändern, daß nur eine mit List, Drohung oder Gewalt vorgenommene Kindesentziehung und nur die vollendete - nicht etwa auch die versuchte - Tat strafbar ist, weil es nicht geboten erscheint, über das geltende Recht hinaus mit strafrechtlichen Mitteln in familieninterne Konflikte einzugreifen“[344].
Die Zurückhaltung des Strafrechts ist in diesem Bereich geboten, weil gerade bei einem nicht sorgeberechtigtem Elternteil die Abgrenzung zwischen tatbestandlichem Kindesentzug und einer nicht tatbestandlichen Überschreitung des Umgangsrechts (z.B. nicht rechtzeitige Ablieferung des Kindes beim Sorgeberechtigten nach einem Ausflug) besonders schwer fällt, wenn keine Nötigungsmittel eingesetzt wurden. Dies gilt ganz besonders im Versuchsstadium. Das Erforder-

341 RegE zum 5. StrRG, BT-Drs. VI/3434, S. 15.
342 5. StrRG vom 18.6.1974, BGBl I S. 1297.
343 Siehe zuvor schon unter Teil 1 B 8 a (3).
344 RegE zum 6. StrRG, BT-Drs. 13/8587, S. 38.

nis des Einsatzes von Nötigungsmitteln sowie die Straflosigkeit des Versuchs sollen daher unbegründeter Denunziation, aber auch der darauf folgenden Ermittlungstätigkeit der Verfolgungsorgane und zuletzt Prozessen vorbeugen[345]. Eine unnötige Belastung des Familienklimas und der Mißbrauch des Strafrechts als Waffe in familiären Konflikten kann so verhindert werden.

c) Schließlich gibt die Streichung der 1943 durch die Strafrechtsangleichungsverordnung[346] eingefügten Versuchsstrafbarkeit für die Falsche Versicherung an Eides Statt (§ 156 StGB) ein Beispiel für das Absehen von Versuchsstrafe wegen der mit ihr verbundenen „unerfreulichen" Auswirkungen[347]. Die Normierung der Versuchsstrafbarkeit 1943 dürfte eine Reaktion auf die restriktive Rechtsprechung des Reichsgerichts zum Merkmal der *zuständigen Behörde* gewesen sein[348]. Der Begriff der Zuständigkeit war vom RG in § 156 StGB nämlich abweichend von dem insofern gleichlautenden § 154 StGB nicht als allgemeine Zuständigkeit ausgelegt worden. Vielmehr hatte es die Voraussetzung der „zuständigen Behörde" iSd. § 156 StGB nur dann als erfüllt angesehen, wenn die eidesstattliche Versicherung über den Gegenstand, auf den sie sich bezog, und in dem Verfahren, um das es sich handelte, der Behörde gegenüber abgegeben werden durfte und rechtlich nicht völlig wirkungslos war[349]. Diese restriktive Auslegung war erforderlich geworden, um die Flut von eidesstattlichen Versicherungen einzudämmen, die aus einer Verwaltungspraxis herrührte, nach der vielfach auch ohne Rücksicht auf irgendeine gesetzliche Regelung vermeintlich nicht anders zu beweisende Behauptungen an Eides Statt versichert wurden. Als Folge des allzu häufigen Gebrauchs der Versicherung wurde der Verlust ihrer Bedeutung als „feierliche und eindrucksvolle Erklärung" [350] befürchtet. Ein leichtfertiger Umgang oder die Mißachtung des Wesens der Versicherung als einer solchen „an Eides Statt" seitens des Versichernden hätte das Rechtsinstitut gegenstandslos werden lassen[351]. Insofern sollte die Beschränkung des Strafschutzes auf eidesstattliche Versicherungen, die vom engen Zuständigkeitsbegriff noch erfaßt wurden, in einem ersten Schritt ihre seltenere Verwendung bewirken. Als Resultat erhoffte man sich aus der restriktiven Spruchpraxis neben einer größeren Bedeutung der Erklärung selbst auch einen besseren Schutz vor unbedachten Äußerungen.

---

345 Auskunft von MR Schulte, BMJ, Abteilung Strafrecht BT zu § 235 StGB in der Fassung des 6. StrRG.

346 Strafrechtsangleichungsverordnung vom 29.5.1943, RGBl I S. 339.

347 Schneidewin, 39. DJT 1951, C 27 (32).

348 LK[10]-Willms § 156, Entstehungsgeschichte.

349 RG 73, 144 (145), vgl. auch RG 58, 147 (148).

350 Schönke, SJZ 1948, S. 299 (300).

351 Schönke, SJZ 1948, S. 299 (300); Zipfel NJW 51, S. 950 (951); Schneidewin, 39. DJT 1951, C 27 (32).

Dieses Ziel wurde aber mit Aufnahme der Versuchsstrafbarkeit durch die Strafrechtsangleichungsverordnung[352] unterlaufen. Denn die vor einer unzuständigen Behörde in der irrigen Annahme ihrer Zuständigkeit abgegebene Versicherung war so wieder strafbewährt, nun als untauglicher Versuch[353]. Trotz der restriktiven Tatbestandsauslegung der Gerichte konnte daher wieder jede unzuständige Behörde mit der Strafdrohung des § 156 StGB auf den Versichernden einwirken. Erneut drohte die Entwertung der Versicherung an Eides Statt, diesmal infolge der Versuchsstrafbarkeit.
Die Streichung der Versuchsstrafbarkeit erfolgte daraufhin durch das 3. StÄG[354] mit folgender Überlegung: „Die Strafbarkeit des Versuchs sollte schon deshalb beseitigt werden, weil sonst die Gefahr besteht, daß mit Hilfe der subjektiven Versuchstheorie im Ergebnis auch falsche eidesstattliche Versicherungen vor einer unzuständigen Behörde strafbar werden könnten. Zumindest bereitet es der Rechtsprechung die größten Schwierigkeiten in dieser Frage, zu befriedigenden Lösungen zu kommen." [355] Mangels Strafbarkeit des Versuchs ist für die Behörden nunmehr der Anreiz zur übermäßigen Entgegennahme eidesstattlicher Versicherungen wieder entfallen[356].

11. Keine praktische Bedeutung des Versuchs
(§§ 170 n.F., 180 I, 181a, 185 ff. StGB)

Teilweise hat der Gesetzgeber von der Strafbarkeit des Versuchs in Vergehenstatbeständen abgesehen, wenn ihr kein nennenswerter Anwendungsbereich zukommen kann. Zugleich handelt es sich bei diesen Tatbeständen auch um solche geringen Unwertgehalts, was sich bei der Entscheidung, in dem ohnehin kleinen Anwendungsbereich des Versuchs von einer Strafbarkeit abzusehen, zusätzlich ausgewirkt haben könnte.

a) So war die Entziehung der Unterhaltspflicht (§ 170 n.F. StGB), die sich auf den Übertretungstatbestand des § 361 Nr. 10 RStGB zurückbezieht, zwar nach ihrer Aufwertung zum Vergehen zunächst auch im Versuch strafbar (§ 170b II

352 Strafrechtsangleichungsverordnung vom 29.5.1943, RGBl I S. 339.

353 Hiervon ist das straflose Wahndelikt abzugrenzen. Danach ist trotz Versuchsstrafbarkeit straflos, wer zwar die Unzuständigkeit der Behörde kennt (also kein Irrtum über objektive Tatbestandsmerkmale), jedoch irrig annimmt, daß die Abgabe einer falschen Versicherung auch dann mit Kriminalstrafe belegt sei, wenn diese vor einer unzuständigen Behörde abgegeben wird. Vgl hierzu Maurach/Zipf AT 1, § 23, Rn. 2.

354 Gesetz vom 4.8.1953, BGBl I, S. 735.

355 Ber. zum RegE eines 3. StÄG, BT-Drs. I/3713, S. 36.

356 Schneidewin, 39. DJT 1951, C 27 (33).

a.F. StGB)[357]. Die tatbestandlich früh angesetzte Strafbarkeitsgrenze, nach der bereits die Gefährdung des Lebensbedarfs des Unterhaltsberechtigten zur Vollendung ausreicht, ließ für den Versuch jedoch keinen relevanten Anwendungsbereich. Im 4. StrRG entschied der Gesetzgeber daher: „Die im geltenden Recht vorgesehene Strafbarkeit des Versuchs entfällt; sie ist ohne praktische Bedeutung" [358].

b) Der Tatbestand der Zuhälterei (§181a StGB) wurde 1933 früheren Entwürfen folgend zu einem Verbrechen hochgestuft und so auf den Versuchsbereich ausgedehnt[359]. Im Zuge der Neubewertung des Delikts als Vergehen im 4. StrRG hat der Gesetzgeber auch die Versuchsstrafbarkeit aus dem Tatbestand gestrichen und das folgendermaßen begründet: „Die Versuchsstrafbarkeit hatte schon bisher keine große praktische Bedeutung, da die Rechtsprechung den größten Teil der hier in Betracht zu ziehenden Handlungen als straflose Vorbereitungstaten angesehen hat." [360]

c) Auch im Delikt des Menschenhandels (§ 180b StGB) sah der Gesetzgeber mit dem 26. StÄG von der Pönalisierung des Versuchs in Abs. 1 ab, weil dessen früher Vollendungszeitpunkt für den Versuchsbereich nur wenig Platz läßt: „Ein praktisches Bedürfnis, auch den Versuch allein des Einwirkens gemäß § 180 b Abs. 1 StGB-E unter Strafe zu stellen, ist kaum zu erkennen, weil der Bereich zwischen Versuch und Vollendung bei dieser Tathandlung sehr eng ist." [361]

d) Demnach wird auf die Normierung einer Versuchsstrafbarkeit verzichtet, wenn die Anzahl denkbarer Versuchskonstellationen beschränkt ist und dem Versuch daher keine praktische Relevanz zukommen kann. Hieraus ließe sich - ohne daß insofern eine Stellungnahme des deutschen Gesetzgebers gefunden wurde - wohl auch der Verzicht auf die Versuchsstrafbarkeit der Beleidigungstatbestände erklären:
Zur Verwirklichung des seit 1871 im wesentlichen unveränderten Beleidigungs-

---

357 § 170b StGB wurde nach dem Vorbild des Art. 217 des Schweizerischen StGB durch DVO vom 18.3.1943 als Vergehen gefaßt und gegenüber § 361 Nr. 10 RStGB wesentlich erweitert.

358 RegE zum 4. StrRG, BT-Drs. VI/1552, S. 13; ähnlich auch in Ber. zum RegE eines 4. StrRG, BT-Drs. VI/3521, S. 14.

359 Gewohnheitsverbrechergesetz vom 24.11.1933 (RGBl. I, S. 995), hierzu Frank-Nachtrag, III 14, S. 118; zuvor er schon in § 277 E 25 sowie in § 309 E 27 als Verbrechen entworfen worden.

360 RegE zum 4. StrRG, BT-Drs VI/1552, 30; ein Beispiel für die Einstufung von Vorfeldhandlungen als bloß straflose Vorbereitung gibt BGHSt 6, 98; LM § 43, 181a (Nr.17).

361 Ber zum RegE eines 26. StÄG, BT-Drs. 12/2589, S. 9.

tatbestandes nach § 185 StGB ist neben der ehrverletzenden Äußerung noch die Kenntnisnahme durch einen Dritten erforderlich, der den ehrenrührigen Sinn der Äußerung versteht. Der Dritte muß nicht notwendig der eigentliche Adressat sein, geeignet ist vielmehr jeder, zu dessen Kenntnis die Beleidigung gelangt und der sie als solche deutet[362]. Demnach tritt bei der Beleidigung Vollendung mit dem Zeitpunkt der Kenntnisnahme ein, wohingegen vor diesem Ereignis, selbst wenn der Täter alles zur Deliktsvollendung Erforderliche getan hat, die Beleidigung also z.B. ausgesprochen hat, erst das - straflose - Versuchsstadium erreicht ist. Praktisch ist es aber unmöglich, eine Beleidigung zur Anzeige zu bringen, die niemandem zur Kenntnis gelangt ist, etwa weil sie akustisch nicht verstanden oder der Täter unterbrochen wurde, bevor der beleidigende Inhalt seiner Äußerung zu verstehen war oder weil der beleidigende Brief abhandengekommen ist, ohne daß er jemals von irgendjemandem gelesen worden ist. Auch ein Versuch in dem Sinn, daß der Adressat der Beleidigung sich entgegen dem verfolgten Ziel durch die Äußerung des Täters nicht angegriffen fühlt, ist ausgeschlossen, da hinsichtlich der Tauglichkeit einer Äußerung zur Ehrverletzung ein objektiver Maßstab anzulegen ist und nicht der subjektve Empfängerhorizont[363].
Derartige Schwierigkeiten, bei Vergehen eine Versuchstat überhaupt zu erkennen, hat der französische Gesetzgeber unter anderem als Begründung angeführt, die Vergehensversuche grundsätzlich straflos zu stellen[364].

Bei der üblen Nachrede und der Verleumdung (§§ 186, 187 StGB) bleibt ebenfalls nur ein eingeschränkter Anwendungsbereich für den Versuch. Hier ist zur Vollendung eine Dreieckskonstellation in der Form erforderlich, daß die Äußerung einer vermeintlich wahren Tatsache gegenüber einer anderen Person erfolgt als derjenigen, auf die sie sich bezieht. Daher ist ein Versuch hier in der Form denkbar, daß der Täter eine nicht erweislich wahre oder unwahre Tatsache zwar einem Dritten mitteilen will, sie jedoch nur demjenigen zur Kenntnis kommt, dessen Ehranspruch durch die Äußerung in Frage gestellt werden sollte. Im übrigen ist für den Versuch auch bei diesen Delikten kaum Platz. Möglicherweise empfand der Gesetzgeber die Androhung einer Versuchsstrafbarkeit deshalb auch hier als „nicht angezeigt" [365].

---

362 BGH 9, 17 (19); LK[10]-Herdegen § 185, Rn. 26; Sch-Sch-Lenckner § 185, Rn. 16; Lackner/Kühl § 185, Rn. 7; Binding, Lehrbuch BT I, § 32 C, S. 145.

363 Kern, Die Äußerungsdelikte, S. 21; Tröndle/Fischer § 185, Rn. 8; LK[10]-Herdegen § 185, Rn. 17; Sch-Sch-Lenckner § 185, Rn. 8.

364 Treilhard, Motive zum Code pénal; wörtlich wiedergegeben in Chauveau et Hélie, Théorie du Code Pénal II, Kapitel 11, Anm. 266: *leur exécution peut très-bien avoir été préparée et commencée par des circonstances et des démarches, qui en elles-mêmes n'ont rien de répréhensible, et d'ont l'objet n'est bien connu que lorsque le delit est consommé*

365 Rietzsch, DJ 43, S. 309 (310).

12. Anlehnung an bereits bestehende Tatbestände

(§§ 90, 90a I, 90b, 103, 164, 166, 106a, 106b, 204, 108b StGB)

Die tatbestandliche Parallelität verschiedener Normen des StGB vermag ebenso wie die Strafbarkeit (oben A 12) auch die Straflosigkeit des Versuchs zu erklären.

So sind Delikte, welche wie die §§ 90, 90a I, 90b, 103, 164, 166 StGB[366] Elemente der im Versuch straflosen §§ 185 ff. StGB enthalten, ebenfalls nicht im Versuch strafbar, ohne daß der Gesetzgeber hierzu in den Gesetzesmaterialien weitere Ausführungen macht[367].

Die Tatbestände der §§ 106a StGB (Bannkreisverletzung) und 106b StGB (Störung der Tätigkeit eines Gesetzgebungsorgans) greifen Elemente des Hausfriedensbruchs auf (§123 StGB). § 204 StGB (Verwertung fremder Geheimnisse) ist an § 203 StGB orientiert (Verletzung von Privatgeheimnissen), die Wählerbestechung (§108b StGB) an der Vorteilsgewährung (§ 333 I StGB). Sie stimmen jeweils mit den Tatbeständen, die ihnen als Vorbild dienten, in der Straflosigkeit des Versuchs überein[368].

C. Zusammenfassung

Aus der Zusammenstellung der einzelnen Erwägungen des Gesetzgebers ist ersichtlich geworden, daß der Gesetzgeber die Frage der Normierung der Versuchsstrafbarkeit aus ganz unterschiedlichen Perspektiven angeht, indem er einmal mit der Deliktsnatur, ein anderes Mal mit Strafwürdigkeits- oder schließlich mit Praktikabilitätserwägungen argumentiert. Diese unterschiedlichen Gesichts-

---

366 Verunglimpfung des Bundespräsidenten, § 90 StGB; Verunglimpfung des Staates und seiner Symbole, § 90a StGB; Beleidigung von Organen und Vertretern ausländischer Staaten, § 130 StGB; Falsche Verdächtigung, § 164 StGB; Beschimpfung von Bekenntnissen etc., § 166 StGB.

367 Bezugnahme auf §§ 185 hinsichtlich der Versuchsstrafbarkeit nur in der Begründung zu §§ 90, 90a, 90b in E 62, Begrü S. 569 zu § 378 E. Im übrigen wird lediglich allgemein auf die Parallelität der jeweiligen Vorschrift und § 185 StGB hingewiesen: zu § 130 im VE, Begrü. S. 463; zu § 164 Motive zum RStGB 1871, nachzulesen in Höinghaus, S. 128 f.

368 Zu §§ 106a und 106b StGB: RegE zum 1. StÄG, BT-Drs. I/1307, S. 40 f.; zu § 204 StGB: E 62, Begrü. S. 340 f. zu § 186b E.

punkte erhalten zwar - auch in der Darstellung des Gesetzgebers - durchaus eigenständigen Charakter, tatsächlich aber sind sie eng miteinander verwoben.

So haben viele der gesetzgeberischen Erwägungen ihren Ursprung in der tatbestandlichen Fassung des jeweiligen Delikts. Denn von der Normierung einer Versuchsstrafbarkeit hat der Gesetzgeber bei Fahrlässigkeits-, Unternehmens-, Tätigkeits- und abstrakten Gefährdungsdelikten sowie bei Vorbereitungshandlungen, ehemaligen Übertretungstatbeständen und Vorsatz-Fahrlässigkeits-Kombinationen grundsätzlich abgesehen. Dagegen sah er die Anordnung in konkreten Gefährdungsdelikten, bei den aus Absichtsdelikten entstandenen Erfolgsdelikten und bei unselbständigen tatbestandlichen Abwandlungen zu einem im Versuch strafbaren Grundtatbestand als geboten an.
Hinter der Differenzierung nach der Deliktsnatur einer Vorschrift scheint aber zumeist noch der Gesichtspunkt der Schwere einer Versuchstat hervor. So spricht gegen die Versuchsstrafbarkeit von Vorsatz-Fahrlässigkeits-Kombinationen und ehemaligen Übertretungstatbeständen die geringe Strafwürdigkeit der Tat. Dagegen ist der Vollendungszeitpunkt von Unternehmens-, Vorbereitungs- und abstrakten Gefährdungsdelikten wegen der Schwere der Taten in das Versuchsstadium vorverlagert und die grundsätzliche Straflosigkeit des Versuchs bei ihnen nur eine Folge der tatbestandlichen Vorverlagerung der Strafbarkeitsgrenze.
In anderen Vorschriften hat der Gesetzgeber Elemente der objektiven oder subjektiven Theorien zum Strafgrund des Versuchs aufgegriffen. In abgewandelter Form kam die subjektive Strafgrundtheorie auch bei der Erwägung zum Tragen, daß die Strafbarkeit des Versuchs nicht von Zufälligkeiten abhängen dürfe. Die objektive Strafgrundtheorie weist dagegen Überschneidungen mit dem Gesichtspunkt der Schwere der Tat auf, weil sich eine schwere Versuchstat gerade auch durch die Gefährlichkeit des Versuchs auszeichnet, die entweder aus dem Rang des angegriffenen Rechtsguts oder einer bereits realisierten Rechtsgutsbeeinträchtigung resultiert. Spiegelbildlich sind nach der objektiven Strafgrundtheorie diejenigen Delikte im Versuch straflos gestellt, die in diesem Verwirklichungsstadium keine hinreichende Strafwürdigkeit aufweisen.
In die Abwägung bezieht der Gesetzgeber sodann aber auch praktische Überlegungen ein, indem er in seine Entscheidungen über die Versuchsstrafbarkeit Abgrenzungsprobleme oder Beweisprobleme bei der Rechtsanwendung einbezieht.

Diese Erwägungen des Gesetzgebers sind bisher nur einzeln und so, wie in den Gesetzesbegründungen dokumentiert, aufgeführt worden. Ob ihnen eine verbindende Systematik zugrunde liegt und gegebenenfalls welche, soll nach der nun folgenden kritischen Betrachtung einiger Erwägungen und Entscheidungen des Gesetzgebers in Teil 3 der Arbeit untersucht werden.

2. Teil: Kritische Betrachtung der gesetzgeberischen Erwägungen

Bevor die soeben dargestellten einzelnen Erwägungen des Gesetzgebers auf eine sie verbindende Gesamtsystematik hin untersucht werden können, sollen sie kritisch betrachtet werden. Ziel ist es, die Legitimität und Stichhaltigkeit der angeführten Erwägungen zur Normierung von Versuchsstrafbarkeit zu überprüfen. Anschließend sollen auch Einzelentscheidungen des Gesetzgebers herausgestrichen werden, die sich nicht in die von ihm selbst aufgestellten Regeln einfügen. Hierbei wird sich herausstellen, daß der Gesetzgeber zum Teil ganz bewußt von einem sonst regelmäßig verfolgten Grundsatz abweicht und hierfür gute Gründe anführt. In anderen Tatbeständen wird sich die gesetzgeberische Entscheidung über die Normierung einer Versuchsstrafbarkeit dagegen nicht nachvollziehen lassen.

A. Überprüfung von Entscheidungskriterien

1. Anordnung einer Versuchsstrafbarkeit aus Gründen der Beweisnot

Der Gesetzgeber sieht in der Anordnung der Versuchsstrafbarkeit ein Mittel, in Tatbeständen mit häufig auftretenden Beweisschwierigkeiten Strafbarkeitslükken zu schließen (so z.B. in den §§ 176, 218, 248b, 324 StGB)[369]. Denn wenn der Nachweis der tatbestandlichen Handlung oder Kausalität mißlingt, kommt eine Bestrafung wegen Versuchs noch in Betracht. Sofern der mißglückte Beweis nämlich nur im objektiven Tatbestand eine Lücke entstehen läßt, der Vorsatz zur Tatverwirklichung hingegen nachgewiesen werden konnte, ist der Versuch als der Vollendung vorgelagerte Verwirklichungsstufe erfüllt.

Die Erwägung, mit der Normierung von Versuchsstrafbarkeit unerwünschte Strafbarkeitslücken zu schließen, erscheint jedoch in ihrer Legitimität zweifelhaft. Denn nicht Beweisnot allein, sondern nur nachgewiesenes Unrecht kann die Sanktionierung von Verhalten begründen. Dem pönalisierten Verhalten, hier also der Versuchshandlung, muß daher ein eigener Unwert entnommen werden können, der die Tat strafwürdig und strafbedürftig erscheinen läßt. Der inkriminierte

[369] Vgl. die Darstellung in Teil 1 A 9.

Rumpf muß für sich ein die Bestrafung rechtfertigendes Unrecht darstellen[370]. Daher kann häufig auftretende Beweisnot nur die Dringlichkeit betonen, eine dem Unrecht der Versuchstat nach ohnehin zulässige Versuchsstrafbarkeit tatsächlich zu normieren. Die Normierung einer Versuchsstrafbarkeit aus Gründen der Beweisnot darf deshalb nicht ohne eine Untersuchung erfolgen, ob eine Versuchsstrafbarkeit in dem betreffenden Delikt nach den übrigen Kriterien des Gesetzgebers (z.B. Schwere und Gefährlichkeit der Versuchstat, Rang des Rechtsguts) angezeigt ist. Nur wenn diese Untersuchung zu dem Ergebnis führt, daß die Versuchstat bereits einen die Bestrafung rechtfertigenden Unwert beinhaltet, kann häufig auftretende Beweisnot als zusätzliche, legitime Erwägung im Gesetzgebungsverfahren Berücksichtigung finden [371].

2. Die Unvereinbarkeit von Fahrlässigkeitsdelikt und Versuchsstrafbarkeit

Bei den Fahrlässigkeitsdelikten des StGB hat der Gesetzgeber ausnahmslos und ohne weitere Begründung von der Anordnung von Versuchsstrafbarkeit abgesehen[372]. Das liegt daran, daß sich eine Fahrlässigkeitstat gerade durch die vorsatzlose Deliktsverwirklichung auszeichnet. Der Versuch setzt dagegen nach § 22 StGB voraus, daß der Täter "*nach seiner Vorstellung* von der Tat zur *Verwirklichung* des Tatbestands unmittelbar ansetzt". Der Versuch erfordert daher den Willen zur Tatbestandsvollendung, der bei fahrlässigem Handeln - auch im Fall der bewußten Fahrlässigkeit - immer fehlt.

Es gibt allerdings Stimmen in der Literatur, die auf dem Standpunkt stehen, de lege lata sei wegen § 22 StGB der Versuch einer Fahrlässigkeitstat zwar nicht strafbar, die Konstruktion für sich jedoch denkbar. Nach ihrer Auffassung steht der Strafbarkeit des Versuchs von Fahrlässigkeitsdelikten de lege ferenda nichts im Wege[373]. Die dahinterstehende Überlegung ist, daß sorgfaltswidriges Handeln auch dann bestraft werden könnte, wenn ein Erfolg nur zufällig oder deshalb ausbleibt, weil die sorgfaltswidrige Handlung nicht zu Ende geführt worden ist.

---

370 Grünwald, Verhandlungen des 49. DJT, 1972, Bd. II/1, M 105 f.; Lüderssen, ZStW 85 (1973), S. 288 (302 f.).

371 Aus Beweisproblemen kann zwar die für die Normierung erforderliche Strafbedürftigkeit einer Tat folgen (hierzu in Teil 3 C), daneben muß die Versuchstat aber dem mit ihr verwirklichten Unrecht nach auch strafwürdig sein (hierzu in Teil 3 B).

372 Hierzu in Teil 1 unter B 1.

373 Sturm, Das unvollendete fahrlässige Delikt, in ZStW 59 (1940), S. 23 (S. 29); Maurach/Gössel/Zipf AT II, § 41, Rn. 52; Jakobs AT , 25/28, S. 717.

Hierbei muß allerdings berücksichtigt werden, daß für den Versuch nach geltendem Recht neben dem Ausbleiben des Erfolges - das selbstverständlich auch bei Fahrlässigkeitsdelikten auftreten kann - zusätzlich der auf Erfolgsherbeiführung gerichtete Wille kennzeichnend ist. Denn er ist für den Versuch unrechtsbegründend und stellt nach den subjektiven Theorien zum Strafgrund sogar den alleinigen Gegenstand der Versuchsbestrafung dar[374]. Es genügt daher nicht, dem Versuch das Muster der Bestrafung folgenlos gebliebener Taten zu entnehmen und es ohne weiteres auf das Fahrlässigkeitsdelikt zu übertragen [375].

Andererseits kann ein Bedürfnis nicht bestritten werden, auch die zufällig folgenlos gebliebene Sorgfaltswidrigkeit zu bestrafen. Denn auch von ihr gehen zum Teil beträchtliche Gefahren aus. Diesen Gefahren wird jedoch durch die Normierung von abstrakten und konkreten Gefährdungsdelikten Rechnung getragen, die (typischerweise) gefährdendes Verhalten ohne das Erfordernis eines Schädigungsvorsatzes auch dann sanktionieren, wenn eine Rechtsgutsverletzung ausbleib t[376].
Ein Bedürfnis, die Strafbarkeit des unvollendeten Fahrlässigkeitsdelikts de lege ferenda zu ermöglichen, dürfte daher nicht bestehen.

3. Die Entstehung eines Vergehens aus einem Verbrechenstatbestand

Der Gesetzgeber hat in Vergehen, die zuvor als Verbrechen geahndet wurden, überwiegend die Versuchsstrafbarkeit angeordnet. Zur Begründung führte er zumeist das Ziel an, den alten Rechtszustand insoweit aufrechtzuerhalten.
Diese Argumentation ist jedoch insofern angreifbar, als sich der historische Gesetzgeber, auf den die Einstufung des Delikts als Verbrechen zurückzuführen ist, wegen der Verbrechensqualität des Delikts über Erforderlichkeit, Zweckmäßigkeit und Auswirkungen der Versuchsstrafbarkeit möglicherweise gar keine Gedanken gemacht hat. Denn die Pönalisierung des Versuchs hatte sich für den al-

374 Bockelmann, Strafrechtliche Untersuchungen, S. 150 (151); Jescheck/Weigend AT, § 49 II, S. 513.
375 Alwart, Strafwürdiges Versuchen, S. 155, der deshalb schon in der Bezeichnung der nicht erfolgsursächlichen Fahrlässigkeit als Versuch eine unsachgemäße Begriffsausdehnung sieht.
376 Insoweit vgl. Sturm, ZStW 59 (1940), S. 23 (31), der das Strafbedürfnis hiermit jedoch noch nicht befriedigt sieht und daher neben den Gefährdungsdelikten noch für eine erfolgsunabhängige Sanktionierung fahrlässigen Verhaltens eintritt.

ten Verbrechenstatbestand schon aus der allgemeinen Regelung in § 43 RStGB bzw. § 23 I StGB ergeben. Daher wäre im Rahmen der Herabstufung eines Delikts zum Vergehen die Überprüfung der Strafwürdigkeit der Versuchstat als Voraussetzung ihrer Pönalisierung zunächst zu untersuchen gewesen. Sodann hätte der Gesetzgeber Erforderlichkeit und Zweckmäßigkeit einer Vorfeldsanktionierung feststellen müssen. Denn nur wenn die Voraussetzungen für staatliches Strafen weiterhin vorliegen, kann der Gesetzgeber an der alten Rechtslage legitimerweise festhalten.
Der Gesetzgeber ging aber möglicherweise davon aus, daß Delikte, die vormals als Verbrechen eingestuft waren, in der Regel auch nach ihrer Herabstufung zu den besonders strafwürdigen oder gefährlichen Vergehen gehörten, so daß das Kriterium der Schwere der Tat regelmäßig für die Aufrechterhaltung der strafrechtlichen Vorfelderfassung steht[377]. Allerdings führt er diesen Gedanken nur selten durch Betonung der Schwere der Tat noch zusätzlich zum Verweis auf den bisherigen Rechtszustand an[378]. Zudem ist diese Erwägung jedenfalls dann angreifbar, wenn die Herabstufung eines Verbrechens auf eine Neubewertung des Tatunwerts zurückzuführen ist, denn diese Neubewertung könnte sich dann gerade auch im Versuch auswirken und für die Straflosigkeit des Versuchs streiten.

4. Probleme bei der Anlehnung an andere Tatbestände

Unter den angeführten Begründungen des Gesetzgebers zur Androhung von Versuchsstrafbarkeiten findet sich besonders oft der Verweis auf eine andere Strafnorm, an deren Regelung über die Versuchsstrafbarkeit der fragliche Tatbestand wegen inhaltlicher oder formaler Ähnlichkeit angelehnt wird. Das geschieht entweder sogleich bei der Neuaufnahme einer Strafnorm oder im Nachhinein, um erkannte Wertungswidersprüche hinsichtlich der betroffenen Rechtsgüter zu beseitigen.

Neben der Häufigkeit, mit der sich der Gesetzgeber dieser Argumentation bedient, sind auch die Kreise bemerkenswert, die solche Harmonisierungsbestrebungen wegen der an ihr orientierten Folgeanpassungen ziehen können. Das gibt Anlaß zu Zweifeln, ob den Eigenheiten der einzelnen Delikte noch hinreichend Rechnung getragen wird. Diese problematische Seite der Angleichung

377 Wolf, Die Justiz 1927, Bd.3, S.110 (112).

378 So etwa bei § 334 II StGB in E62, Begrü S. 656 zu § 463 E und in E-EGStGB, BT-Drs. 7/550, S. 276.

von Tatbeständen soll im folgenden anhand der Versuchsstrafbarkeit der Sachbeschädigung weiter verdeutlicht werden:

Die Sachbeschädigung war in den Gesetzesentwürfen zum RStGB 1871 (dort zuletzt als § 300 E) nicht mit einer Versuchsstrafbarkeit versehen. Erst in der abschließenden Verhandlung des Reichstags wurde der Vorschlag eingebracht, auch die versuchte Sachbeschädigung zu bestrafen[379]. Zur Begründung wurde der Vergleich mit dem versuchsstrafbaren Diebstahl angeführt. Danach pönalisierten beide Vorschriften eine vorsätzliche und rechtswidrige Eigentumsverletzung. Beide Delikte seien dem objektiven Tatbestand nach als gleichwertige Rechtsgutsangriffe zu werten (wobei sich hier sogar argumentieren ließe, daß der Diebstahl eine vergleichsweise geringere Verletzung darstellt, da er zivilrechtlich das Eigentum nicht aufhebt [§ 935 I BGB] und der Eigentümer durch Rückführung der Sache u.U. wieder schadlos gestellt werden kann). Hinsichtlich des subjektiven Tatbestands aber beruhe "die rechtswidrige Beschädigung fremden Eigentums sehr häufig noch auf viel gehässigeren Motiven, als der Diebstahl, nämlich der Bosheit und Rache" [380].
Sowohl der Antrag auf Aufnahme einer Versuchsstrafbarkeit als auch seine Begründung stießen im Reichstag auf heftigen Widerspruch, denn der Sachbeschädigung wurde von anderen Abgeordneten keine dem Diebstahl vergleichbare Verwerflichkeit beigemessen. Vor allem aber wurde die dringliche Warnung erhoben, mit der Bestrafung der versuchten Sachbeschädigung "einen eigentümlichen Eindruck" von der Werteordnung im StGB zu statuieren, denn mangels eines gleichgerichteten Antrags bei der bereits verabschiedeten Körperverletzung war diese nicht mit einer Versuchsstrafbarkeit versehen worden. Dennoch wurde der Antrag auf Aufnahme der Versuchsstrafbarkeit im Tatbestand der Sachbeschädigung mit knapper Mehrheit (83 zu 79 Stimmen) angenommen. Im Anschluß daran wurde in Angleichung an den Grundtatbestand sogleich auch die Erweiterung der §§ 304, 305 StGB (nach dem Entwurf noch §§ 301, 302 E) durch Aufnahme der Versuchsstrafbarkeit beschlossen.

Eine Angleichung der Versuchsstrafbarkeit unterblieb dagegen bis heute in den §§ 134, 136 StGB (Verwahrungs- und Verstrickungsbruch), obwohl diese Vorschriften in ihrer Tatbestandshandlung mit der des § 303 StGB übereinstimmen. Auch lag das Strafmaß des Verwahrungsbruchs bis zu seiner Herabsetzung durch das EGStGB - bis dahin Freiheitsstrafe bis zu fünf Jahren - noch über dem der Sachbeschädigung. Dieses Beispiel verdeutlicht zunächst das Problem festzustellen, zwischen welchen Normen des StGB eine so weitgehende Überein-

379 Antrag des Abgeordneten Bähr sowie die nachfolgende Debatte und Abstimmung in: Verhandlungen des Reichstags, StenoBer., 1.LP, Sess. 70, 2. Bd, 37. Sitzung, S. 738 f.

380 Abgeordneter Bähr, a.a.O. als Begründung zu seinem Antrag.

stimmung der beschriebenen Rechtsgutsangriffe besteht, daß sie im Hinblick auf die Versuchsstrafbarkeit gleich auszugestalten sind. Am Beispiel der Sachbeschädigung hat sich zudem gezeigt, daß der Vergleich mit anderen Eigentumsdelikten (hier dem Diebstahl) zu kurz griff; auch gegen andere Rechtsgüter gerichtete, aber in ähnlicher Weise ausgeführte Angriffe (insbesondere Körperverletzung) hätten berücksichtigt werden müssen.

Ist aber schließlich die Entscheidung zugunsten der Angleichung eines Tatbestands an einen anderen gefallen, so wären bei konsequenter Durchführung der Harmonisierung sämtliche mit dem Ursprungsdelikt als selbständige oder unselbständige Abwandlungen verwandten Delikte sowie solche Tatbestände, die in früheren Reformen bereits am Ursprungsdelikt ausgerichtet wurden, daraufhin zu untersuchen, ob die Änderung des Ursprungsdelikts zur Wahrung der Einheitlichkeit der Strafordnung bei ihnen ebenfalls aufzunehmen ist. Alle dann neu gefaßten Vorschriften werden künftig ihrerseits wieder als potentieller Vergleichsmaßstab für weitere Normierungsvorhaben herangezogen werden, so daß sich die Entscheidungen über die Fassung des Ursprungsdelikts indirekt sogar noch weiter auswirken.
Hieraus wird ersichtlich, daß die Anlehnung von Tatbeständen an bereits bestehende andere Vorschriften die Gefahr in sich trägt, sich durch Folgeanlehnungen zu verselbständigen. Weder ihr Anfang läßt sich mit den beim Vergleich zu berücksichtigenden Normen eindeutig bestimmen, noch ihr Ende auch nur im entferntesten abschätzen. Zudem besteht stets die Gefahr, daß ein Vergleich vorschnell nur auf offensichtliche Parallelität abstellt und gravierende Unterschiede, z.B. im Rang des geschützten Rechtsguts oder in dem tatbestandlichen Vollendungszeitpunkt, außer Betracht bleiben.
Hierfür gibt der Regierungsentwurf zum 6. StrRG ein plastisches Beispiel. Hier wurde die Aufnahme der Versuchsstrafbarkeit in § 266 StGB vorgeschlagen, weil die Untreue unter den Vorschriften des neunzehnten und zwanzigsten Abschnitts die einzige ist, die keine Versuchsstrafbarkeit enthält. Erst in den weiteren Beratungen wurde dann herausgearbeitet, daß eine Versuchsstrafbarkeit in § 266 StGB ganz eigene Probleme mit sich bringen würde, so daß der Gesetzgeber letztlich an der für Eigentums- und Vermögensdelikte ungewöhnlichen Straflosigkeit des Versuchs festhielt [381].

Der hilfreiche und zur Schaffung eines harmonischen Gesamtsystems sogar erforderliche Vergleich von Vorschriften muß daher mit großer Sorgfalt betrieben

---

[381] Hierzu sogleich bei den Einzelentscheidungen unter B 1 a.

werden, um insbesondere die Unterschiede ähnlicher Delikte gebührend zu berücksichtigen [382].

Schließlich ist mit der Aufdeckung eines im StGB bestehenden Wertungswiderspruchs nur das Bedürfnis nach einem Ausgleich aufgedeckt. Es ist aber noch nicht die Frage beantwortet, welches der im Widerspruch stehenden Delikte dem anderen anzugleichen ist. So hätte der Gesetzgeber die zwischen Sachbeschädigung und Körperverletzung bestehende Diskrepanz hinsichtlich der Weite der strafrechtlichen Vorfeldsanktionierung nicht nur - wie mit dem 6. StrRG geschehen - durch Hinzufügen der Versuchsstrafbarkeit in § 223 StGB beseitigen können. Auch die Streichung der Versuchsstrafbarkeit aus dem Tatbestand der Sachbeschädigung wäre überlegenswert gewesen [383]. Hinweise, daß der Gesetzgeber diese Lösung überhaupt in Erwägung gezogen hat, sind jedoch nicht zu finden. Ein Grund hierfür könnte die erhebliche Anzahl von Delikten sein, die ihrerseits an § 303 StGB angelehnt und ihm folgend mit einer Versuchsstrafbarkeit versehen sind. Denn bei Streichung der Versuchsstraf-barkeit aus dem Tatbestand der Sachbeschädigung hätten auch sie einer entsprechenden Überprüfung unterzogen werden müssen. Das würde allerdings bedeuten, daß das Prinzip, Straftatbestände sofern es geboten ist, inhaltlich und formal einander anzugleichen, unvoreingenommene Reformarbeit sogar hindern kann, wenn sich der Gesetzgeber bei der Entscheidung über die Tatbestands-fassung zweier Delikte von den drohenden Folgeangleichungen leiten läßt.

B. Überprüfung von Einzelentscheidungen

1. Bewußte Ausnahmen von den grundsätzlichen Erwägungen

Der Gesetzgeber ist in manchen Vorschriften grundsätzlich einschlägigen Gründen, die für oder gegen die Normierung einer Versuchsstrafbarkeit in dem jeweiligen Delikt sprachen, bewußt nicht gefolgt. Diese Vorschriften mögen auf den ersten Blick erstaunen. So hatte der Gesetzgeber im 6. StrRG im Hinblick auf die fehlende Versuchsstrafbarkeit in § 266 StGB zunächst selbst vorgeschlagen "die Vorschrift insoweit dem Betrug gleichzustellen." [384]

---

382 Zu einzelnen Fehlentscheidungen, die auf nur unzureichend durchgeführten Vergleich der Ursprungsnorm mit der neuen Vorschrift zurückzuführen ist, sogleich unter B 2.

383 Für diese Variante: Disse, Die Privilegierung der Sachbeschädigung, S. 372; Säftel, Die einfache Sachbeschädigung und die Sachentziehung, S. 123 f.

384 RegE zum 6. StrRG, BT-Drs. 13/8587, S. 43.

Da der Gesetzgeber aber bei der Normierung stets alle für und gegen die Versuchsstrafbarkeit sprechenden Erwägungen einzubeziehen hat, muß er zwischen ihnen auch eine sinnvolle Abwägung treffen. Auf diese Weise kann es erforderlich sein, von einem einschlägigen Grundsatz abzuweichen und einer anderen Erwägung den Vorrang einzuräumen, die sodann allein über die Frage der Versuchsstrafbarkeit des Delikts entscheidet.

a) Der Tatbestand der Untreue, § 266 StGB

Ein Beispiel hierfür gibt der Tatbestand der Untreue: Im Entwurf zum 6. StrRG schlug der Gesetzgeber die Aufnahme der Versuchsstrafbarkeit in § 266 StGB vor, um den Tatbestand an die übrigen Vermögens- und die Eigentumsdelikte des neunzehnten und zwanzigsten Abschnitts sowie an den Betrug anzugleichen[385]. Denn in diesen Tatbeständen ist ausnahmslos bereits der Versuch unter Strafe gestellt. Zudem schien die "Vorverlagerung des Strafschutzes vor allem im Hinblick auf Fälle geboten, in denen hohe (Vermögens-) Schäden - unter Umständen in Millionenhöhe - drohen"[386]. Hier führt der Gesetzgeber den im ersten Teil in der Gruppe der Schwere der Tat dargestellten Gedanken der Gefahr eines großen Schadens im Falle der Vollendung (Teil 1 A 3a) als Begründung für die geplante Aufnahme der Versuchsstrafbarkeit an.

In den weiteren Beratungen zur Reform des § 266 StGB gewann dann aber die Einsicht Oberhand, daß Erwägungen des Schadensausmaßes und der Einheitlichkeit der strafrechtlichen Vorschriften zurückzutreten haben, denn das Versuchsstadium ist bei der Untreue selten äußerlich erkennbar und deshalb nur schwer nachweisbar.
Auf diese Problematik wies der Gesetzgeber schon im Vorentwurf hin: "In Übereinstimmung mit dem geltenden Recht und in Abweichung vom Betrug ist hier davon abgesehen, auch den Versuch strafbar zu machen. Die Versuchshandlungen sind bei der Untreue schwer als solche erkennbar, vielmehr liegt es in der Natur der Sache, daß die Untreue erst greifbar hervortreten wird, wenn sie vollendet ist. Die Einbeziehung des Versuchs würde also einerseits oft nichts nützen, andererseits die Möglichkeit allzu weiter Ausdehnung der Strafbarkeit eröffnen. Es ist mit dem bisherigen Recht davon auszugehen, daß ein Bedürfnis

385 Zur Anlehnung an bereits bestehende Tatbestände bei der Entscheidung über die Versuchsstrafbarkeit eines Delikts in Teil 1 unter A 12 und unter B 11.

386 RegE zum 6. StrRG, BT-Drs. 13/8587, S. 43.

für die strafrechtliche Repression hier erst mit der vollendeten Vermögensbeschädigung eintritt." [387]
Um der befürchteten Flut falscher Denunziationen sowie mühsamen Beweisermittlungen und der aus allem resultierenden Überlastung der Gerichte auszuweichen, wurde schließlich auch im 6. StrRG auf eine Versuchsstrafbarkeit in § 266 StGB verzichtet und statt dessen am bestehenden Rechtszustand festgehalten[388].

b) Der Tatbestand der Entführung gegen den Willen der Entführten, § 237 StGB a.F.

In diesem Zusammenhang ist auch auf die Entscheidung des Gesetzgebers bei der tatbestandlichen Neufassung des inzwischen nicht mehr geltenden § 237 StGB einzugehen[389]. Der zuvor als Absichtsdelikt gefaßte Tatbestand wurde nämlich durch 1. StrRG in ein Erfolgsdelikt umgewandelt. Dabei verzichtete der Gesetzgeber (entgegen dem oben in Teil 1 A 7 referierten Grundsatz) auf die gleichzeitige Einfügung einer Versuchsstrafbarkeit. Damit wich er von dem üblicherweise verfolgten Ziel ab, die tatbestandliche Verkürzung des Strafschutzes, die aus der Umwandlung eines Absichts- in ein Erfolgsdelikt resultiert, durch gleichzeitige Anordnung der Versuchsstrafbarkeit im neuen Erfolgsdelikt wieder auszugleichen. Statt dessen bewirkte er mit der Neufassung des § 237 StGB im Rahmen des 1.StrRG eine Verkürzung des Strafrechtsschutzes auf Fälle, in denen es neben der Entführung auch tatsächlich zur Vornahme sexueller Handlungen kommt. Zur Begründung führt er aus, künftig "einer unerwünschten Ausweitung des Tatbestandes auf nicht strafwürdige Fälle entgegenwirken" zu wollen[390]. Der Gesetzgeber sah demnach das Argument mangelnder Strafwürdigkeit im Versuchsbereich[391] des § 237 StGB gegenüber der Aufrechterhaltung des bis zum 1.StrRG bestehenden Rechtszustandes als vorrangige Erwägung an.

---

387 Vorentwurf, Begrü. S. 768 zu § 277 VE.

388 Auskunft von MR Schulte, BMJ; Ber zum RegE eines 6. StrRG, BT-Drs. 13/9064, S. 20.

389 § 237 StGB ist durch Art. 1 Nr.5 des 33 .StÄG v.1.7.1997 (BGBl I, S. 1607) aus dem StGB gestrichen worden. Er lautete: "Wer eine Frau wider ihren Willen durch List, Drohung oder Gewalt entführt, namentlich mit einem Fahrzeug an einen anderen Ort bringt, und eine dadurch für sie entstandene hilflose Lage zu außerehelichen sexuellen Handlungen (§ 184c) mit ihr ausnutzt, wird mit Freiheitsstrafe bis zu fünf Jahren oder mit Geldstrafe bestraft."

390 Ber zum Entwurf des 1. StrRG, BT-Drs. V/4094, S. 35 f.

391 Hierzu in Teil1 unter B 8.

2. *Einzelne Fehlentscheidungen*

Als Fehlentscheidungen müssen dagegen solche Vorschriften klassifiziert werden, in denen der Gesetzgeber von üblicherweise verfolgten Grundsätzen zur Normierung von Versuchsstrafbarkeit abweicht, ohne daß ein überzeugender Grund dafür angeführt wird oder ersichtlich ist. Ebensowenig können Entscheidungen überzeugen, aus deren Begründung hervorgeht, daß der Gesetzgeber maßgebliche Gesichtspunkte der Vorfeldstrafbarkeit bei diesen Delikten übersehen hat. Von ihnen sollen einige dargestellt werden.

a) Anlehnung des § 261 StGB an die §§ 258 f. StGB

Als Legitimation für die Versuchsstrafbarkeit der Geldwäsche (§ 261 StGB) führt der Gesetzgeber zwei Gründe an: "Zur wirksamen Bekämpfung der Geldwäsche erscheint es erforderlich, auch den Versuch unter Strafe zu stellen. Dies entspricht § 258 Abs. 4 und 259 Abs. 3."[392] Die Anlehnung der Regelung an die §§ 258 und 259 StGB desselben Abschnitts geht jedoch fehl. Denn der Gesetzgeber übersieht, daß sich die Vergleichbarkeit der Normen auf den Rechtsgutsangriff beschränkt, nämlich die Aufrechterhaltung einer rechtswidrigen Vermögens- oder Eigentumsverschiebung. In der tatbestandlichen Fassung weicht § 261 StGB dagegen von den §§ 258, 259 StGB hinsichtlich des Vollendungszeitpunkts entscheidend ab.
Denn während die §§ 258, 259 StGB Erfolgsdelikte sind und § 258 StGB darüber hinaus durch das Erfordernis der Absicht oder Wissentlichkeit tatbestandlich eng gefaßt ist, verlagert der als abstraktes Gefährdungsdelikt ausgestaltete § 261 StGB die Strafbarkeitsgrenze bereits tatbestandlich vor. Hier fehlt es daher trotz des ähnlichen Rechtsgutsangriffs an der Vergleichbarkeit der Tatbestände als Grundlage einer einheitlichen Versuchsstrafbarkeitslösung [393].

b) Fehlende Einheitlichkeit unter den Umweltdelikten, § 325 II StGB

---

[392] RegE zum Ausführungsgesetz Suchtstoffübereinkommen 1988, BT-Drs. 12/3533, S. 14.

[393] Auch Tröndle/Fischer § 261, 18.

Dagegen hat der Gesetzgeber das Ziel einheitlicher Normierung in den Umweltdelikten nicht konsequent verfolgt. Zwar betont er in seiner Begründung zur Androhung der Versuchsstrafbarkeiten in den §§ 324, 324a, 325 I StGB die gewünschte Gleichförmigkeit des Strafrechtsschutzes unter den Umweltstraftaten [394]. Gleichwohl wird diese Gleichförmigkeit aber in den §§ 325 II und 325a StGB durch die Straflosigkeit des Versuchs durchbrochen.

In § 325 II StGB ist die abweichende Versuchsstrafbarkeitsregelung allerdings schon auf die uneinheitliche tatbestandliche Weite der im 29. Abschnitt enthaltenen Strafnormen zurückzuführen. § 325 II StGB ist nämlich ein abstraktes Gefährdungsdelikt. Damit ist der Vollendungszeitpunkt bereits tatbestandlich weiter in den Versuchsbereich hineinverlagert als bei dem Erfolgsdelikt des § 324 StGB und den abstrakt-konkreten Gefährdungsdelikten der §§ 324a, 325 I StGB. Die Anordnung einer Versuchsstrafbarkeit wurde daher in § 325 II StGB, der erst durch das 2. UKG an den damals schon bestehenden § 325 I StGB angefügt worden war, für verzichtbar gehalten [395].

Der Verzicht auf eine Versuchsstrafbarkeit in § 325a StGB kann hingegen nicht erklärt werden, zumal der Tatbestand des Abs. 1 nur aus formellen Gründen durch das 2. UKG aus dem im Versuch strafbaren § 325 StGB a.F. herausgelöst worden war [396]. Die gleichzeitige Strafherabsetzung in Abs. 1 des § 325a StGB, die auf den vergleichsweise geringen Unrechtsgehalt der Lärmverursachung zurückzuführen ist [397], legt zwar zunächst die Annahme einer umfassend angestrebten Privilegierung des Täters nach diesem Delikt nahe [398]. Dem steht letztlich aber entgegen, daß die Versuchsstrafbarkeit ohne weitere Begründung schon im Regierungsentwurf zum 2. UKG entfallen war, während die Strafrahmenherabsetzung erst auf die Stellungnahme des Bundesrates zum Regierungsentwurf zurückgeht [399].

---

394 RegE zum 18. StÄG, BT-Drs. 8/2382, S. 16; zu § 324a StGB: RegE eines 2. UKG, BT-Drs. 12/192, S. 17.

395 RegE zum 2. UKG, BT-Drs. 12/192, S. 19.

396 RegE zum 2. UKG, BT-Drs. 12/192, S. 17.

397 Ber zum 2.UKG, BT-Drs. 12/7300, S. 23.

398 So LK[11]-Steindorf § 325a, Rn. 34

399 Stellungnahme des Bundesrates zum RegE, BT-Drs. 12/192, S. 40, von Bundesregierung befürwortet in der Gegenäußerung zur Stellungnahme, BT-Drs. 12/192, S. 44.

c) Der Tatbestand des Unerlaubten Umgangs mit gefährlichen Abfällen, § 326 StGB

Der Gesetzgeber droht in abstrakten Gefährdungsdelikten grundsätzlich keine Versuchsstrafbarkeit an, weil er das Versuchsstadium als tatbestandlich bereits erfaßt ansieht. Daher hielt die Minderheit im Rechtsausschusses bei den Beratungen zum 1. UKG "die Versuchsstrafbarkeit bei dem abstrakten Gefährdungstatbestand des § 326 des Entwurfs nicht für hinnehmbar."[400] Dennoch mußte diese Erwägung im Ergebnis zurückstehen, weil die Mehrheit es als vordringlich erachtete, mit der Versuchsstrafbarkeit (heute hinsichtlich Abs. 1 und 2 in § 326 III StGB normiert) auch den Täter strafrechtlich zu erfassen, "der von der Behörde noch rechtzeitig habe gehindert werden können, sich der gefährlichen Abfälle zu entledigen" [401]. Damit entschied sich der Gesetzgeber, dem Gesichtspunkt der Prävention den Vorrang einzuräumen und die Strafbarkeitsgrenze so weit nach vorne zu legen, daß bereits der Gefahr des unerlaubten Müllabladen selbst vorgebeugt wird. Damit wirkt bereits in diesem frühen Stadium, in dem noch nicht einmal Müll abgeladen wurde, der Strafrechtsschutz, der der Beeinträchtigung der Natur, insbesondere aber den Menschen und Tieren gilt.
Diese Regelung geht zu weit und ist auch systemfremd. Denn § 326 StGB sanktioniert tatbestandlich nur eine Vorbereitungshandlung zu den §§ 324 ff. StGB. Für das Bedürfnis einer nochmalige Vorverlagerung der Strafbarkeitsgrenze durch Aufnahme einer Versuchsstrafbarkeit in § 326 III StGB hätte der Gesetzgeber daher besondere Gründe anführen müssen, um diese besonders weit vor den Schadenseintritt gezogene Strafbarkeit zu legitimieren. Derartige Gründe sind jedoch nicht ersichtlich.

d) Verschiedene Vollendungszeitpunkte beim Menschenhandel, § 180b II StGB

Bei Normierung der Versuchsstrafbarkeit in § 180b III StGB scheint der Gesetzgeber die unterschiedlichen Vollendungszeitpunkte des Abs. 2 dieser Vorschrift übersehen zu haben. Denn in Abs. 1 des § 180b StGB wird bereits das bloße Einwirken auf eine Person, um sie zur Aufnahme oder Fortsetzung der Prostitution zu bestimmen, als Vollendung sanktioniert. Das mit dem Einwirken verfolgte Ziel braucht für die Vollendung dieses Tatbestands also nicht erreicht zu werden. Anders liegt es in Abs. 2 desselben Paragraphen. Dieser enthält einerseits wie in Abs. 1 die Tatbestandsalternative des Einwirkens auf eine andere

---

400 Ber. zum 1.UKG (18 StÄG), BT-Drs. 12/3633, S. 29.

401 Ber zum 1.UKG (18 StÄG), BT-Drs. 12/3633, S. 29.

Person, daneben aber auch die der erfolgreichen Veranlassung der Aufnahme oder Fortführung der Prostitution ("eine Person dazu bringen"). In dieser zweiten Tatvariante ist der Vollendungszeitpunkt auf den Moment hinausgeschoben, in dem die Person, auf die zuvor eingewirkt worden ist, beginnt, die Prostitution auszuüben. In seiner zweiten Begehungsform ist Abs. 2 des § 180b StGB daher ein Erfolgsdelikt. Im Hinblick auf allein diese Tatvariante hat der Gesetzgeber deshalb das Bedürfnis nach der in Abs. 3 für den gesamten Abs. 2 angeordneten Versuchsstrafbarkeit gesehen [402]. Mit der gewählten Regelung wurde diese Intention einer auf § 180b II 2. Alt. StGB beschränkten Versuchsstrafbarkeit jedoch verfehlt, denn die angedrohte Versuchsstrafbarkeit erstreckt sich auch auf die schon tatbestandlich vorverlagerte Begehungsvariante des Einwirkens, § 180b II 1. Alt. StGB. Dadurch ist nun schon der Versuch des Einwirkens unter Strafdrohung gestellt.

e) Strafbarkeit einer Vorsatz-Fahrlässigkeits-Kombination, § 353b StGB

Oben wurde die grundsätzliche Straflosigkeit der eigentlichen Vorsatz-Fahrlässigkeits-Kombination mit verschiedenen Erwägungen erklärt (siehe Teil 1 B 8 b). Der Gesetzgeber ist vor allem der Einsicht gefolgt, daß diese Deliktsgruppe eine zu geringe Strafwürdigkeit aufweise, als daß man sie mit einer Versuchsstrafbarkeit belegen könnte[403]. Von diesem Grundsatz ist er jedoch im Tatbestand der Verletzung des Dienstgeheimnisses (§ 353b StGB) abgewichen. Nach dieser Vorschrift sind Amtsträger strafbar, die vorsätzlich ein ihnen anvertrautes Geheimnis unbefugt offenbaren und dadurch vorsätzlich oder fahrlässig wichtige öffentliche Interessen gefährden. Die zweite Variante der fahrlässigen Gefahrverursachung (§ 353b I S.2 StGB) ist eine Vorsatz-Fahrlässigkeits-Kombination und wird von der in Abs. 3 angeordneten Versuchsstrafbarkeit mit erfaßt[404]. Eine Begründung für diese im StGB einmalige Abweichung vom Grundsatz der Straflosigkeit eigentlicher Vorsatz-Fahrlässigkeits-Kombinationen konnte in den Materialien nicht gefunden werden.

Die Anordnung einer Versuchsstrafe in § 353b StGB fällt aber noch aus anderem Grund aus dem Rahmen. Denn bei vergleichender Betrachtung der §§ 97 und 353b StGB stellt die Versuchsstrafbarkeit in § 353b StGB ein deutliches Miß-

---

402 RegE zum 26.StÄG, BT- Drs. 12/2589, S. 9.

403 Beratungen im Sonderausschuß für die Strafrechtsreform, Prot. V/1464 f.

404 Wie hier: LK[10]-Träger § 353b, Rn. 38; Sch-Sch-Lenkner § 353b, Rn. 22; Tröndle/Fischer § 353b, Rn. 14; Maiwald, JuS 77, S. 353 (360), aA jedoch: SK-Rudolphi § 11, Rn. 36.

verhältnis zu der im Versuch straflosen Preisgabe von Staatsgeheimnissen dar. Während in § 97 StGB nämlich die durch bewußte Preisgabe eines Staatsgeheimnisses verursachte Gefahr eines schweren *Nachteils für die äußere Sicherheit der Bundesrepublik* erfaßt wird, pönalisiert § 353b StGB lediglich die *Gefährdung öffentlicher Interessen* durch Offenbarung eines Dienstgeheimnisses.

Die Aufnahme der Versuchsstrafbarkeit in § 353b StGB könnte zwar auf die bei Entstehung der Vorschrift 1936 bevorzugten subjektiven Strafgrundtheorien zurückzuführen sein, nach denen der Versuch jedes Vergehens grundsätzlich strafwürdig ist, weil Anknüpfungspunkt der Strafe der betätigte verbrecherische Wille ist [405] (vgl. hierzu oben Teil 1 A 1 c). Der Fortbestand dieser nach dem Gesamtkonzept des StGB systemwidrigen Versuchsstrafbarkeit läßt sich damit jedoch nicht erklären.

f) Versuchsstrafbarkeit trotz tatbestandlicher Vorverlagerung in § 265 StGB

Trotz der Alternativität von frühem Vollendungszeitpunkt und Versuchsstrafbarkeit hat der Gesetzgeber im ehemaligen Verbrechen des Versicherungsbetrugs (§ 265 II StGB n.F.) die Versuchsstrafbarkeit angeordnet. Die Angabe überzeugender Gründe, die die zusätzliche Vorverlagerung der Strafbarkeitsgrenze rechtfertigen könnten, fehlt jedoch. Nach der ursprünglichen, bis zum 6. StrRG[406] geltenden Fassung des § 265 StGB a.F. ergab sich die Versuchsstrafbarkeit des Verbrechenstatbestands zwangsläufig aus § 23 I StGB. Mit Ausdehnung des Tatbestandes auf weitere Versicherungssparten und der Streichung der verbrecherischen Absicht im 6. StrRG wurde der Versicherungsmißbrauch in ein Vergehen herabgestuft. Die Versuchsstrafbarkeit hielt der Gesetzgeber - dem Vorbild früherer Entwürfe folgend - durch Einzelandrohung in Abs. 2 des § 265 StGB n.F. bei [407].

Im Ergebnis ist damit die versuchte Sachbeschädigung an tätereigenen Sachen mit Kriminalstrafe belegt, wenn dies in der Absicht geschieht, für den Schaden später eine Versicherung in Anspruch zu nehmen. Die zum 6. StrRG angegebene Begründung, eine Versuchsstrafbarkeit sei in § 265 StGB unentbehrlich, leuchtet aber in Anbetracht der ohnehin schon beachtlich weit ins Vorfeld gerückten

---

405 So Probst im Hinblick auf die Versuchsstrafbarkeit in § 353b StGB, Der strafrechtliche Schutz des Amtsgeheimnisses, S. 67.

406 Gesetz vom 1.4.1998, BGBl I, S. 164.

407 Entsprechende Regelungen in früheren Entwürfen waren § 311 E 25, § 256 E 62.

Strafbarkeitsgrenze des vollendeten Delikts nicht ein und wird auch nicht weiter ausgeführt. Auch die mit dem Hinweis auf frühere Entwürfe aufgenommenen Begründungen vermögen nicht zu überzeugen. So ist die im E 25 zum Ausdruck gebrachte Notwendigkeit einer Versuchsstrafbarkeit, um so an der alten Rechtslage festzuhalten, wegen der gleichzeitig vorgenommenen Tatbestandsausweitung nicht haltbar. Ebensowenig kann die in E 62 angeführte Gefährlichkeit der Versuchstat herangezogen werden, denn sofern hiermit die Gefährdung des eigentlichen Schutzguts des § 265 StGB- die gesunde Entwicklung der Versicherungen [408] - gemeint ist, leuchtet nicht ein, inwiefern die mißlungene Beschädigung einer Sache bereits eine Gefahr darstellen kann. Soweit dagegen die mit der Tathandlung verursachte Gefährdung der versicherten Sache sowie anderer Sachen und Menschen gemeint ist, so ist dieser Gefährdung in den Paragraphen durch umfassenden Strafrechtsschutz Rechnung zu tragen, in denen die betreffenden Rechtsgüter geschützt werden (also z.B. in den §§ 211 f.; 303, 306 ff. StGB). Die Versuchsstrafbarkeit der Vorbereitungshandlung des § 265 StGB geht daher fehl.

Richtig erscheint dagegen die tatbestandlich engere Ausgestaltung des Versicherungsbetrugs als Regelbeispiel des Betrugs (§ 263 III Nr.5 StGB). Die alte, auf Brand- und Seeversicherungsbetrug beschränkte Fassung des § 265 StGB besteht seit dem 6. StrRG nämlich in veränderter Form als Regelbeispiel für besonders schwere Fälle des Betrugs in § 263 III Nr. 5 StGB fort[409]. Für das Regelbeispiel wurde die Strafbarkeitsgrenze gegenüber § 265 StGB allerdings in Angleichung an den allgemeinen Betrugstatbestand des § 263 I StGB nach hinten verlagert. Zur Erfüllung des Regelbeispiels genügt es nun nicht mehr, eine Sache mit betrügerischer Absicht in Brand zu stecken (so aber § 265 a.F. und n.F. StGB), sondern der angebliche Versicherungsfall muß darüber hinaus der Versicherung auch angezeigt werden. Diese Lösung ist deshalb überzeugend, weil die Gefahr einer vermögensmindernden Leistung der Versicherung überhaupt erst mit Anzeige des mutmaßlichen Versicherungsfalls bei der Gesellschaft entsteht.

Für § 263 III Nr. 5 StGB schließt sich allerdings die Frage an, ob im Versuchsfall nicht auch hier die Strafbarkeitsgrenze auf die zerstörerische Handlung vorverlagert wird.
Damit ist die Problematik des Versuchs eines Regelbeispiels angesprochen. Die Auffassungen, ob ein Versuch von Regelbeispielen überhaupt möglich ist und wann gegebenenfalls die Strafbarkeitsgrenze überschritten würde, gehen ausein-

---

408 Tröndle/Fischer, § 265, Rn. 2.

409 Zu den tatbestandlichen Änderungen gegenüber § 265 a.F. StGB siehe Wessels/Hillenkamp § 15 II, Rn. 659.

ander [410]. Ganz überwiegend wird jedoch die Ansicht vertreten, daß die Bestrafung aus einem Regelbeispiel das Ansetzen des Täters zur Verwirklichung des Grunddelikts (hier also § 263 I StGB) voraussetzt. Das Ansetzen oder Verwirklichen des Regelbeispiels allein soll dagegen jedenfalls dann nicht genügen, wenn der Täter damit nicht zugleich auch zur Verwirklichung des Tatbestands selbst ansetzt [411]. Daher genügt es für den Betrugsversuch in der Ausprägung eines besonders schweren Falles gem. § 263 III Nr. 5 StGB anders als nach § 265 a.F. und n.F. StGB noch nicht, das versicherte Objekt zu zerstören oder zur Zerstörung desselben anzusetzen. Die Strafbarkeitsgrenze bleibt vielmehr auch im Versuch schadensnah, nämlich beim Ansetzen zur Täuschungshandlung nach § 263 I StGB n.F.[412]

---

410 Ausführliche Gesamtdarstellung zur Problematik des Versuchs von Regelbeispielen bei Fabry, NJW 86, S. 15 ff.

411 Hillenkamp, MDR 77, S. 243 (244), Fabry, NJW 86, S. 15 (18); LK[10]-Vogler § 22, Rn. 77 ff., insb. Rn. 85 mwNw.

412 Wessels/Hillenkamp § 15 II, Rn. 662.

3. Teil: Systematisierung der gesetzgeberischen Erwägungen zur Normierung von Versuchsstrafbarkeit

Nach der im ersten Teil vorgenommenen Darstellung der einzelnen, vom Gesetzgeber angeführten Gründe, die für oder gegen die Normierung einer Versuchsstrafbarkeit sprechen, sollen diese nun unter Einbeziehung der soeben angeführten kritischen Bewertung systematisiert und zueinander in Bezug gesetzt werden. Hieraus wird sich eine Systematik erkennen lassen, in die sich die einzelnen Gesichtspunkte der Normierung von Versuchsstrafbarkeit einfügen.

Die im ersten Teil der Arbeit dargestellten Erwägungen, nach denen sich die Normierung der Versuchsstrafbarkeit von Vergehen richtet, lassen sich in vier Gruppen zusammenfassen. Deren erste enthält zwingende dogmatische Vorgaben zur Normierung einer Versuchsstrafbarkeit (unten A.). Die zweite und umfangreichste Gruppe versammelt Kriterien zur Bewertung der Schwere einer Tat. Sie werden unter der Überschrift der Strafwürdigkeit der Tat dargestellt (unten B.). In der dritten Gruppe können unter dem Stichwort der Strafbedürftigkeit der Versuchstat solche Gesichtspunkte zusammengefaßt werden, die der Bewertung der kriminalpolitischen Opportunität einer Versuchsstrafbarkeit dienen (unten C.). Die vierte Gruppe schließlich vereinigt unterschiedliche Regelungsinstrumente zur strafrechtlichen Erfassung des Versuchsstadiums (unten E.). Bereits an dieser Stelle wird deutlich, daß die ersten drei Gruppen die Frage des "Ob" einer Versuchsstrafbarkeit beantworten, während in der vierten Gruppe das "Wie" der strafrechtlichen Vorfelderfassung behandelt wird.

A. Dogmatische Vorgaben

Es gibt dogmatische Vorgaben, aus denen sich die Entscheidung über die Normierung einer Versuchsstrafbarkeit bereits zwingend ergibt. Tatbestände, die derartigen dogmatischen Vorgaben unterfallen, braucht der Gesetzgeber keiner weiteren Überprüfung auf Zulässigkeit und Zweckmäßigkeit einer Versuchsstrafbarkeit zu unterziehen. Da für sie die Regelung der Versuchsstrafbarkeit zwingend vorgegeben ist, können sie bei der systematischen Abwägung der für und gegen die Anordnung einer Versuchsstrafbarkeit sprechenden Gründe außer Betracht bleiben.

1. Unmöglichkeit einer Versuchsstrafbarkeit

a) Das Fahrlässigkeitsdelikt

Überlegungen zur Normierung einer Versuchsstrafbarkeit erübrigen sich zunächst bei Fahrlässigkeitsdelikten. Denn sie können - jedenfalls de lege lata - mangels Deliktsverwirklichungsvorsatzes nicht versucht werden[413]. Fahrlässigkeitsdelikte können demnach schon ihrer Rechtsnatur nach nicht mit einer Versuchsstrafbarkeit versehen werden. Sofern der Gesetzgeber sich für die Pönalisierung einer fahrlässigen Rechtsgutsbeeinträchtigung oder -gefährdung entschließt, bleibt ihm zwar die Möglichkeit, die Strafbarkeitsgrenze über die tatbestandliche Handlung zu definieren, eine weitere Vorverlagerung im Wege der Anordnung einer Versuchsstrafbarkeit ist dagegen ausgeschlossen.

b) Das Unternehmens- und das Vorbereitungsdelikt

Auch echte Unternehmensdelikte und Vorbereitungsdelikte (solche, deren Tatbestandshandlung jedes Vorbereiten erfaßt) können ihrer Rechtsnatur nach nicht mit einer Versuchsstrafbarkeit versehen werden[414]. Eine zwingende dogmatische Vorgabe besteht daher insofern, als bereits existierende Unternehmens- oder Vorbereitungsdelikte auch im Rahmen von Reformvorhaben niemals durch Anfügung einer Versuchsstrafbarkeit erweitert werden können.
Sofern jedoch die Genese von Strafnormen betrachtet wird, gehören die Unternehmens- und Vorbereitungsdelikte nicht in die Gruppe der zwingenden dogmatischen Vorgaben. Denn bei ihrer Normierung steht die legislatorische Entscheidung am Anfang, eine vorsätzliche Rechtsgüterbeeinträchtigung unter Strafe zu stellen. In einem weiteren Schritt kann der Gesetzgeber sodann über die Zulässigkeit einer Ausdehnung der Strafbarkeitsgrenze in das Vorfeld der Rechtsgutsbeeinträchtigung entscheiden (das "Ob" einer Vorfeldsanktionierung). Falls die Strafbarkeitsgrenze vorverlegt werden darf und soll, muß der Gesetzgeber ab-

---

413 LK[10]-Vogler § 22, Rn. 17; Tröndle/Fischer § 22, Rn. 2; Sch-Sch-Eser § 22, Rn. 22. Vgl. hierzu Teil 1 B 1.

414 Zum Unternehmensdelikt: LK[10]-Tröndle § 11, Rn. 74; Tröndle/Fischer § 11, Rn. 34; Sowada GA 1988, S. 195 (195 f); RGSt 58, 238 (239 f.); RGSt 42, 266 (267 ff.); Günther, JZ 87, S.16 (17); SK-Rudolphi § 11, Rn. 24; Burkhardt JZ 71, S.352 (357); Jakobs AT 25/6, S. 707; Sauermann, Der Versuch als "delictum sui generis", S. 53 ff. Vgl. hierzu oben Teil 1 B 2.
Zum Vorbereitungsdelikt: RGSt 58, 392 (394); Arndt, ZStW 66 (1954) S. 41 (72 f.); Maurach/Gössel/Zipf § 40, Rn. 7 f.; Jescheck AT § 49 VI, S. 472; Tröndle/Fischer § 22, Rn. 3. Vgl. hierzu oben Teil 1 B 5b.

schließend die Art und Weise und die Weite (das "Wie?" bzw. "Wie weit?") der Vorfeldsanktionierung festlegen. Neben der Anfügung einer Versuchsstrafbarkeit an einen als Erfolgs- oder schlichtes Tätigkeitsdelikt ausgestalteten Tatbestand kann er sich bei Vorliegen der entsprechenden Voraussetzungen beispielsweise für die Tatbestandsfassung als Unternehmens- oder Vorbereitungsdelikt entscheiden. In diesem Fall hat der Gesetzgeber sich hinsichtlich des "Wie" der Vorfeldsanktionierung dahingehend festgelegt, daß eine noch weitere Vorverlagerung der Strafbarkeitsgrenze durch Anfügung einer Versuchsstrafbarkeit an den Tatbestand nicht möglich ist. Das bedeutet aber dennoch, daß der Gesetzgeber vor der Normierung von Unternehmens- und Vorbereitungsdelikten zunächst die Entscheidung getroffen haben muß, die Strafbarkeitsgrenze noch vor den Eintritt einer Rechtsgüterbeeinträchtigung zu legen. Hierzu war er nicht etwa wegen dogmatischer Vorgaben gezwungen. Vielmehr müßte einer solchen Entscheidung die eingehende Überprüfung der Strafwürdigkeit und Strafbedürftigkeit des jeweiligen Vorstadiums, wie sie im Folgenden dargestellt wird, vorausgegangen sein. Erst nach Feststellung beider Kriterien dürfte der Gesetzgeber sein Ermessen dahingehend gebraucht haben, daß er das Vorstadium der Rechtsgutsbeeinträchtigung anstatt mit einer Versuchsstrafbarkeit durch eine Tatbestandsfassung als Unternehmens- oder Vorbereitungsdelikt pönalisiert. Unternehmens- und Vorbereitungsdelikte werden deshalb hier nicht in die Gruppe der dogmatischen Vorgaben, sondern in die letzte Gruppe der verschiedenen Regelungsinstrumente zur strafrechtlichen Erfassung des Versuchsstadiums eingeordnet (unten E).

2. Versuchsstrafbarkeit ist geboten bei Qualifikationstatbeständen

Umgekehrt ergibt sich das Erfordernis einer Versuchsstrafe zwangsläufig für einen Qualifikationstatbestand, dessen Grunddelikt bereits im Versuch unter Strafe gestellt ist [415]. Sofern die im folgenden dargestellten Abwägungen zur Frage, ob eine Vorfeldsanktionierung angezeigt ist, für das Grunddelikt mit dem Ergebnis vorgenommen werden, daß der Versuch pönalisiert wird, kann und muß diese Bewertung auf den Qualifikationstatbestand übertragen werden. Denn dieser soll dem angegriffenen Rechtsgut einen gegenüber dem Grunddelikt erweiterten Schutz vermitteln. Somit muß die Qualifikation jedenfalls den bereits nach dem Grunddelikt strafbaren Bereich umfassen. Der Versuch muß in dieser Konstellation daher im Qualifikationstatbestand unter Strafe gestellt werden, ohne daß eine weitere Untersuchung dieses Tatbestandes erforderlich ist.

---

[415] Hierzu in Teil 1 A 11a.

Allerdings läßt sich die Versuchsstrafbarkeit des Qualifikationstatbestands ebenso auch aus sich selbst heraus herleiten. Denn die Gründe, die für die Anordnung einer Versuchsstrafbarkeit im Grunddelikt sprechen, wirken sich bei dem Qualifikationstatbestand in gleicher Weise aus. Dazu kommt noch das größere Gewicht der qualifizierten Tat und damit ihr größerer Unwertgehalt gegenüber dem Grunddelikt. Mithin würde sich das Bedürfnis nach einer Versuchsstrafbarkeit im Qualifikationstatbestand auch aus einer Abwägung der für und gegen ihre Normierung sprechenden einzelnen Kriterien ergeben. Eine derartig aufwendige Untersuchung ist in einem Qualifikationstatbestand aber verzichtbar, sofern sie schon im Grundtatbestand zur Normierung einer Versuchsstrafbarkeit geführt hat.

Als dogmatische Vorgaben bei der Normierung von Versuchsstrafbarkeiten lassen sich daher zusammenfassen:

Dogmatische Vorgaben		
Versuchsstrafbarkeit ist erforderlich	-	**ausgeschlossen**
- Qualifikation zu einem im Versuch strafbaren Grundtatbestand		
		- Fahrlässigkeitsdelikt

B. Die Strafwürdigkeit der Tat

Nach Ausscheiden der Delikte, für die sich die Regelung der Versuchsstrafbarkeit schon aus der Rechtsnatur des Delikts zwingend ergibt, hat der Gesetzgeber für die übrigen Vergehen über die Anordnung einer Versuchsstrafbarkeit zu entscheiden. Er muß also festlegen, welche Taten schon im Versuchsstadium kriminalisiert werden sollen. Damit ist die Frage nach dem materiellen Verbrechensbegriff angesprochen[416]. Der materielle Verbrechensbegriff beschreibt, wie ein Verhalten beschaffen sein muß, damit der Staat berechtigt ist, es unter Strafe zu

[416] Zipf, Kriminalpolitik § 5. 3, S. 106 ff.; Maurach/Zipf AT I § 13 II, S. 161 ff.; Roxin AT § 2, Rn. 1; Jescheck/Weigend AT § 7 I, S. 49 f.

stellen; bzw. reduziert auf die Versuchsstrafbarkeit, wie eine Versuchstat beschaffen sein muß, damit sie legitimerweise unter Strafe gestellt werden kann [417].

Der materielle Verbrechensbegriff umschreibt sozialschädliches menschliches Verhalten[418]. Er umfaßt das Erfordernis der Strafwürdigkeit einer Tat, die mit Kriminalstrafe geahndet werden soll. Die Bedeutung des Strafwürdigkeitsbegriffs für die Gestaltung von Straftatbeständen soll daher im folgenden dargestellt werden. An diese theoretische Abhandlung wird sich ein Abgleich mit den vom Gesetzgeber in den Gesetzesbegründungen angeführten Erwägungen zur Normierung von Versuchsstrafbarkeit anschließen. Es soll untersucht werden, inwieweit die gesetzgeberischen Erwägungen die Aspekte der Strafwürdigkeit der Versuchstat berücksichtigen.

1. Der Begriff der Strafwürdigkeit

a) Allgemeine Beschreibungen

Trotz seiner zentralen Funktion herrscht über den Begriff der Strafwürdigkeit in seiner materiellen Bedeutung und Tragweite bisher keine Einigkeit. Überwiegend wird ihm jedoch die Funktion eines Urteils zugeschrieben, das angibt, wann menschliches Verhalten seinem Gesamtunwert nach ein Verbrechen im materiellen Sinn ist. Ist ein Verhalten strafwürdig, dann soll damit gesagt sein, daß von seinem Gesamtunwert her die Voraussetzungen einer Bestrafung erfüllt sind, ist es hingegen nicht strafwürdig, so wird die Schwelle zum strafrechtlich relevanten Verhalten nicht überschritten [419].
Gallas formuliert den Strafwürdigkeitsbegriff als "schuldhaftes Unrecht, das so gefährlich und verwerflich, so unerträglich als Beispiel sozialwidrigen Verhaltens ist, daß zum Schutz der Allgemeinheit eine Reaktion mit Strafe als dem schärfsten Mittel staatlichen Zwangs und dem stärksten Ausdruck sozialer Mißbilligung notwendig und angemessen ist" [420].
Dieses Verständnis einer quantitativen Feststellung des Unwertgehalts kommt auch bei Langer zum Ausdruck, der einen rechtswidrigen und schuldhaften Angriff auf die Grundlagen des gedeihlichen Zusammenlebens dann als strafwürdig

---

417 Roxin AT § 2, Rn. 1.

418 Zipf, MDR 69, S. 889 (890).

419 So Bloy, Die Beteiligungsform als Zurechungstypus im Strafrecht, S. 32; Jescheck/ Weigend, AT § 7 I, S.49 ff.; Sax, Grundsätze der Strafrechtspflege, in Grundrechte, Bd. III/2, S. 923 ff.; Gallas, Beiträge zur Verbrechenslehre, S.16 ff; Langer, Das Sonderverbrechen, S. 276, 327 f.

420 Gallas, Beiträge, S.16.

beurteilt, wenn er gemeinschaftsstörend ist. Als gemeinschaftsstörend umschreibt er einen sozialethischen Unwertsachverhalt, der so gravierend ist, daß er für die Rechtsgemeinschaft unerträglich ist [421].

Sax streicht zunächst die reale Wirkung staatlicher Strafe heraus und betont, daß Strafe "einen massiven Eingriff in sittliche Werte, in Leben, Freiheit, Ehre, Menschenwürde des Betroffenen, bedeutet, der für sich genommen sittlich nicht zu rechtfertigen ist"[422]. Strafe dürfe daher gerechterweise nur für solche Verletzungen von Schutzgütern verhängt und vollzogen werden, die ihrerseits einen der staatlichen Strafe proportionalen Unwertgehalt aufwiesen. Denn nur ein Verhalten, das quantitativ einen gesteigerten Unwert verwirkliche, verdiene Strafe: "Strafe-Verdienen ist das Urteil, daß der Unwertgehalt eines gemeinschaftsstörenden Verhaltens hinreichend massiv ist, um zu dem erheblichen Maß an Unwert, das dem Handelnden durch Bestrafung bescheinigt wird, in eine erträgliche Proportion zu treten."[423] Sofern der Unwertgehalt einer Tat dagegen geringer ausfällt und deshalb staatliche Strafe einen zu massiven Eingriff darstellen würde, könne die Tat allenfalls als Ordnungswidrigkeit verfolgt werden. Sax stellt die Strafwürdigkeit daher auch als die Unwertschwelle dar, die Straftaten und Ordnungswidrigkeiten scheidet: "Strafwürdigkeit in ihrer ... Bedeutung als "Strafe-Verdienen" ist also in der Tat das Prinzip, von dem aus beurteilt die ihrem Wesen nach nur quantitativ verschiedenen Straftaten und Ordnungswidrigkeiten - sie sind beide Rechtsgutsverletzungen - zugleich qualitativ verschieden sind."[424] Allerdings räumt Sax ein, daß "sich auch mit Hilfe des so verstandenen Prinzips der Strafwürdigkeit die Grenze strafrechtlichen Unrechts nur näherungsweise bestimmen" läßt [425].
Nach all diesen Definitionen bildet der Strafwürdigkeitsbegriff die Grenze zwischen "zu strafendem und straflosem Unrecht" [426].

Die Strafwürdigkeit entscheidet aber auch über das Ausmaß "verdienter Strafe", indem sich aus dem festgestellten Gesamtunwert der Tat beispielsweise Folgerungen für das Strafmaß oder die Ausdehnung der Strafbarkeit in das Vorfeld einer Rechtsverletzung ergeben [427]. Für die hier zu behandelnde Frage, wann der Versuch unter Strafe gestellt werden darf und wird, ergibt sich hieraus, daß der

---

421 Langer, Das Sonderverbrechen, S. 327 ff.
422 Sax, Grundsätze, S. 924.
423 Sax, Grundsätze, S. 927.
424 Sax, Grundsätze, S. 929.
425 Sax, Grundsätze, S. 929.
426 Binding, Abhandlungen, Kapitel III, S. 86.
427 Sax, Grundsätze, S. 926.

Unwert der *Versuchs*tat einen Grad erreichen muß, der für die Rechtsgemeinschaft unerträglich ist und deshalb Strafe verdient [428].

b) Weitere Untergliederung des Strafwürdigkeitsbegriffs

Für eine genauere Grenzziehung zwischen strafwürdigem und nicht strafwürdigem Unrecht sind die oben genannten Umschreibungen noch zu vage. Der mit der Strafwürdigkeit beschriebene Gesamtunwert einer Tat läßt sich jedoch in vier Aspekte untergliedern, anhand derer der verwirklichte Unwert ermittelt werden kann, es sind fdies der Wert des angegriffenen Rechtsguts, der Handlungs-, Erfolgs- und Gesinnungsunwert [429].

> (1) Zunächst beziehen sich die im StGB normierten Delikte auf Handlungsobjekte unterschiedlicher Wertigkeit. Je höher das angegriffene Rechtsgut in der Rechtsgüterordnung rangiert, desto größer ist das ideelle Interesse der Rechtsgemeinschaft an seinem Schutz, und einen um so größeren Unwert beinhaltet ein hierauf geführter Angriff [430].
>
> (2) Der zweite Aspekt zur Bewertung der Strafwürdigkeit trägt der Tatsache Rechnung, daß die wenigsten Rechtsgüter, nämlich nur Leben, körperliche Unversehrtheit, Ehre und Freiheit umfassend gegen jede Art eines (vollendeten) Angriffs strafrechtlich geschützt sind [431]. Im übrigen kann das gesteigerte Schutzbedürfnis des Einzelnen oder der Gemeinschaft aus der Gefährlichkeit des Angriffs und der rechtserschütternden Wirkung des Geschehens herrühren [432]. Hiermit ist der Handlungsunwert beschrieben.

---

428 Wegen ihrer grundlegenden Bedeutung bezeichnet Sauer die Strafwürdigkeit als den "Inbegriff der normativen Strafvoraussetzungen für Gesetz *und Urteil* gemäß den Anforderungen der Rechtsidee (der Gerechtigkeit und des Gemeinwohls)". Sauer, Allgemeine Strafrechtslehre, § 7, S. 19. Hiermit spricht Sauer einen weiteren Bereich an, in dem die Strafwürdigkeit einer Tat Berücksichtigung findet, bei der Rechtsanwendung nämlich, insbesondere bei der Festlegung des Strafmaßes im Einzelfall. Dieser Bereich der Strafwürdigkeit kann hier allerdings außer Betracht bleiben.

429 Hillenkamp, Vorsatztat und Opferverhalten, S. 174 f.; Jescheck/Weigend, AT § 7 I, S. 50; ebenso Günther, JuS 78, S. 8 (13), der jedoch den Gesinnungsunwert nicht selbständig, sondern als Teil des Handlungsunrechts erfaßt.

430 Otto, Strafwürdigkeit und Strafbedürftigkeit als eigenständige Deliktskategorien? S. 56; Jescheck/Weigend AT § 7 I, S. 51.

431 Jescheck/Weigend AT § 7 I, S. 51; auch Sax, Grundsätze, S. 913.

432 Otto, Strafwürdigkeit und Strafbedürftigkeit als eigenständige Deliktskategorien? S. 56.

Er umfaßt zum einen die Art und Weise der Deliktsbegehung, ferner besondere Handlungstendenzen und schließlich die im Einzelfall verlangte Form von Vorsatz oder Fahrlässigkeit [433].

(3) Das Unrecht der Tat bemißt sich zudem nach dem verwirklichten Erfolgsunwert, welcher sich in dem mit der Tat erzielten Erfolg ausdrückt. Er fällt bei der Vollendung anders aus als beim Versuch, bei der Verletzung anders als bei der Gefährdung [434]. Der Erfolgunwert ist auch für die Bewertung de Strafwürdigkeit von Versuchstaten eine sinnvolle Untergliederung, da es bei einigen Versuchstaten immerhin zu einer Rechtsgutsgefährdung kommt, während andere (insbesondere der untaugliche Versuch) eine derartige Gefahr nicht verursachen können.

(4) Schließlich wird das Unrecht in einigen Straftatbeständen zusätzlich durch einen Gesinnungsunwert geprägt. Für die Strafwürdigkeit der Tat sind jedoch nicht die reinen Gesinnungsmerkmale [435] relevant, die ausschließlich zur Bewertung der Schuld des Täters herangezogen werden können (z.B. "böswillig" in §§ 90, 130 Nr. 3, 233b StGB oder "rücksichtslos" in §§ 315c I Nr. 2 StGB), denn sie spiegeln keinen objektivierbaren Vorgang wider, sondern umschreiben eine moralisch tadelnswerte Einstellung des Täters bei seinem Verhalten.
Die daneben bestehenden sogenannten "unechten" Gesinnungsmerkmale bilden dagegen den Begriff der Strafwürdigkeit mit aus. Die "unechten" Gesinnungsmerkmale gehören nämlich sowohl dem Unrecht als auch der Schuld an [436]. Ihre Verwirklichung erfordert zum einen das Vorliegen besonderer objektiver Umstände, welche die Art und Weise der Tatbestandsverwirklichung näher bezeichnen, und zudem auf der Ebene der Schuld - ebenso wie bei den reinen Gesinnungsmerkmalen - subjektive Merkmale, welche die hinzutretende innere Verfassung des Täters beschreiben. So tötet bspw. "grausam" iSd. § 211 StGB, wer eine besonders schmerzhafte und qualvolle Tötungshandlung an dem Opfer vornimmt. Insoweit ist das Mordmerkmal ein objektives, unrechtsbegründendes Merkmal. Zusätzlich muß der Täter aber - als selbständiges Merkmal der Schuld - aus gefühlloser, unbarmherziger Gesinnung gehandelt haben.
Für die Bewertung der Strafwürdigkeit sind daher nur die unechten Gesinnungungsmerkmale einzubeziehen, und zwar nur insoweit, als sie dem Unrecht zuzurechnen sind

---

433 Roxin AT I, § 10, Rn. 88 ff.; Jescheck/Weigend AT § 7, S. 51.
434 Roxin AT I, § 10, Rn. 88 ff.; Jescheck/Weigend AT § 7, S. 51.
435 Roxin AT I, § 10, Rn. 78 f.
436 Roxin AT I, § 10, Rn. 78 ff.

Im Rang des angegriffenen Rechtsguts, im Handlungs-, Erfolgs- und Gesinnungsunwert der Tat kommt das Ausmaß der Mißachtung von Grundwerten des sozialen Zusammenlebens zum Ausdruck. Auf diese Weise läßt sich jede Tat, ganz gleich ob vollendet oder unvollendet, auf ihren Gesamtunwert hin, die Strafwürdigkeit, untersuchen.
Dabei ist zu berücksichtigen, daß sowohl die Beurteilung des Rangs eines Rechtsguts als auch die Beurteilung des auf der Art und Weise der ausgeführten Tat beruhenden Handlungsunrechts eine Wertung erfordert. Bei der Feststellung der Strafwürdigkeit kommt daher der Grundrechtsordnung des Grundgesetzes entscheidende Bedeutung zu[437]. Sie unterliegt somit aber dem Wandel der Anschauungen in der Rechtsgemeinschaft[438]. Die einmal getroffene Feststellung der Strafwürdigkeit einer Tat kann daher keine dauerhafte Gültigkeit beanspruchen, sondern müßte regelmäßig an die geltende Anschauung von unwertem Handeln angepaßt werden. Zipf sieht daher im materiellen Verbrechensbegriff "die für eine bestimmte Rechts- und Sozialordnung gültige Auffassung vom Verbrechen", die sich "als das Gewissen der positiven Strafrechtsordnung bezeichnen" läßt[439].

2. Zusammenführung mit den vom Gesetzgeber berücksichtigten Kriterien

Nach der Beleuchtung des Strafwürdigkeitsbegriffs soll nun untersucht werden, ob und inwieweit die vom Gesetzgeber in den Materialien angeführten Erwägungen der Versuchsstrafbarkeit zur Feststellung der Strafwürdigkeit einer Tat genügen. Hierzu werden die Erwägungen des Gesetzgebers herausgestellt, die einer Bewertung des Unwertgehalts und damit der Strafwürdigkeit einer Versuchstat dienen. Sie werden anschließend der jeweiligen Ausprägung der Strafwürdigkeit (Rang des Rechtsguts, Handlungs-, Erfolgs- Gesinnungsunwert) zugeordnet, die sie beschreiben.

---

437 Otto, Strafwürdigkeit und Strafbedürftigkeit als eigenständige Deliktskategorien? S. 56.

438 Bloy, Beteiligungsform, S. 40; Günther JuS 1978, S. 8 (11); Zipf, Kriminalpolitik, § 5.3, S. 108; Jescheck/Weigend § 7 I, S. 51.

439 Zipf, Kriminologie § 5.3, S. 106 in Anlehnung an Mitteis, Über das Naturrecht (1948), S. 7 und Henkel, Einführung in die Rechtsphilosophie, S. 505.

a) Bewertungskriterien für die Schwere einer Tat

Zu den Merkmalen, die vom Gesetzgeber zur Begründung der Schwere eines Vergehens herangezogen werden, gehören zunächst die unter diesem Titel oben zusammengefaßten Gründe, die für die Normierung einer Versuchsstrafbarkeit sprechen: die Gefahr, mit einer Tat einen *großen Schaden* zu verursachen (in Teil 1 A 3 a) und der auf ein *hohes Rechtsgut* abzielende Angriff (Teil 1 A 3 b). Dem stehen Taten gegenüber, die *mangels Strafwürdigkeit der Versuchstat* nicht mit einer Versuchsstrafbarkeit belegt werden (Teil 1 B 8a). Die vergleichende Betrachtung unter verschiedenen Begehungsformen eines gleichgerichteten Rechtsgutsangriffs gibt schließlich Aufschluß über die *relative Schwere der Tat* (Teil 1 A 3c bzw. B 8c). Die *Beseitigung von Wertungswidersprüchen* durch Anfügung oder Verzicht auf eine Versuchsstrafbarkeit ist in der Regel Folge einer vergleichenden Bewertung des Umfangs des gewährten Strafrechtsschutzes in Relation zum jeweiligen Rang des Schutzguts und der daraus folgenden Schwere der Tat (Teil 1 A 4).
Ferner gibt die Genese der einzelnen Delikte einen Anhaltspunkt für die Schwere der Tat. Danach werden *ehemalige Verbrechenstatbestände* in der Regel ein schwereres Unrecht beschreiben (Teil 1 A 5), *ehemalige Übertretungstatbestände* hingegen eher an der unteren Grenze strafwürdigen Unrechts anzusiedeln sein (Teil 1 B 4). Der Unwertgehalt einer Versuchstat wird vom Gesetzgeber ferner daran gemessen, ob sie schon in diesem Stadium eine *Rechtsgutsgefahr* in sich trägt oder nicht (Teil 1 A 1 b bzw. B 7).
Schließlich kann der *Anlehnung* eines Tatbestands an eine bereits bestehende Vorschrift die Feststellung vergleichbarer Strafwürdigkeit der beiden Strafnormen vorausgegangen sein (Teil 1 A 12 bzw. B 12).
Wie oben ausgeführt, spricht die Tatbestandsfassung als eigentliche *Vorsatz-Fahrlässigkeits-Kombination* für ein Delikt von geringer Strafwürdigkeit (Teil 1 B 8b).

Mithin ergibt sich bei einer Zusammenstellung der zur Bewertung der Strafwürdigkeit der Tat vom Gesetzgeber berücksichtigten Deliktsmerkmale das auf der gegenüberliegenden Seite abgedruckte Bild.

b) Zuordnung zu den einzelnen Unwertelementen der Strafwürdigkeit

Zu untersuchen ist nun, ob die vom Gesetzgeber angeführten Erwägungen zur Normierung einer Versuchsstrafbarkeit oder zum Verzicht hierauf mit den ein

Bewertungskriterien für die Strafwürdigkeit einer Tat:

schwerere -	**weniger schwere Taten**
- großer Schaden im Fall der Vollendung	- nur geringfügige Beeinträchtigung
- hoher Rang des angegriffenen Rechtsguts	- niedriger gewichtetes Rechtsgut
- ehemaliger Verbrechenstatbestand	- ehemaliger Übertretungstatbestand
- obj. Rechtsgutsgefahr im Versuch	- keine obj. Rechtsgutsgefahr im Versuch
- Anlehnung an andere Vorschriften	- Anlehnung an andere Vorschriften
- relativ schwerere Begehungsformen	- relativ leichtere Begehungsformen
	- Vorsatz-Fahrlk.-Kombination

Für beide als Folge der Bewertung des Rangs des geschützten Rechtsguts:
Beseitigung von Wertungswidersprüchen

zelnen Elementen der Strafwürdigkeit in Einklang stehen und ob sie sämtliche Facetten zur Bewertung der Strafwürdigkeit ausfüllen.

(1) Der Rang des angegriffenen Rechtsguts der die Strafwürdigkeit einer Tat zunächst bestimmt, kehrt in der gleichlautenden Erwägung des Gesetzgebers zur Normierung von Versuchsstrafbarkeiten wieder. So ist insbesondere die Einfügung der Versuchsstrafbarkeit in den Delikten der Körperverletzung (§ 223 II StGB n.F.), Kindesentziehung (§ 235 III StGB n.F.) und Freiheitsberaubung (§ 239 II StGB n.F.) durch das 6. StrRG auf den nunmehr als höher bewerteten Rang der höchstpersönlichen Rechtsgüter der körperlichen Integrität und Freiheit gegenüber materiellen Rechtsgütern wie Eigentum oder Vermögen zurückzuführen[440]. Die in den §§ 223, 235, 239 StGB n.F. pönalisierten Taten sind danach wegen des auf hochrangige Rechtsgüter gerichteten Angriffs strafwürdiger als Angriffe auf weniger bedeutende Rechtsgüter. Diesem gesteigerten Unwert wurde durch Anfügung einer Versuchsstrafbarkeit in den Delikten Rechnung getragen.

Auch bei der gesetzgeberischen Begründung, mit der Normierung von Versuchsstrafbarkeiten bestehende Wertungswidersprüche beseitigen zu wollen, findet der Rang des jeweiligen Rechtsguts Eingang in die Bewertung der Strafwürdig-

[440] Zu § 239 StGB n.F.: bereits in E 62, Begrü. S. 302 zu § 163 E; RegE zum 6. StrRG, BT-Drs. 13/8587, S. 41. Zu § 223 StGB n.F.: RegE zum 6. StrRG, BT-Drs. 13/8587, S. 36. Zu § 235 StGB n.F.: Auskunft MR Schulte, BMJ.

keit der Versuchstat. Denn Wertungswidersprüche ergeben sich gerade auch aus einer im Hinblick auf den Rang des geschützten Rechtsguts unangemessene Enge des Strafrechtsschutzes (so etwa die Argumentation zur Aufnahme der Versuchsstrafbarkeit in § 223 StGB durch das 6. StrRG im Hinblick auf die seit 1870 bestehende Versuchsstrafbarkeit der Sachbeschädigung).

(2) Das verwirklichte Handlungsunrecht hat mit verschiedenen Erwägungen in die Unrechtsbewertung Eingang gefunden. Hierher gehört die Intensität des erstrebten Unrechtserfolges in der Form des Ausmaßes der verursachten objektiven Rechtsgutsgefahr und des vom Täter beabsichtigten oder in Kauf genommenen Schadens. Auch die unterschiedliche Intensität eines auf das gleiche Rechtsgut gerichteten Rechtsgutsangriffs, die in leichteren und schwereren Begehungsformen zum Ausdruck kommt beschreibt das Handlungsunrecht.
Mangels Rechtsgutsgefährdung im Stadium der Deliktsvorbereitung hat der Gesetzgeber diese Verwirklichungsstufe grundsätzlich nicht unter Strafdrohung gestellt und auch in Vorschriften, bei denen sich regelmäßig Abgrenzungsprobleme zwischen Vorbereitung und Versuch ergeben, auf die Normierung einer Versuchsstrafbarkeit verzichtet.
Es ist ferner davon auszugehen, daß auch die Art und Weise der Tatbegehung in die Unrechtsbewertung mit eingeflossen ist, wenngleich dieser Aspekt vom Gesetzgeber speziell für den Versuchsbereich nicht angeführt wurde. Die Art und Weise der Rechtsgutsbeeinträchtigung wirkt sich jedoch tatbestandlich unrechtsbegründend (etwa in der Form der Heimlichkeit bei einer betrügerischen Vermögensschädigung - dann § 263 StGB - im Gegensatz zu einer vergleichbaren Vermögensschädigung infolge eines offenen Vertragsbruchs - dann nur zivilrechtliche Folgen) oder unrechtserhöhend aus (z.B. in Form des hinterlistig verübten Überfalls in § 224 I Nr. 3 StGB n.F. gegenüber der einfachen Körperverletzung in § 223 StGB). Es ist daher davon auszugehen, daß der Gesetzgeber die im Vollendungstatbestand pönalisierte Art und Weise der Rechtsgutsbeeinträchtigung im Versuchsbereich bei der Bewertung des Tatplans zur Ermittlung des verwirklichten Unrechts ebenfalls aufgenommen hat.
Der Handlungsunwert wird auch von der Differenzierung zwischen schwereren und leichteren Begehungsformen ausgefüllt, sofern hierbei nach der subjektiven Einstellung des Täters unterschieden wird. So war die mit Bereicherungsabsicht begangene mittelbare Falschbeurkundung (§ 272 StGB a.F.) zunächst als schwerere Tat im Gegensatz zu der einfachen, ohne besondere Absicht veranlaßten mittelbaren Falschbeurkundung (§ 271 StGB a.F.) im Versuch strafbar[441].

---

441 Diese Differenzierung hinsichtlich der Versuchsstrafbarkeit zwischen Grundtatbestand und Qualifikation bestand bis zur Aufnahme der Versuchsstrafbarkeit im Grunddelikt des § 271 StGB a.F. durch das 1. StrRG fort, hierzu Ber zum 1. StrRG, BT-Drs. V/4094, S. 38 und Prot. V/2773 f.

Auch die eigentlichen Vorsatz-Fahrlässigkeits-Kombinationen sind wegen des geringen Handlungsunwerts, den sie aufweisen, im Versuch straflos. Denn bei ihnen wird mit einem für sich allein nicht strafbaren, vorsätzlichen Verhalten ein weiterer Erfolg nur fahrlässig herbeigeführt. Da die Strafbarkeitsschwelle demnach erst mit dem fahrlässig verursachten Erfolgseintritt überschritten wird, stellt das Fahrlässigkeitselement in dieser Konstellation das strafauslösende Moment dar. Die fahrlässige Rechtsgutsbeeinträchtigung stellt aber die schwächste Form der Mißachtung von Grundwerten dar[442]. Daher ist der Handlungsunwert bei eigentlichen Vorsatz-Fahrlässigkeits-Kombinationen regelmäßig gering. Im Versuchsbereich, in dem sich die Sorgfaltspflichtverletzung nicht schädigend ausgewirkt hat, fehlt es daher an einem für die Strafbarkeit des Versuchs hinreichenden Unwertgehalt.

(3) Der Erfolgsunwert ist im Rahmen der Versuchsstrafbarkeit hingegen kein brauchbares Kriterium zur Bestimmung des verwirklichten Unrechts. Denn während die Verwirklichung der tatbestandlichen Erfolges stets fehlt, muß - zumindest nach der Vorstellung des Täters von seiner Tat - eine unmittelbare Gefährdung des Rechtsguts als zeitliche Schwelle zum Versuchsbeginn immer vorliegen. Der Erfolgsunwert muß daher notwendig bei der Beurteilung der Strafwürdigkeit von Versuchstaten außer Betracht bleiben.

(4) Der Gesinnungsunwert als Begrünung der Normierung einer Versuchsstrafbarkeit ist zwar vorstellbar, konnte in den Gesetzesmaterialien aber nicht gefunden werden.

(5) Dagegen können die oben als Anlehnung bezeichnete Orientierung an ähnliche Vorschriften zur Bestimmung des Unwerts einer Tat und ebenso die Frage ob das Delikt zuvor schon als Verbrechen oder als Übertretung strafbar war, in jeder der Unwertkategorien der Strafwürdigkeit zum Tragen kommen (Ausgenommen auch hier allerdings der Erfolgsunwert). Denn das bei einer vergleichenden Betrachtung maßgebliche Unrechtselement kann das Rechtsgut, als auch das Handlungs- oder Gesinnungsunrecht sein. Ebenso ist aus der Genese einer Norm aus einem Verbrechen oder Vergehen nicht erkennbar, welche der Unrechtskategorien für die frühere Einordnung des Delikts als Verbrechen oder Übertretung ausschlaggebend gewesen ist.
Daher ergibt sich aus den vom Gesetzgeber zur Begründung der Versuchsstrafbarkeitsregelung angeführten Anlehnung oder Genese von Tatbeständen nicht, welche Unrechtskategorien die gesetzgeberische Entscheidung über die Normierung oder das Absehen von Versuchsstrafbarkeit tragen. Nur ein zusätzlicher Hinweis des Gesetzgebers oder eine Untersuchung der Norm auf die verschiede-

442 Jescheck/Weigend in AT § 7 I, S. 51.

nen Unwertelemente hin kann hier Aufschluß darüber geben, wegen welchen Aspekts der Strafwürdigkeit in einer anderen Strafnorm die jeweilige Entscheidung über die Normierung von Versuchsstrafbarkeit getroffen wurde.

Unter den Erwägungen des Gesetzgebers zur Normierung der Versuchsstrafbarkeit finden sich demnach verschiedene Aspekte wieder, die den Begriff der Strafwürdigkeit einer Tat ausfüllen.
Zusammenfassend werden sie in der folgenden Übersicht dargestellt:

Strafwürdigkeitselemente	**Erwägungen des Gesetzgebers**
Rang des Rechtsgutes	- Rang des Rechtsgutes - aus Rechtsgutsrang entstd. Wertungswidersprüche - Genese aus Verbrechen oder Übertretung - Anlehnung an andere Tatbestände
Handlungsunwert	- Grad der obj. Rechtsgutsgefährdung - in Kauf genomm. / beabsicht. Schadensausmaß - schwerere / leichtere Begehungsform - Abgrenzungsproblem Vorbereitung - Versuch - Vorsatz- bzw. Fahrlässigkeitsform - schwerere / leichtere Begehgsform nach subj. TB - Vorsatz-Fahrlässigk.-Kombinationen - Genese aus Verbrechen oder Übertretung - Anlehnung an andere Tatbestände
Gesinnungsunwert	- Genese aus Verbrechen oder Übertretung - Anlehnung an andere Tatbestände

C. Die Strafbedürftigkeit der Tat

Nach der Untersuchung der Strafwürdigkeit einer Tat steht das Urteil darüber fest, ob das mißbilligte Verhalten überhaupt Strafe verdient. Hieraus allein folgt aber noch nicht seine Pönalisierung:

Der Gedanke, daß eine Rechtsordnung alles Strafwürdige pönalisiert und alles Nichtstrafwürdige nicht pönalisiert, wird von Alwart als utopisch bezeichnet[443], wobei er es dahinstehen läßt, ob diese Utopie eine Idealvorstellung enthält.

Einer umfassenden Bestrafung allen unwerten Verhaltens steht aber das Subsidiaritätsprinzip als Ausprägung des verfassungsrechtlichen Verhältnismäßigkeitsgrundsatzes entgegen. Danach hat der Einzelne den Anspruch, mit Eingriffen in seine Handlungsfreiheit verschont zu werden, wenn hierfür keine soziale Notwendigkeit besteht[444]. Das Abgrenzungskriterium für die Abwägung, wann dem Individual- und Gemeinschaftsinteresse an der Wahrung der Rechtsordnung der Vorrang vor den kollidierenden Grundrechten des Betroffenen gebührt, ist die Strafbedürftigkeit der Tat. Das Strafbedürfnis setzt entsprechend dem aus dem Rechtsstaatsprinzip entwickelten Verhältnismäßigkeitsgrundsatz voraus, daß Kriminalstrafe als staatliche Reaktion auf sozialschädliches, menschliches Verhalten geeignet, erforderlich und im engeren Sinne verhältnismäßig, also angemessen ist[445]. Anhand dieser drei Ausprägungen der Strafbedürftigkeit muß untersucht werden, ob ein Verhalten, das Strafe verdient, auch der Strafe bedarf.

Dem Urteil der Strafwürdigkeit allein ist nur der Schluß zu entnehmen, daß eine Bestrafung möglich ist[446]. Von dieser Möglichkeit darf der Gesetzgeber wegen des verfassungsrechtlichen Gebots der Verhältnismäßigkeit aber nur dann Gebrauch machen, wenn darüber hinaus auch ein Strafbedürfnis besteht. Mit dem Mittel des Strafrechts kann der Gesetzgeber daher nicht gegen jegliches sozialschädliches Verhalten vorgehen, sondern nur punktuell gegen solches, dessen Repression unerläßlich erscheint. Daher resultiert auch der von Binding geprägte Begriff des "fragmentarischen Charakters" des Strafrechts[447].

Der Begriff der Strafbedürftigkeit soll zunächst näher ausgeführt werden (unten 1.). Anschließend wird in einem Rückgriff auf die Erwägungen des Gesetzgebers zur Versuchsbestrafung untersucht, ob und inwieweit dem Erfordernis einer Strafbedürftigkeitsprüfung bei der Normierung von Versuchsstrafbarkeiten Rechnung getragen wird (unten 2.).

---

443 Alwart, Strafwürdiges Versuchen, S. 38.
444 Gallas, Beiträge, S. 16.
445 Hillenkamp, Vorsatztat und Opferverhalten, S. 175.
446 Günther, JuS 78, S. 8 (11); Sax, Grundsätz, S. 931; Roxin, AT § 23, Rn. 38.
447 Binding, Lehrbuch BT 1, S. 20 ff., zitiert in Jescheck/Weigend AT § 7 II, S. 52.

1. Der Begriff der Strafbedürftigkeit im Einzelnen

a) Geeignetheit staatlicher Strafe

Zunächst setzt die Strafbedürftigkeit voraus, daß Strafe eine geeignete Reaktion des Staates auf das in Frage stehende sozialschädliche Verhalten ist. Die Beurteilung der Eignung strafrechtlicher Sanktionen setzt aber Klarheit darüber voraus, welchem Ziel das Strafrecht überhaupt dienen soll.
Zur Bestimmung des Ziels und Zwecks des Strafrechts bietet sich das Rechtsstaatsprinzip an[448]. Aus ihm ist die Pflicht des Staates zu entnehmen, die persönliche und politische Freiheit des Einzelnen zu garantieren. Er hat durch ordnenden und schützenden Eingriff die Existenzbedingungen der im Staatsverband zusammengeschlossenen Bürger zu gewährleisten. Das Strafrecht ist daher Schutzrecht und als solches - da dem Staat eine moralische Bevormundung der Bürger ebenso verwehrt ist wie jedem Mitmenschen auch - beschränkt auf Rechtsgüterschutz.
Danach setzt Strafbedürftigkeit eines sozialschädlichen Verhaltens voraus, daß staatliche Strafe ein zum Schutz angegriffener oder gefährdeter Rechtsgüter geeignetes Mittel ist.

b) Erforderlichkeit staatlicher Strafe

Ein Strafbedürfnis besteht aber nur dann, wenn staatliche Strafe auch erforderlich ist[449]. Erforderlichkeit bedeutet, daß als staatliche Reaktion auf ein bestimmtes, sozialschädliches Verhalten kein milderes Mittel der Sanktion in Betracht kommt als Kriminalstrafe. Das ist dann der Fall, wenn ein weniger massiver Eingriff in die Rechte des Betroffenen oder der Verzicht auf eine Sanktionierung überhaupt keinen hinreichenden Rechtsgüterschutz gewährleisten kann. Nur wenn Strafe auch wirklich das einzige Mittel ist, um die Gemeinschaftsordnung zu schützen, darf der Gesetzgeber als ultima ratio Kriminalstrafe androhen[450]. Strafbedürftigkeit setzt demnach voraus, daß insbesondere ein Absehen von

---

448 Amelung, Rechtsgüterschutz und Schutz der Gesellschaft, S. 318 ff.; Günther, JuS 78, 8 (9); BVerfGE 29, 125 (144).

449 Sax, Grundsätze S. 925; Langer, Das Sonderverbrechen, S. 330, Fn. 188; Zielinski, Handlungs- und Erfolgsunwert, S. 207; Stratenwerth ZStW 71 (1959), S. 565 (567); Rudolphi ZStW 83 (1971), S. 105 (108); Wagner GA 1972, S. 33 (35); Jescheck/Weigend AT, § 7 I, S. 50 f., der den Strafbedürftigkeitsbegriff jedoch nicht klar von dem der Strafwürdigkeit absetzt; ebenso Schünemann ZStW 90 (1978) S. 11 (40 f.).

450 Kühl, Spendel-Festschrift, S. 75 (75 f.); Schünemann ZStW 90 (1978) S. 11 (45 f.).

Strafe, die Verhängung von Bußgeld oder die Anordnung sozialfürsorgerischer Maßnahmen als Reaktionsmittel ausgeschlossen sind.

c) Angemessenheit staatlicher Strafe

Schließlich muß staatliche Strafe auch angemessene Reaktion auf sozialschädliches Verhalten sein. Danach muß die Bestrafung einer Tat mangels Strafbedürftigkeit unterbleiben, wenn die Strafe unverhältnismäßig schädliche Nebenfolgen mit sich bringen würde[451]. Dieser letzte Aspekt der Strafbedürftigkeit stellt eine Zweckmäßigkeitskontrolle dar, die darüber Aufschluß geben soll, ob das Mittel der Strafe kriminalpolitisch sinnvoll ist[452]. Die Voraussetzung dafür ist, daß sich Nutzen und Schaden einer Kriminalstrafe in einem angemessenen Verhältnis gegenüber stehen. Dabei ist der Blickwinkel nicht auf den Täter allein zu beschränken, sondern insbesondere auch die Belastung des Opfers und der Verfolgungsbehörden mit einzubeziehen. Danach kann eine Strafverfolgung unangemessen sein, wenn ihr Aufwand oder die von ihr ausgehende weitere Belastung des Opfers oder auch des Täters zu dem verwirklichten Tatunrecht außer Verhältnis stehen.

d) Verhältnis von Strafwürdigkeit und Strafbedürftigkeit

Umstritten ist, in welchem Verhältnis Strafwürdigkeit und Strafbedürftigkeit zueinander stehen. Teilweise wird die Feststellung der Strafwürdigkeit einer Tat als Voraussetzung von Strafbedürftigkeitserwägungen angesehen[453]. Andere sehen in der Strafwürdigkeit einen zweischichtigen Begriff, der neben der Strafwürdigkeit im engeren Sinne (dem Strafe-Verdienen) noch die Strafbedürftigkeit (das Strafe-Bedürfen) umfaßt[454].
Dagegen stellt Günther die Feststellung der Strafbedürftigkeit an den Anfang und ordnet der Strafwürdigkeit die Aufgabe zu, die Strafbedürftigkeit zu begrenzen: Selbst wenn Strafe das geeignete, erforderliche und kriminalpolitisch sinn-

---

451 Schünemann, Zeitschrift für Schweizerisches Strafrecht 97 (1978), S. 131 (148).

452 Bloy, Die Beteiligungsform als Zurechnungstypus, S. 36; ders. in Die dogmatische Bedeutung der Strafausschließungs- und Strafaufhebungsgründe, S. 243; Sax, Grundsätze, S. 933; Zielinski, Handlungs- und Erfolgsunwert, S. 207.

453 Jescheck/Weigend AT, § 7 I, S. 51 oben.

454 Sax, Grundsätze, S. 924; Eser, Die Abgrenzung von Straftaten und Ordnungswidrigkeiten, S. 136 ff.

volle Mittel staatlicher Reaktion ist, soll nur gestraft werden, wenn dies dem Unwertgehalt der Tat (der Strafwürdigkeit) nach angemessen wäre[455].

Überzeugender erscheint es dagegen, Strafwürdigkeit und Strafbedürftigkeit als zwei selbständige Voraussetzungen zur Legitimierung staatlicher Strafe anzusehen, unter denen keiner der beiden der Vorrang gebührt. Denn die Funktion beider besteht darin, der Strafgesetzgebung Grenzen zu setzen[456]. So darf eine an sich strafwürdige Tat dann nicht bestraft werden, wenn Strafe entweder nicht geeignet oder nicht erforderlich oder kriminalpolitisch sinnlos ist (Strafbedürftigkeit begrenzt Strafwürdigkeit). Ebenso müßte aber auch dann auf eine Bestrafung verzichtet werden, wenn sie zwar der Strafbedürftigkeit nach zulässig wäre, dem Verhalten aber kein für eine Bestrafung hinreichender Unwert innewohnt (Strafwürdigkeit begrenzt die Strafbedürftigkeit).
Vorliegend kommt es auf die unterschiedlichen Ansichten zum Verhältnis von Strafwürdigkeit und Strafbedürftigkeit aber letztlich nicht an, da nach allen Ansichten beide gegeben sein müssen, wenn ein Verhalten unter Strafe gestellt werden soll.

2. Zusammenführung mit den gesetzgeberischen Erwägungen

Der Begriff der Strafbedürftigkeit wird nun mit den aus den Gesetzesmaterialien entnommenen Erwägungen des Gesetzgebers zur Normierung der Versuchsstrafbarkeit zusammengeführt. Die eben herausgearbeiteten Elemente der Geeignetheits-, Erforderlichkeits- und Angemessenheitskontrolle sind unter ihnen in verschiedener Form vertreten.

a) Erwägungen zur Geeignetheit von Versuchsstrafbarkeit

An der Geeignetheit einer Versuchsstrafbarkeit fehlt es, wenn die Versuchshandlung gar *nicht* (§ 185 ff. StGB) oder nur sehr *schwer* (§ 266 StGB) *erkennbar* ist[457]. Denn sofern eine Versuchstat als solche nicht erkannt werden kann

455 Günther, JuS 78, S. 8 (12 f.).

456 Badura, Vortrag vor dem Sonderausschuß für die Strafrechtsreform, Prot. VI/1091 (1094); Sax, Grundsätze S. 931; Günther, JuS 78, S. 8 (12 f.); Bloy, Die Beteiligungsform als Zurechnungstypus, S. 36; ähnlich Luzón Peña, Coimbra- Symposion für Claus Roxin, S. 97 (101),der die beiden Begriffe als selbständig, wenngleich nicht völlig voneinander unabhängig betrachtet.

457 Zu §§ 185 ff. StGB in Teil 1 B 11 d; zu § 266 StGB in Teil 2 B 1 a.

und daher nicht zur Anzeige kommt, kann eine angedrohte Strafe niemals zum Einsatz kommen. Damit würde die Versuchsstrafbarkeit aber auch nicht den präventiven Zweck erfüllen, einem entsprechenden Rechtsgutsangriff durch Androhung oder Vollzug von Strafe vorzubeugen und das Schutzgut damit nachhaltig zu schützen.
Bei Delikten, deren Versuch nur schwer erkennbar ist, fehlt es an der Geeignetheit der Versuchsstrafbarkeit, weil hier stets die Gefahr unbewußt falscher Denunziation mitschwingt. Dadurch könnten sich umfangreiche Ermittlungen auf einen Bürger beziehen, der das geschützte Rechtsgut niemals gefährdet hat, so daß das Bemühen, mit der Strafe zum Rechtsgüterschutz beizutragen, notwendig ins Leere gehen muß. Eine Versuchsstrafbarkeit würde hier einem effektiven Rechtsgüterschutz insofern sogar entgegenwirken, als die Verfolgungsbehörden mit Ermittlungen belastet würden, die mangels Erkennbarkeit und Nachweisbarkeit der Versuchstat überwiegend erfolglos verlaufen müssen. Damit fehlt Zeit, sich effektiveren Aufgaben des Rechtsgüterschutzes zu widmen.

b) Erwägungen zur Erforderlichkeit von Versuchsstrafbarkeit

Der Gesichtspunkt der Erforderlichkeit von Versuchsstrafbarkeit findet sich unter den gesetzgeberischen Erwägungen in dem Ziel, einen *frühzeitigen Zugriff* der Verfolgungsbehörden zu ermöglichen[458]. Hier ist die Ausdehnung der Strafbarkeit in den Versuchsbereich hinein erforderlich, um durch frühzeitiges Eingreifen einen schädigenden Erfolgseintritt möglichst noch verhindern zu können, ohne gleichzeitig auf die spezial- und generalpräventive Wirkung von Strafe verzichten zu müssen. Denn effektiver Rechtsgüterschutz muß bei Delikten, mit deren Vollendung irreparable Schäden verursacht werden, bereits im Versuchsstadium ansetzen. Daher ist eine Versuchsstrafbarkeit beispielsweise in den §§ 235, 236, 324, 324a, 325 I, 326, 311 StGB n.F. angeordnet worden.

Auch zu erwartende *Abgrenzungsprobleme zwischen Versuchs- und Vollendungsstadium* können die Normierung der Versuchsstrafbarkeit erforderlich machen[459]. Denn es würden Strafbarkeitslücken entstehen, wenn in diesen Vorschriften der Eintritt der Tathandlung in das Vollendungsstadium nicht feststellbar und der jedenfalls erfüllte Versuchstatbestand nicht unter Strafdrohung gestellt wäre.

---

[458] Hierzu in Teil 1 unter A 6.

[459] Hierzu in Teil 1 unter A 10.

In gleicher Weise ist die Versuchsstrafbarkeit auch zur Schließung von Strafbarkeitslücken erforderlich, die infolge von *Beweisschwierigkeiten* auftreten[460].

Sofern Delikte *oftmals im Versuch stecken bleiben* oder überhaupt *nur im Versuchsstadium entdeckt werden* können, tritt das Erfordernis einer Versuchsstrafbarkeit besonders hervor[461]. Dies gilt z.B. für die Nötigung (§ 240 StGB), die häufig nicht in das Vollendungsstadium gelangt[462]. Soll der in der Norm gewährte Rechtsgüterschutz nicht nur generalpräventiv wirken, sondern auch im Sinne der Spezialprävention dem Täter das Unrecht seiner Tat durch Bestrafung vor Augen führen, so ist die Sanktionierung des häufig nicht überschrittenen Versuchsstadiums erforderlich. Der mit der Spezialprävention verfolgte Strafzweck kann hier wirksam nur durch Versuchsbestrafung erreicht werden, weshalb die Versuchsstrafbarkeit erforderlich ist.
Gleiches gilt für diejenigen Delikte, die in der Regel nur im Versuchs- und nicht mehr im Vollendungsstadium entdeckt werden können. So ist bei § 271 StGB die Unrichtigkeit einer abgegebenen Erklärung in der Regel nur bei ihrer Abgabe durch Überprüfung aufzudecken, nicht mehr dagegen im Vollendungsstadium, wenn die Erklärung in die öffentliche Urkunde aufgenommen wird. Auch hier kann die Norm spezialpräventive Wirkung nur entfalten, wenn der Versuch unter Strafe gestellt ist.

Schließlich entspricht es dem fragmentarischen Charakter des Strafrechts, Delikte, deren Versuch *keine praktische Bedeutung* erlangt, nicht mit einer Versuchsstrafbarkeit zu belegen[463]. Eine Sanktionierung des zwar strafwürdigen, aber im Versuch nur selten auftretenden Verhaltens ist hier zur Vermeidung größerer Strafbarkeitslücken nicht erforderlich.

c) Erwägungen der Angemessenheit von Strafe

Die Zweckmäßigkeit einer Kriminalstrafe als Element der Strafbedürftigkeit findet sich in der Betrachtung der Folgewirkungen einer Bestrafung wieder. So verbietet sich eine Versuchsstrafbarkeit selbst bei schweren Taten (z.B. bei der Eigenabtreibung, § 218 StGB), wenn die mit einer Sanktionierung einhergehenden *negativen Folgen* zu dem verfolgten Strafzweck außer Verhältnis stehen

460 Hierzu in Teil 1 unter A 9.
461 Zu beidem in Teil 1 unter A 8.
462 So Alternativentwurf zum BT, Straftaten gegen die Person, Begrü. S. 67 zu § 116 AE; ebenso E 62, Begrü. S.310 zu § 170 E.
463 Hierzu in Teil 1 unter B 11.

(oben B 9). Hier wäre eine Bestrafung wegen der verursachten Schäden verfehlt, und daher unangemessen.

Der Begriff der Strafbedürftigkeit und die gesetzgeberischen Erwägungen, in denen er aufgegriffen wird, werden in dem folgenden Bild zusammengefaßt:

Die Strafbedürftigkeit

Elemente der Strafbedürftigkeit	**Erwägungen des Gesetzgebers**
- Geeignetheit von Strafe	- *nicht gegeben:* wenn Versuch nicht / nur schwer erkennbar
- Erforderlichkeit von Strafe	- Ermöglichung e. frühzeitigen Zugriffs - Abgrenzungsproblem Versuch - Vollendung - Abwendung von Beweisproblemen - Taten bleiben oft im Versuch stecken - Taten sind fast nur im Versuch aufzudecken - *nicht gegeben:* wenn Versuch ohne praktische Bedeutung
- Angemessenheit von Strafe	*nicht gegeben:* wenn Strafe unverhältnismäßig negative Folgen verursachen würde

D. Ergebnis

Als Voraussetzungen der Normierung einer Versuchsstrafbarkeit hat sich ergeben, daß nach Aussonderung der Delikte, für die sich die Entscheidung über eine Versuchsstrafbarkeit schon aus ihrer Rechtsnatur ergibt, eine Untersuchung der Strafwürdigkeit und Strafbedürftigkeit zu erfolgen hat. Zur Ermittlung der Strafwürdigkeit ist der Gesamtunwert der in Frage stehenden Versuchshandlung abstrakt zu bewerten. Dieser ergibt sich aus einer Untersuchung des Rangs des angegriffenen Rechtsguts, der Gefährlichkeit des Angriffs und der Verwerflichkeit der Tätergesinnung. Das Ergebnis ist ein Urteil darüber, ob die tatbestandlich umschriebene Tat ein solches Maß an Sozialschädlichkeit erreicht, daß sie

Strafe verdient. Die Tat wird damit auf einer Skala des Unwerts menschlichen Verhaltens eingeordnet und zu anderem mehr oder weniger strafwürdigem Verhalten in Relation gesetzt. Mit dem Urteil der Strafwürdigkeit einer Versuchstat wird festgestellt, daß die Tat grundsätzlich bestraft werden soll.

Wegen des aus dem Rechtsstaatsprinzip entwickelten Verhältnismäßigkeitsgrundsatzes darf eine Versuchsstrafbarkeit aber nur dann normiert werden, wenn dafür auch ein Strafbedürfnis besteht. Zur Ermittlung der Strafbedürftigkeit ist die Geeignetheit, Erforderlichkeit sowie Angemessenheit einer Bestrafung zu beurteilen. Danach muß die Bestrafung der Versuchstat mangels Strafbedürftigkeit unterbleiben, sofern Kriminalstrafe zum Rechtsgüterschutz gar nicht beitragen kann oder auch mildere Mittel als staatliches Strafen zur Erreichung des gewünschten Rechtsgüterschutzes genügen. Schließlich wäre die Anordnung von Strafe unzulässig, wenn sie unverhältnismäßig negative Auswirkungen mit sich bringen würde.

Ergeben die Untersuchungen hingegen, daß für eine strafwürdige Versuchstat auch ein Strafbedürfnis besteht, so liegt es im Ermessen des Gesetzgebers, die Versuchsstrafbarkeit anzuordnen. Dem Gesetzgeber kommt insofern ein weiter Beurteilungsspielraum zu. Selbst aus verfassungsrechtlichen Schutzpflichten des Staates wie dem in Art. 2 Abs. 2 S. 1 GG verbürgten Lebensschutz folgt kein Kriminalisierungsgebot für den Gesetzgeber[464]. Es steht dem Gesetzgeber stets frei, auf andere, ebenso wirksame Mittel der Prävention oder Sanktion zurückzugreifen.

E. Verschiedene Regelungsinstrumente zur strafrechtlichen Erfassung des Versuchsstadiums

Hat der Gesetzgeber in Anbetracht der Strafwürdigkeit und Strafbedürftigkeit eines Verhaltens beschlossen, dasselbe bereits im Vorfeld einer Rechtsgüterverletzung zu strafen, muß er noch zwischen verschiedenen Modalitäten zur Vorverlagerung der Strafbarkeitsgrenze wählen. Denn neben der Versuchsstrafbarkeit gibt es weitere Regelungsinstrumente, mit denen sich das Vorfeld einer Rechtsgüterverletzung erfassen läßt. An dieser Stelle wird daher nicht mehr gefragt, "ob", sondern nur noch "wie" bzw. "wie weit" die Strafbarkeitsgrenze vorverlegt werden soll.

---

[464] Pieroth/Schlink § 9, Rn. 470 mit Hinweis auf BVerfG im U. v. 28.5.1993, LS 11 = NJW 1993, 1751; aA. Günther, JuS 78, S. 8 (10); Sax, Grundsätze, S. 930 f.

Zu den unterschiedlichen Möglichkeiten einer Vorfelderfassung gehören die Ausgestaltung eines Tatbestands als Gefährdungs-, Absichts-, Unternehmens- oder Vorbereitungsdelikt sowie als materielles Versuchsdelikt in der Form eines Tätigkeitsdelikts (unechtes Unternehmensdelikt). Auch eine Kombination dieser Regelungsinstrumente ist teilweise zulässig. Mit der Wahl eines Erfolgsdelikts wird dagegen ein später Zeitpunkt als Vollendung bestimmt.

Daraus ergibt sich folgende Zusammenstellung:

Regelungsinstrumente zur Markierung des Vollendungszeitpunkts

Strafverlagerung nach hinten	-	**Vorfelderfassung**
- (zweiaktige) Erfolgsdelikte		- Absichtsdelikte
		- Versuchsstrafbarkeit
		- abstrakte Gefährdungsdelikte
		- konkrete Gefährdungsdelikte
		- (echte) Unternehmensdelikte
		- unechte Unternehmensdel.
		- Vorbereitungshandlungen

Je nach Wahl des Regelungsinstruments läßt sich eine unterschiedliche Nähe der Strafbarkeitsgrenze zur eigentlichen Rechtsgutsverletzung festlegen. Zudem ergeben sich Unterschiede in der Art und Weise der Vorfelderfassung. Um sowohl den Vollendungszeitpunkt als auch die Art und Weise der Vorfeldsanktionierung entsprechend dem Tatunwert und den kriminalpolitischen Zielen bestimmen zu können, sind die verschiedenen Formen der Vorfeldsanktionierung zuvor gegeneinander abzugrenzen. Hieraus ergeben sich Anhaltspunkte, welche Regelungsinstrumente im Einzelfall zur Vorfelderfassung überhaupt zulässig und geeignet sind.

Zu diesem Zweck werden die Besonderheiten der einzelnen Regelungsinstrumente, insbesondere in Abgrenzung zur Versuchsstrafbarkeit im folgenden dargestellt. Da die Dogmatik zur Verfolgung kriminalpolitischer Zielsetzungen verschiedene systemstimmige Lösungsmöglichkeiten nebeneinander anbietet[465] und dem Gesetzgeber bei der Auswahl unter diesen Regelungstechniken ein Ermessen zusteht[466], kann eine zwingende Zuordnung einzelner Formen der Vorfelder-

[465] Zipf, Kriminalpolitik, § 1.2, S. 9.
[466] Ostendorf, JuS 82, S. 426 (427).

fassung zu bestimmten Deliktstypen hier nicht vorgenommen werden. Die nachfolgende Darstellung muß sich darauf beschränken, die Eigenheiten der einzelnen Instrumente zur Vorfelderfassung und ihr daraus sich ergebendes maßgebliches Anwendungsgebiet sowie die Voraussetzungen ihrer Normierung herauszustellen.

1. Versuchsstrafbarkeit

a) Besonderheiten der Vorfeldsanktionierung durch die Versuchsstrafbarkeit

Durch Anfügung einer Versuchsstrafbarkeit wird die Strafbarkeitsgrenze insoweit in das Vorfeld einer Rechtsgutsbeeinträchtigung verlegt, als auch mißlungene, nicht zu Ende geführte und untaugliche Taten von der Strafbarkeit erfaßt werden. Eine Besonderheit der Vorfelderfassung im Wege der Versuchsstrafbarkeit besteht bei Erfolgsdelikten in der Vielzahl der von ihr erfaßten Angriffshandlungen. Sofern der Tatbestand als Deliktsvollendung nämlich nur einen Erfolg, nicht aber die erfolgsverursachende Handlung umschreibt, werden alle möglichen, die Deliktsvollendung herbeiführenden Angriffshandlungen erfaßt, auch solche, an die der Gesetzgeber bei Normierung des Tatbestandes gar nicht gedacht hatte. Wird die Strafbarkeitsgrenze nun durch Anfügen einer Versuchsstrafbarkeit auf das unmittelbare Ansetzen vorverlegt, so bleibt es auch für die Versuchshandlung bei der Weite der pönalisierten Angriffshandlungen. Der Versuch zeichnet sich daher bei Erfolgsdelikten - etwa gegenüber dem Gefährdungsdelikt, das in seiner Vorfelderfassung regelmäßig auf die tatbestandlich umschriebene, gefährdende Handlung beschränkt ist - durch eine umfassende Sanktionierung des Vorfeldes der Deliktsverwirklichung aus.
Unabhängig von der Deliktsnatur des Tatbestands ist die Versuchsstrafbarkeit auch deshalb sehr weit, weil selbst völlig untaugliche Angriffshandlungen von ihr erfaßt werden. Da § 22 StGB allein auf die Vorstellung des Täters von seiner Tat abstellt, werden auch Angriffshandlungen, die nur nach der irrigen Vorstellung des Täters gefährlich sind, als Versuch sanktioniert. Demgegenüber sind bei abstrakten Gefährdungsdelikten oder Tätigkeitsdelikten mit Versuchsstruktur nur erfahrungsgemäß gefährdende Handlungen tatbestandsmäßig.

Eine weitere Besonderheit der Vorfeldsanktionierung durch Anordnung einer Versuchsstrafbarkeit ist die Möglichkeit des Rücktritts (§ 24 StGB), die dem Täter einen Weg in die Straflosigkeit offen hält. Ferner kann die Strafe für den Versuch gem. § 23 II StGB gegenüber der Vollendungsstrafe gemildert werden, wenn dies nach den Tatumständen, insbesondere nach der Gefährlichkeit des

Versuchs und der mit ihm demonstrierten kriminellen Energie, angemessen ist.[467]

b) Anwendungsbereich der Versuchsstrafbarkeit

Ein besonderer Grund, das Vorfeld einer Rechtsgüterbeeinträchtigung mit der Versuchsstrafbarkeit anstelle anderer Modalitäten der Vorverlagerung der Strafbarkeitsgrenze zu pönalisieren, ist die Rücktrittsmöglichkeit. Denn mit ihr wird dem Täter bis zuletzt ein Anreiz geboten, die Tat nicht zu Ende zu führen oder den Schadenseintritt noch zu verhindern. Hierin unterscheidet sich der Versuch von allen anderen Regelungsinstrumenten zur Vorfeldstrafbarkeit.
Zudem kommt nur bei einer Verurteilung wegen Versuchs, nicht dagegen bei der Sanktionierung der gleichen Tat durch ein anderes Regelungsinstrument der im Vergleich zur vollendeten Tat mindere Unrechts- und Schuldgehalt der unvollendet oder erfolglos gebliebenen Tat zum Ausdruck. Für den Gesetzgeber war dies ein gewichtiger Grund, den bisher als Unternehmensdelikt gefaßten § 316a StGB in ein im Versuch strafbares Tätigkeitsdelikt umzuwandeln[468]. Damit besteht zumindest für den Täter, der zum Angriff auf einen Kraftfahrer iSv. § 316a StGB nur angesetzt, den Angriff aber noch nicht verübt hat, die Möglichkeit des strafbefreienden Rücktritts nach § 24 StGB.

c) Voraussetzungen der Normierung

Wie oben dargestellt kommt eine Versuchsstrafbarkeit nur in Betracht, wenn die Versuchshandlung für sich strafwürdig und strafbedürftig ist. Wegen des fehlenden Erfolgseintritts muß sich der Unwert des Versuchs allein aus dem Rang des angegriffenen Rechtsguts, dem Handlungsunwert und der Verwerflichkeit der Tätergesinnung ergeben. Zudem muß die Versuchsstrafbarkeit auch geeignet, erforderlich und angemessen sein.

---

[467] Tröndle/Fischer § 23, Rn. 3.

[468] RegE zum 6. StrRG, BT-Drs. 13/8587, S. 51.

2. Das Unternehmensdelikt

a) Besonderheiten der Vorfeldsanktionierung durch ein Unternehmensdelikt

In der Weite der strafrechtlichen Vorfelderfassung entspricht das Unternehmensdelikt dem Versuch. Das rührt daher, daß das Unternehmen einer Tat gem. § 11 I Nr. 6 StGB deren Versuch oder Vollendung umfaßt. Auch der untaugliche Versuch ist daher in das Unternehmensdelikt einbegriffen[469]Das Unternehmensdelikt stellt daher zunächst nur eine spezielle Form der Anordnung der Versuchsstrafbarkeit dar[470].
Der entscheidende Unterschied ergibt sich jedoch daraus, daß das Unternehmensdelikt mit Eintritt der Handlung in das Versuchsstadium bereits vollendet ist. Infolgedessen ist dem Täter der strafbefreiende Rücktritt nach § 24 StGB verwehrt. Ihm bleibt nur die Möglichkeit durch tätige Reue Straffreiheit zu erlangen und auch dies nur, sofern die tätige Reue für den verwirklichten Straftatbestand normiert ist (so in § 83a StGB). Sofern es hingegen zu einer Bestrafung wegen eines Unternehmensdelikts kommt, steht dem Delinquenten die fakultative Strafmilderung des Versuchs nach § 23 II StGB nicht zu. Auch erfolgt die Verurteilung aus vollendetem Delikt, was einen gesteigerten Schuldvorwurf beinhaltet.

b) Anwendungsbereich des Unternehmensdelikts

Ein maßgeblicher Anwendungsbereich des Unternehmensdelikts ergibt sich für Tatbestände, bei denen es ausnahmsweise außerhalb des Versuchsstadiums des Rechtsgutsangriffs keinen sinnvollen Anwendungsbereich für die Strafnorm gibt. So verhält es sich beispielsweise bei dem Verbrechenstatbestand des Hochverrats gegen den Bund, § 81 StGB. Er kann überhaupt nur abgeurteilt werden, sofern das Vorhaben mißlingt oder nicht zu Ende geführt wird, denn nach einem vollendeten Verfassungsumsturz fehlt gerade die Instanz, vor der der Täter Rechenschaft über seine Tat abzulegen hätte. Der strafrechtlich sanktionierbare Geschehensablauf ist daher mit dem Versuchsstadium abgeschlossen[471]. Zielt der Tatbestand des Hochverrats demnach gerade auf die Erfassung des versuchten

---

469 Sch-Sch-Eser § 11, Rn 49; SK-Rudolphi § 11, Rn. 24; LK[11]- Gribbohm § 11, Rn. 90.

470 Sowada , Das unechte Unternehmensdelikt, GA 88, S. 195f.

471 Schröder, Kern-FS, S. 457.

Umsturzes ab, so ist vor diesem Hintergrund auch die Gleichstellung von Versuch und Vollendung auf der Rechtsfolgenseite einsichtig[472].

Die Deliktsform eines Unternehmensdelikts wird vom Gesetzgeber ferner dann bevorzugt, wenn das Versuchsstadium eine besonders bedrohliche Gefahrensituation oder sogar eine Rechtsgüterbeeinträchtigung mit sich bringt. Hier lassen sich neben den Hochverratsdelikten (§§ 81, 82 StGB), die Herbeiführung einer Explosion durch Kernenergie (§ 307 StGB n.F.) und der Mißbrauch ionisierender Strahlen (§ 309 StGB n.F.) als Beispiele gesteigerter Gefahrenlagen sowie die Verleitung eines Untergebenen zu einer Straftat (§ 357 StGB) als Beispiel für eine im Versuchsstadium verursachte Rechtsgutsbeeinträchtigung anführen[473].

c) Voraussetzungen der Normierung

Da das Unternehmensdelikt die Aufgabe übernimmt, den Strafrechtsschutz im Versuchsstadium "in seiner vollen Strenge auf den Zeitpunkt des Ansetzens zur Tatverwirklichung"[474] vorzuverlegen, erfordert die Normierung eines Unternehmensdelikts einen gesteigerten Unwertgehalt im Versuchsstadium. Der Auffassung des Gesetzgebers von 1909, der in seinem Vorentwurf zum RStGB zahlreiche Unternehmensdelikte (damals Versuchsdelikte) aufgenommen hatte[475], ist daher insofern nicht zu folgen, als er die Wahl des Unternehmensdelikts als "selbstverständliche"[476] Form der Vorfelderfassung bezeichnete, die "keiner weiteren Begründung"[477] bedürfe.

Insbesondere kann die Erwägung allein, das Versuchsstadium beinhalte gefährliches oder schädigendes Verhalten, zur Normierung eines Unternehmensdelikts nicht hinreichen. Denn derselbe Gedanke ist auch in dem Argumentationskanon zur Begründung von Versuchsstrafbarkeiten enthalten (vgl. Teil 1 A 1 b, A 3 a). Auf diese Weise begründete der Gesetzgeber beispielsweise die Normierung der Versuchsstrafbarkeit in den §§ 160, 174 ff., 109 ff, 240, 265, 324 StGB.

---

472 Binding, GS 77, S. 1 (14).

473 Weber, Die Vorverlegung des Strafrechtsschutzes, ZStW-Beiheft 1987, S. 1 (10).

474 Schröder, Kern-FS, S. 457.

475 Hierzu gehörten die Delikte der Hinderung gesetzgebender Versammlungen (§ 118 VE), Hinderung an der Ausübung des Wahlrechts (§ 119 VE), Wahlstörung (§ 122 VE), Behördennötigung (§ 126VE), Meuterei (§ 130 VE); Hinderung des Gottesdienstes (§ 157 VE), Münzfälschung (§§ 159 und 161 VE), Urkundenfälschung (§ 282 VE), Grenzfälschung (§ 288 VE).

476 Vorentwurf, Begrü. zu § 126 VE, S. 465.

477 Vorentwurf, Begrü. zu § 157 VE, S. 517.

Sollen die gleichen Argumente die Pönalisierung des Versuchsstadiums als Vollendung rechtfertigen, so muß der durch Gefährdung oder Beeinträchtigung verwirklichte Unwert- und Schuldgehalt der Tat gesteigert sein. Denn andernfalls wäre es nicht gerechtfertigt, dem Täter die Möglichkeit des Rücktritts und der Strafmilderung zu nehmen und ihn darüber hinaus mit dem ungleich schwereren Schuldvorwurf der vollendeten Tat zu belegen[478].

3. Das konkrete Gefährdungsdelikt

a) Besonderheiten der Vorfeldsanktionierung durch ein konkretes Gefährdungsdelikt

Das konkrete Gefährdungsdelikt ist ein Erfolgsdelikt, das mit Eintritt einer konkreten Gefahr für die tatbestandlich geschützten Rechtsgüter vollendet ist (z.B. die §§ 315 ff StGB)[479]. Es verlagert gegenüber den Verletzungserfolgsdelikten die Strafbarkeitsgrenze insofern nach vorne, als Vollendung nicht erst mit Schadenseintritt, sondern schon mit der Verursachung einer konkreten Gefahr für das geschützte Rechtsgut eintritt. Ob sich die geschaffene Gefahr dann nachfolgend realisiert, ist unerheblich[480]. Die Vorverlagerung liegt mithin nicht im Anknüpfen an ein zeitlich früheres menschliches Verhalten, sondern allein in der Bestimmung einer früheren Verwirklichungsstufe als tatbestandlichen Erfolg. Daher bringt das konkrete Gefährdungsdelikt auch nur gegenüber dem vollendeten Verletzungsdelikt eine Vorverlagerung mit sich.
Im Vergleich zum Versuch ergibt sich dagegen keine weitere Vorverlagerung der Strafbarkeitsgrenze: In beiden Fällen wird die Strafbarkeit an die Vornahme einer Handlung geknüpft, die im Bewußtsein (oder beim Versuch möglicherweise nur in der irrigen Annahme) ihrer Gefährlichkeit für das geschützte Rechtsgut vorgenommen wird. Die mit der Versuchsstrafbarkeit eines Verletzungsdelikts erzielte Vorfelderfassung geht sogar weiter als die des konkreten Gefährdungsdelikts, da der Versuch auch den untauglichen umfaßt, der niemals in eine Rechtsgutsgefährdung münden kann.

---

478 Weil diese hohen Anforderungen nicht mehr als gegeben angesehen wurden, faßte der Gesetzgeber das ehemalig Unternehmensdelikt des § 316a StGB im Rahmen des 6. StrRG als Tätigkeitsdelikt mit Versuchsstrafbarkeit neu. RegE zum 6. StrRG, BT-Drs. 13/8587, S. 51.

479 Roxin, AT, § 11, Rn. 129; Schmidhäuser, AT, Lehrbuch 8/41; Sch-Sch-Cramer vor § 306, Rn. 2; Tröndle/Fischer vor § 13, Rn. 13a; SK-Horn § 315, Rn. 9.

480 Roxin, AT, § 11, Rn. 129; Jescheck/Weigend AT, § 26 II, S. 263 f.; Tröndle/Fischer vor § 13, Rn. 13a; Lackner/Kühl vor § 13, Rn. 32; Sch-Sch-Cramer vor § 306, Rn. 2.

In anderer Hinsicht geht das konkrete Gefährdungsdelikt jedoch über den Versuch eines Verletzungsdelikts hinaus: Aufgrund der Vorverlagerung des Vollendungszeitpunktes kann mit dem konkreten Gefährdungsdelikt ein Geschehen, das im Falle eines Verletzungsdelikts nur als Versuch abgeurteilt werden könnte, als Vollendung bestraft werden. Dies bedeutet neben dem anderen Gewicht des Urteils, das über die Tat gefällt wird, auch den Ausschluß der Strafmilderungsmöglichkeit nach § 23 II StGB. Eine weitere Folge des früheren Vollendungszeitpunktes ist die Verkürzung der Rücktrittsmöglichkeit, die bereits mit Eintritt der konkreten Gefahr (Vollendung) entfällt, wenngleich dem Täter in einigen konkreten Gefährdungsdelikten die Möglichkeit eröffnet wird, sich nach der formellen Vollendung im Wege der tätigen Reue noch Straffreiheit oder Strafmilderung zu verschaffen (z.B. im Bereich der §§ 315 ff StGB nach dem Katalog des § 320 StGB n.F.)[481].
Die Strafbarkeitsgrenze des konkreten Gefährdungsdelikts läßt sich zudem, wie überwiegend geschehen, durch die Anfügung einer Versuchsstrafbarkeit seinerseits vorverlegen.

b) Anwendungsbereich des konkreten Gefährdungsdelikts

Der Verzicht auf den Eintritt eines Schadenserfolgs im konkreten Gefährdungsdelikt führt zu einem gewichtigen Anwendungsgebiet dieser Deliktsgruppe hin. Da die Verletzung des geschützten Rechtsgutes nicht zum objektiven Tatbestand gehört, müssen weder ihr Eintritt noch die Kausalität der pönalisierten Handlung für den Schadenserfolg nachgewiesen werden[482]. Entsprechend erfordert das konkrete Gefährdungsdelikt in subjektiver Hinsicht nur den Vorsatz, das geschützte Rechtsgut zu *gefährden*[483]. Der Planungszusammenhang, d.h. das eigentliche Ziel der Handlung, und die Frage, ob der Vorsatz die Verletzung des Rechtsgutes umfaßte, ist daneben unbeachtlich[484]. Das allein maßgebliche Bewußtsein, Rechtsgüter mit einer Handlung konkret zu gefährden, stellt aber ge-

---

481 Tröndle/Fischer § 315, Rn. 26; Sch-Sch-Cramer § 315, Rn. 21; SK-Horn, § 315, Rn. 10.

482 Roxin, AT, § 11, Rn. 129; SK-Horn § 315, Rn. 10.

483 Ausführlich zum Gefährdungsvorsatz: Cramer in NJW 64, S. 1835 (1837); Tröndle/Fischer § 315, Rn. 18; SK-Horn, § 315, Rn. 10; Weber, Vorverlegung, ZStW-Beiheft 1987, S. 1 (21 f.).

484 Tröndle/Fischer § 315, Rn. 18.

ringere Beweisanforderungen als beim Verletzungsversuch, bei dem darüber hinaus noch die bewußte Inkaufnahme einer Beeinträchtigung zu belegen ist[485].

Für den Fall, daß selbst ein Gefährdungsvorsatz nicht bewiesen werden kann, besteht für eine Vielzahl von konkreten Gefährdungsdelikten die Möglichkeit, wegen fahrlässiger Gefahrverursachung zu strafen. Dazu muß im Tatbestand festgelegt sein, daß Bestrafung auch dann eintritt, wenn mit der vorsätzlichen Handlung ein Gefahrerfolg nur fahrlässig herbeigeführt wird (so z.B. bei den §§ 97 I, 109e V, 109g IV (hier ist Leichtfertigkeit erforderlich) und 315 III Nr. 1 StGB). Das konkrete Gefährdungsdelikt nimmt dann die Gestalt einer Vorsatz-Fahrlässigkeits-Kombination an. Im Ergebnis ist hier nur die vorsätzliche Vornahme der gefährdenden Handlung und das sorgfaltswidrige Verkennen der mit ihr verursachten Gefahrenlage nachzuweisen.

c) Voraussetzungen der Normierung

Aus den obigen Feststellungen ergeben sich nun einige Voraussetzungen an das zu pönalisierende Verhalten, damit die Normierung eines konkretes Gefährdungsdelikts als Mittel der Vorfelderfassung zulässig ist. Wie beim Versuch erfordert die Vorverlagerung der Strafbarkeitsgrenze auch beim konkreten Gefährdungsdelikt, daß das pönalisierte Verhalten in dieser Verwirklichungsstufe strafwürdig und strafbedürftig ist. Mit dem Verzicht auf einen Verletzungserfolg entfällt ein bedeutender Teil des Erfolgsunwerts der Tat. Denn eine konkrete Gefährdung stellt gegenüber der Verletzung eine Beeinträchtigung geringerer Intensität dar. Daher ist der Tatunwert des konkreten Gefährdungsdelikts wie beim Versuch auch hinsichtlich der Intensität des Angriffs gegenüber dem vollendeten Erfolgsdelikt gemindert[486].

Auch der Handlungsunwert ist beim konkreten Gefährdungsdelikt nur geringer ausgeprägt. Denn der Tatvorsatz muß nicht den Schadenseintritt umfassen. Das Ausmaß der Mißachtung der Grundwerte sozialen Zusammenlebens ist aber geringer zu bewerten, wenn der Täter Rechtsgüter lediglich bewußt gefährdet und dabei möglicherweise ernsthaft auf das Ausbleiben eines Erfolges vertraut, als wenn er den Schadenseintritt in Kauf nimmt[487].

---

485 Die Möglichkeit, einen vom Verletzungserfolg zu trennenden Gefährdungsvorsatz zu fassen sowie die Anforderungen, die an einen solchen Vorsatz zu stellen wären, sind umstritten. Zu den unterschiedlichen Standpunkten: Niederschriften Bd. 8, S. 417 ff.

486 Jescheck/Weigend AT, § 26 II, S. 263.

487 Sch-Sch-Cramer § 315c, Rn. 34.

Sind Erfolgs- und Handlungsunwert beim konkreten Gefährdungsdelikt insoweit gemindert, so muß aus dem Rang des angegriffenen Rechtsguts[488] ein so erheblicher Tatunwert folgen, daß die Sanktionierung der Tat auch ohne Erfolgseintritt gerechtfertigt ist.
Als konkretes Gefährdungsdelikt werden daher nur solche Taten in Betracht kommen, die sich gegen besonders hochrangige Rechtsgüter wie die Staatssicherheit (§ 95 StGB) oder Leib und Leben (§ 221, 315 ff StGB) richten oder deren Handlungsunwert durch das Ausmaß der verursachten Gefährdung gesteigert ist. So ist der Handlungsunwert etwa besonders hoch, wenn der Täter die Gefährdung einer Vielzahl von Menschen oder Sachen in seinen Vorsatz aufnimmt (z.B. in Bereichen, wie dem Bahn-, Luft- und Straßenverkehr, §§ 315 ff StGB, oder der Atomtechnik, § 312 n.F. StGB, die wegen ihres hohen Grades an Technisierung massive Risiken begründen).

Im Hinblick auf die Normierung einer Versuchsstrafbarkeit bei Vergehen bedeutet dies, daß dem Gesetzgeber nach Feststellung der Strafwürdigkeit und Strafbedürftigkeit einer Versuchstat die wahlweise Ausgestaltung des Tatbestands als konkretes Gefährdungsdelikt nur offensteht, wenn sich die Tat im Vorfeld der Rechtsgüterverletzung durch den Angriff auf besonders hochrangige Rechtsgüter oder die Gefahr eines erheblichen Schadensausmaßes auszeichnet.

Die Zulässigkeit einer erneuten Strafbarkeitsausweitung in das Vorfeld durch zusätzliche Anordnung einer Versuchsstrafbarkeit ist anhand der oben dargestellten Kriterien der Strafwürdigkeit und Strafbedürftigkeit der Versuchstat zu prüfen.

4. Das abstrakte Gefährdungsdelikt

a) Besonderheiten der Vorfeldsanktionierung durch ein abstraktes Gefährdungsdelikt

Die Vorfelderfassung erfolgt bei den abstrakten Gefährdungsdelikten dadurch, daß allein die tatbestandlich umschriebene Handlung, die einen schädigenden Erfolg erwarten läßt, den Anknüpfungspunkt der Bestrafung darstellt. Schon mit ihrer Vornahme tritt Vollendung ein, ohne daß ein Erfolgseintritt in Form einer konkreten Gefahr oder Schädigung erforderlich ist[489]. Der Vollendungszeitpunkt

---

488 Jescheck/Weigend AT § 7 I, S. 50 f.

489 Roxin AT § 11, Rn. 127; Wessels/Beulke AT § 1 II, Rn. 29; Tröndle/Fischer vor § 13, Rn. 13a.

liegt daher vor dem der Verletzungsdelikte und der konkreten Gefährdungsdelikte[490].

Mit dem Versuch ist das abstrakte Gefährdungsdelikt insofern vergleichbar, als in beiden Fällen die Vornahme einer Handlung bestraft wird, ohne daß diese (notwendig) einen Erfolg herbeiführt[491]. Selbst auf die Tauglichkeit der jeweils sanktionierten Handlung zur Gefahrverursachung im Einzelfall kommt es bei beiden Regelungsinstrumenten nicht an[492].
Unter diesem Gesichtspunkt ist das abstrakte Gefährdungsdelikt sogar enger als der Versuch, denn im abstrakten Gefährdungsdelikt wird tatbestandlich eine bestimmte Angriffshandlung festgelegt, die sich in der Praxis als besonders gefährlich und schadensträchtig erwiesen hat. Das Delikt beschränkt die Bestrafung demnach auf typischerweise gefährliche Handlungen[493]. Der Versuch erfaßt hingegen jede nach dem Vorstellungsbild des Täters erfolgstaugliche Angriffshandlung. Auch offensichtlich untaugliche und grob unverständige Angriffshandlungen, die niemals eine Rechtsgutsgefährdung herbeiführen können, fallen daher unter die angedrohte Versuchsstrafbarkeit, wenn sie nur nach dem Täterplan zur Erfolgsverursachung geeignet sind[494].

Auf eine rechtsfeindliche Einstellung des Täters zur Rechtsgemeinschaft kommt es beim abstrakten Gefährdungsdelikt insofern nicht an, als dem Täter die Gefährlichkeit der von ihm vorgenommenen Handlung nicht bewußt sein muß: Da der objektive Tatbestand weder einen Schadens- noch einen Gefahrerfolg enthält, muß auch der Vorsatz deren Eintritt nicht umfassen. Vielmehr richtet sich das abstrakte Gefährdungsdelikt als Appell ebenso an den rechtstreuen Täter, um ihm mit der Pönalisierung der tatbestandlichen Handlung die erhebliche Gefährlichkeit der Tat vor Augen zu führen und so bereits der Entstehung einer Gefah-

490 Ostendorf, JuS 82, S. 426.

491 Graul, Abstrakte Gefährdungsdelikte und Präsumtion im Strafrecht, S. 131.

492 Das wird bei den abstrakten Gefährdungsdelikten allerdings als nicht vereinbar mit dem Schuldprinzip kritisiert, z.B. Arthur Kaufmann, JZ 63, S. 425 (432); Sch-Sch-Cramer vor § 306 ff., Rn. 3a; Rudolphi, Maurach-FS, S. 51 (59); Schünemann, JA 75, S. 792 (797 ff.); BGHSt 26, 121 (123 ff.).; zusammenfassende Darstellung in Roxin AT § 11, Rn. 127.

493 Ostendorf, JuS, 82, S. 426 (429); Maurach/Zipf, AT, 1, § 20, Rn. 31; Roxin, AT, § 11, Rn. 127; Wessels/Beulke AT § 1 II, Rn. 29.

494 Maurach/Gössel/Zipf, § 41 III, Rn. 70 ff.

rensituation vorzubeugen[495]. Das abstrakte Gefährdungsdelikt übernimmt insofern die Aufgabe einer Gefahrenprophylaxe[496].

Zum repressiven Rechtsgüterschutz trägt das abstrakte Gefährdungsdelikt insofern bei, als es auf Beweisnot basierende Strafbarkeitslücken schließt. Die Entbehrlichkeit eines Erfolgseintritts beim abstrakten Gefährdungsdelikt macht den Nachweis des Erfolgseintritts selbst, den der Kausalität und des Vorsatzes, einen bestimmten Erfolg herbeizuführen, entbehrlich.

b) Anwendungsbereich des abstrakten Gefährdungsdelikts

Hieraus ergeben sich unmittelbar Schlußfolgerungen für die Normierung abstrakter Gefährdungsdelikte anstelle einer Versuchsstrafbarkeit:
Durch den gegenüber einem Verletzungsdelikt verkürzten objektiven Tatbestand kann das abstrakte Gefährdungsdelikt Rechtsgüterschutz gewähren, wo dies wegen regelmäßig auftretender Beweisschwierigkeiten mit einem (evtl. im Versuch strafbaren) Erfolgsdelikt nicht möglich ist. Schließlich läßt sich mit dem abstrakten Gefährdungsdelikt einer Gefahrentstehung sogar vorbeugen, indem bereits die typischerweise gefahrenträchtigen Handlungen unabhängig von einer nahen Rechtsgütergefährdung und einem entsprechenden Tätervorsatz pönalisiert werden.

Ein weiterer Grund, ein abstraktes Gefährdungsdelikt zu normieren, liegt in der Beeinträchtigung eines abstrakten Rechtsguts, die schon mit der für ein konkretes Rechtsgut typischerweise gefährlichen Handlung verursacht wird. Es handelt sich hier um die Beeinträchtigung vergeistigter Zwischenrechtsgüter[497]. Vergeistigte Zwischenrechtsgüter sind abstrakte Werte der Allgemeinheit, die ohne einen faßbaren Schaden aufzuweisen, beeinträchtigt werden. So schützen beispielsweise die §§ 264a und 265b StGB neben dem Individualvermögen auch das Allgemeininteresse an der Funktionsfähigkeit des Kapitalmarkts (§ 264a StGB)[498] bzw. das Allgemeininteresse an der Verhütung von Gefahren, die der Wirtschaft im ganzen durch die ungerechtfertigte Vergabe von Krediten erwach-

---

495 Sturm sieht in den abstrakten Gefährdungsdelikten daher auch eine Form der Sanktionierung unvollendeter Fahrlässigkeitstaten, ZStW 59 (1940), S. 23 (31).

496 Ostendorf, JuS 82, S. 426 (427); Berz, Formelle Tatbestandsverwirklichung, S. 58; Kuhlen, Zum Strafrecht der Risikogesellschaft, GA 94, 347 (348).

497 Der Begriff wurde von Schünemann geprägt, JA 75, S. 792 (793).

498 Lackner/Kühl § 264a, Rn. 1 mwNw.

sen können[499]. Diese Zwischenrechtsgüter sind bereits verletzt, wenn ein individueller Vermögensschaden (noch) nicht eingetreten ist. Das abstrakte Gefährdungsdelikt stellt das Zwischenrechtsgut unter seinen Strafrechtsschutz. Damit schlägt das abstrakte Gefährdungsdelikt eine Brücke zu dem letztlich geschützten konkreten Rechtsgut und damit zu den Verletzungsdelikten[500].

c) Voraussetzungen der Normierung

Einen die Normierung eines abstrakten Gefährdungsdelikts legitimierenden Unwert kann die pönalisierte Handlung grundsätzlich nicht aus dem Erfolgsunwert schöpfen, es sei denn mit dem Tatbestand wird ausnahmsweise auch ein vergeistigtes Zwischenrechtsgut geschützt, das regelmäßig schon mit Vornahme der pönalisierten Handlung beeinträchtigt wird. Einen Erfolgsunwert aus der Beeinträchtigung oder Gefährdung eines Rechtsguts gibt es darüber hinaus bei den abstrakten Gefährdungsdelikten nicht. Wegen der geringen Anforderungen des objektiven Tatbestands ist auch der Handlungsunwert der Tat insofern gemindert, als er keinen auf Schädigung oder Gefährdung gerichteten Vorsatz umfassen muß.

Unwertbegründend kann allein die gefährdende Handlung selbst sein. In ihr muß ein derart schwerer Handlungsunwert zum Ausdruck kommen, daß sie für sich strafwürdig erscheint. Andernfalls ließe sich der Verzicht auf Erfolgs-, Kausalitäts- und Vorsatznachweis nicht legitimieren[501]. Das abstrakte Gefährdungsdelikt ist daher zum einen dann eine zulässige Form der Vorfelderfassung, wenn aus der tatbestandlichen Handlung typischerweise die Gefahr eines großen Schadens entsteht, dessen Ausmaß der Täter nicht mehr Herr ist[502] (Handlungs-unwert), und zum anderen wenn durch die pönalisierte Handlung hochrangige Rechtsgüter gefährdet werden (Rang des Rechtsguts).

Potentielle Gefährdungsdelikte erfordern die Vornahme einer zur Verursachung des tatbestandlich umschriebenen Schadens objektiv geeignete Handlung (z.B. § 325a StGB: Wer...Lärm verursacht, der geeignet ist, ...die Gesundheit eines anderen zu schädigen...). Auf den Eintritt einer Gefahr oder eines Schadens kommt es aber auch bei diesem Deliktstyp nicht an. Potentielle Gefährdungsde-

499 Lackner/Kühl § 265b, Rn. 1 mwNw.

500 Schünemann JA, 75, S. 792 (793).

501 Hillenkamp, Beweisprobleme im Wirtschaftsstrafrecht, in Wirtschaft und Recht, Bd. I, S. 221 (246).

502 Weber, Vorverlegung, ZStW-Beiheft 1987, S.1 (26 f.).

likte sind daher eine spezielle Form der abstrakten Gefährdungsdelikte[503]. Für sie gilt das oben Gesagte sinngemäß.

5. *Tätigkeitsdelikte mit Versuchsstruktur*

a) Besonderheiten der Vorfeldsanktionierung durch ein Tätigkeitsdelikt mit Versuchsstruktur

Das Tätigkeitsdelikt kann die Strafbarkeitsgrenze nach vorne verlagern, indem es ein Geschehen zur vollendeten Tat erhebt, das materiell erst das Versuchsstadium einer vom Tatbestand nicht umfaßten Rechtsgutsverletzung beschreibt[504]. Ähnlich wie beim Versuch wird auch hier eine auf Erfolgsherbeiführung gerichtete Tätigkeit bestraft. Anders als dort wird sie hier jedoch als formell vollendete Tat pönalisiert (z.B. das Dem-Wilde-Nachstellen, 292 I Nr. 1 StGB, oder der tätliche Angriff auf Vollstreckungsbeamte, § 113 I StGB). Daher ist insbesondere ein Rücktritt von der Tat und auch eine Strafmilderung wegen Ausbleibens des Erfolges (§ 23 II StGB) ausgeschlossen. Wegen der Ähnlichkeit dieser Delikte zu Unternehmensdelikten wird jedoch zum Teil die analoge Anwendung der Vorschriften über die tätige Reue in §§ 83a, 316a II a.F. StGB vorgeschlagen, um dem Täter trotz formeller Tatbestandsvollendung noch zu Straffreiheit zu verhelfen[505].

Ein weiterer Unterschied zwischen Versuchsstrafbarkeit und Tätigkeitsdelikt mit Versuchsstruktur liegt in der Erstreckung auf untaugliche Handlungen. Während der untaugliche Versuch zweifellos strafbar ist, weil § 22 StGB nur auf die Tätervorstellung abstellt, kann die Tatbestandsmäßigkeit einer untauglichen Handlung beim Tätigkeitsdelikts (z.B. in § 257 StGB die Vornahme einer objektiv zur Beutesicherung ungeeigneten Handlung) nicht einheitlich beantwortet werden. Sie kann, da es eine § 22 StGB vergleichbare allgemeine Regelung für Tätigkeitsdelikte nicht gibt, nur aus dem Schutzzweck der jeweiligen Norm ermittelt werden[506].

---

503 Lackner/Kühl vor § 13, Rn. 32; Roxin AT, § 11, Rn. 135; aA: Schröder JZ 67, S. 522 (525) und ZStW 81 (1969) S. 7 (18 ff.); dagegen Gallas, Heinitz-FS, S. 171 (174 f.)

504 Weber, Vorverlegung , ZStW-Beiheft 1987, S. 1 (13).

505 So Schröder, Kern-FS, S. 457 (467 f.); Sch-Sch-Stree § 257, Rn. 27; SK-Samson § 257, Rn. 34; LK[10]-Tröndle § 11, Rn. 81; SK-Rudolphi § 11, Rn. 30.

506 Str., wie hier: Berz, Formelle Tatbestandverwirklichung, S. 136 in Fn.16; Sowada, GA 88, S. 195 (208).Ohne jede Einschränkung für die Erstreckung auf untaugliche Handlungen dagegen: Bockelmann, Strafrechtliche Untersuchungen S. 192 (198); Armin

b) Anwendungsbereich des Tätigkeitsdelikts mit Versuchsstruktur

Für die Wahl eines Tätigkeitsdelikts mit Versuchsstruktur als alternativem Instrument der Vorfelderfassung neben der Versuchsstrafbarkeit ergibt sich mithin, daß es vorzugswürdig ist, sofern die Möglichkeit eines strafbefreienden Rücktritts für den Täter ab Vornahme der tatbestandlich umschriebenen Handlung ausgeschlossen werden soll. Das ist dann ein naheliegendes gesetzgeberisches Ziel, wenn mit der tatbestandlichen Handlung unabhängig vom Eintritt des letztlich verfolgten Ziels bereits schutzwürdige Interessen verletzt werden. Eine solche Doppelung des Schutzobjekts liegt z.B. bei den §§ 113, 125, 257 StGB vor, die neben dem jeweils tangierten Individualrechtsgut auch die Allgemeinrechtsgüter des Funktionierens der Staatsorgane (§ 113 StGB)[507], der öffentlichen Sicherheit (§ 125 StGB)[508] und der Rechtspflege (§ 257 StGB)[509] schützen. Diese Allgemeinrechtsgüter werden - den vergeistigten Zwischenrechtsgütern vergleichbar - durch Vornahme der tatbestandlichen Handlung auch dann beeinträchtigt, wenn der eigentlich vom Täter gewünschte Erfolg ausbleibt.

c) Voraussetzungen der Normierung

Eine hinreichende Strafwürdigkeit im Versuchsbereich, die den Ausschluß des strafbefreienden Rücktritts zu erklären und das Tätigkeitsdelikt als Alternative zu einer Tatbestandsfassung als Verletzungsdelikt mit zusätzlicher Versuchsstrafbarkeit zu legitimieren vermag, ergibt sich bei den Tätigkeitsdelikten insbesondere aus dem Erfolgsunwert. Er wird bei ihnen durch die Beeinträchtigung von Allgemeinrechtsgütern schon im materiellen Versuchsstadium verwirklicht.

Kaufmann, Die Dogmatik der Unerlassungsdelikte, S. 233.; Waider, GA 1962, S. 176 (183 f); Welzel, Strafrecht, § 56, 1b, S. 285.
Beschränkt auf die Tatbestandsmäßigkeit eines Vorgehens mit untauglichen Mitteln im Gegensatz zum untauglichen Objekt: Schröder in Kern-FS, S. 465 f.; Sch-Sch-Eser § 11, Rn. 54; LK[10]-Tröndle § 11, Rn. 80; Burkhardt, JZ 71, S. 352 (355).

507 SK-Horn § 113, Rn. 2; LK[11]-v. Bubnoff § 113, Rn. 2.

508 SK-Rudolphi § 125, Rn. 2; LK[11]-v. Bubnoff § 125, Rn. 1.

509 SK-Samson § 257, Rn. 3; LK[11]-Ruß § 257, Entstehungsgeschichte, Rn. 3.

6. Vorbereitungshandlungen

a) Besonderheiten der Sanktionierung von Vorbereitungshandlungen

Eine über den Versuchsbereich hinausgreifende Vorverlagerung der Strafbarkeitsgrenze wird mit den Pönalisierung von Vorbereitungshandlungen erzielt. Hier werden Verhaltensweisen erfaßt, die dem unmittelbaren Ansetzen zur Tatbestandsverwirklichung i.S. des § 22 StGB und damit dem Versuchsstadium vorausgehen[510]. Grundsätzlich werden vorbereitende Handlungen strafrechtlich nicht pönalisiert, da sie in der Regel noch zu weit von der Deliktsvollendung entfernt sind, um eine Rechtsgütergefährdung darzustellen.

b) Gründe für die Pönalisierung einer Vorbereitungshandlung

Aus der grundsätzlich fehlenden Rechtsgutsgefährdung im Vorbereitungsstadium ergibt sich aber sogleich auch die Ausnahme von der Straflosigkeit der Vorbereitungshandlungen: Sie werden nämlich dann unter Strafe gestellt, wenn sie bereits eine Schadensneigung in sich tragen[511].
Diese die Strafwürdigkeit der Vorbereitungshandlung begründende Gefährlichkeit kann im Vorbereitungsstadium insbesondere daher rühren, daß Dritte mit den zur späteren Tatausführung bereitgehaltenen Vorrichtungen in Berührung kommen und die Vorbereitungen für eigene kriminelle Zwecke verwenden oder, ohne kriminelle Ziele zu verfolgen, versehentlich eine unmittelbare Gefahr auslösen. Die Sanktionierung von Vorbereitungshandlungen übernimmt daher die Funktion einer Gefahrenprophylaxe. Sie weist eine gewisse Parallelität zur Ingerenzhaftung auf. Denn in beiden Fällen hat der Täter für die Begründung einer Gefahrensituation einzustehen, die sich erst durch das Hinzutreten Dritter verwirklicht hat bzw. zu verwirklichen droht[512].
Für den Normierungsprozeß ergibt sich daraus, daß dem Gesetzgeber bei der Auswahl eines Rechtsinstruments zur Vorfelderfassung kein Entscheidungskonflikt zwischen Versuchsstrafbarkeit und Vorbereitungshandlung entstehen dürfte. Denn beide decken ganz unterschiedliche Bereiche im Vorfeld einer Deliktsverwirklichung ab und dienen jeweils unterschiedlichen Zwecken.

---

510 Weber, Die Vorverlegung, ZStW-Beiheft 1987, S. 1 (15).

511 Jakobs ZStW 97 (1985), S. 751 (767 ff.); Weber, Vorverlegung, ZStW-Beiheft 1987, S. 1 (15 f).

512 Weber, Vorverlegung, ZStW-Beiheft 1987, S. 1 (16).

c) Voraussetzungen der Normierung

Die Pönalisierung einer Vorbereitungshandlung ist nur dann zulässig, wenn die Tat ausnahmsweise schon in diesem frühen Verwirklichungsstadium wegen ihrer Gefährlichkeit oder des hohen Rangs des letztlich gefährdeten Rechtsguts Strafe verdient und ihrer bedarf.

7. Kumulative Verwendung der Regelungsinstrumente zur Vorfelderfassung

Die soeben dargestellten Deliktsformen lassen sich mit Ausnahme des Unternehmensdelikts und des Vorbereitungsdelikts ihrerseits mit einer Versuchsstrafbarkeit versehen. Auf diese Weise werden die Eigenheiten der kombinierten Regelungsinstrumente zusammengeführt, so daß beispielsweise eine untaugliche, nach der Vorstellung des Täters aber zur Gefährdung geeignete Handlung als Versuch eines konkreten Gefährdungsdelikts bestraft werden kann. Von dieser Möglichkeit hat der Gesetzgeber insbesondere bei den konkreten Gefährdungsdelikten Gebrauch gemacht (vgl. nur §§ 315 II, 315a II, 315b II; 315c II StGB). Ob eine derartige Kumulation der Vorfelderfassung zulässig ist, muß wiederum an der Strafwürdigkeit und Strafbedürftigkeit der sanktionierten Tat gemessen werden. Nur wenn der dann noch verbleibende Gesamtunwert der Tat die Schwelle zur Strafwürdigkeit überschreitet und wenn ferner die angedrohte Vorfeldbestrafung für den Schutz des jeweiligen Rechtsguts geeignet, erforderlich und angemessen ist, ist die Kombination von Rechtsinstrumenten zur Vorfelderfassung zulässig.

F. Zusammenfassung

In diesem Teil der Arbeit konnte eine Systematik aufgezeigt werden, die der Normierung von Versuchsstrafbarkeiten in den Vergehenstatbeständen des StGB zugrunde liegt.
Als ihr Kern hat sich die Bewertung der Strafwürdigkeit und Strafbedürftigkeit des Versuchsstadiums des jeweiligen Vergehens erwiesen. Nur wenn eine Versuchshandlung beide Elemente aufweist, kommt ihre Bestrafung in Betracht. Zur Bewertung der Strafwürdigkeit einer Tat wurden Kriterien vorgestellt, anhand derer sich der mit der Tat verwirklichte Gesamtunwert sowohl absolut als auch in Relation zu anderen Taten feststellen läßt. Der verwirklichte Unwert- und

Schuldgehalt ergibt sich aus dem Rang des angegriffenen Rechtsguts, der Gefährlichkeit des Angriffs und der Verwerflichkeit der Tätergesinnung. Das weitere Erfordernis der Strafbedürftigkeit einer Tat hat sich als Element erwiesen, das der Strafgesetzgebung Grenzen zu setzen vermag.
Sofern eine Versuchstat ihrer Strafwürdigkeit und Strafbedürftigkeit nach eine Bestrafung verdient und ihrer bedarf, ist die Möglichkeit einer Vorfeldsanktionierung eröffnet. Der Gesetzgeber ist zur Pönalisierung dieser Verwirklichungsstufe jedoch nicht auf die Normierung einer Versuchsstrafbarkeit festgelegt, sondern kann zwischen verschiedenen Modalitäten der Vorfelderfassung wählen. Neben der Normierung einer Versuchsstrafe kommen insbesondere auch die Tatbestandsfassung als Unternehmensdelikt, als konkretes oder abstraktes Gefährdungsdelikt, als Tätigkeitsdelikt mit Versuchsstruktur und als Vorbereitungsdelikt in Betracht. Sie erfassen jeweils einen anderen Ausschnitt aus dem Vorfeld der Deliktsverwirklichung und strafen diesen als Vollendung. Bei der Bestimmung der Art und Weise der Sanktionierung des strafwürdigen Vorfeldes einer Tat steht dem Gesetzgeber ein Gestaltungsspielraum zu[513]. Doch auch in diesem Stadium der Normierung muß der Gesetzgeber die Grenzen der Gesetzgebungsbefugnis, wie sie von der Strafwürdigkeit und Strafbedürftigkeit gezogen werden, berücksichtigen[514]. Danach muß die gewählte Form der Vorfeldsanktionierung zunächst von einer hinreichenden Strafwürdigkeit der Tat gedeckt werden. Sie muß aber ferner auch zum Schutz des Rechtsguts, dem die jeweilige Norm dient, geeignet, erforderlich und angemessen sein. Hier erlangt das mit der Bestrafung verfolgte, kriminalpolitische Ziel Bedeutung. Es kann beispielsweise einen bestimmten Grad an Rechtsgütergefährdung als Anknüpfungspunkt der Strafe oder das Erfordernis einer Rücktrittsmöglichkeit vorgeben und so die Auswahl des Gesetzgebers unter den verschiedenen Modalitäten der Vorfeldsanktionierung beschränken.

---

513 Ostendorf, JuS 82, S. 426 (426 f.).

514 Zur Verfassungsrechtlichen Herleitung der Strafbedürftigkeit vgl. oben unter C.

4. Teil: Die Systematik der Versuchsstrafbarkeit von Verbrechen

In der vorangegangenen Untersuchung sind jene Aspekte herausgearbeitet worden, die in Vergehenstatbeständen bei der Normierung von Versuchsstrafbarkeiten zu berücksichtigen sind. Sie fügen sich zu einem System zusammen, nach dem das einzelne Vergehen auf die Zulässigkeit hin untersucht werden kann, ihm eine Versuchsstrafbarkeit anzufügen. Auf der Grundlage der hieraus gewonnenen Erkenntnisse sollen nun die Verbrechen betrachtet werden, um zu ermitteln, ob auch bei ihnen die Normierung der Versuchsstrafbarkeit einer an Strafwürdigkeit und Strafbedürftigkeit orientierten Systematik folgt.

A. Generelle Versuchsstrafbarkeit der Verbrechen

Die Versuchsstrafbarkeit von Verbrechen richtet sich nach § 23 I StGB. Danach sind Verbrechen stets im Versuch strafbar. Aus dieser Regelung ergeben sich zwei grundlegende Unterschiede zur Versuchsstrafbarkeit von Vergehen. Zum einen sind die Verbrechen ausnahmslos bereits im Versuchsstadium unter Strafdrohung gestellt. Zum anderen sind wegen der generellen Anordnung der Versuchsstrafbarkeit im Allgemeinen Teil entsprechende Einzelandrohungen in den Verbrechenstatbeständen des Besonderen Teils nicht erforderlich.

Für den Normierungsprozeß bedeutet dies, daß sich eingehende Untersuchungen des einzelnen Verbrechenstatbestandes unter dem Blickwinkel einer möglichen Strafbarkeitsvorverlagerung durch Anordnung einer Versuchsstrafbarkeit erübrigen. Denn auch ohne besondere Feststellung der Strafwürdigkeit und Strafbedürftigkeit der jeweiligen Versuchstat ist ihre Pönalisierung mit Einstufung des Delikts als Verbrechen bereits vorgegeben. Die einzelnen Kriterien zur Bewertung der Strafwürdigkeit und Strafbedürftigkeit einer Versuchshandlung, die im 3. Teil der Arbeit dargestellt wurden (Rechtsgüterrang, Gefährlichkeit der Versuchshandlung und Verwerflichkeit der Tätergesinnung bzw. Geeignetheit, Erforderlichkeit und Angemessenheit von Strafe), können daher auf die Anordnung der Versuchsstrafbarkeit keinen Einfluß mehr haben, sobald eine Tat als Verbrechen eingestuft wurde.

Da Strafwürdigkeit und Strafbedürftigkeit jedoch aus der verfassungsrechtlich gewährleisteten Handlungsfreiheit und dem Grundsatz der Verhältnismäßigkeit entwickelt sind, stellen sie allgemeine Voraussetzungen der Strafbarkeit dar, wie im Einzelnen noch zu zeigen sein wird. Es ist daher zu hoffen, daß der Gesetzgeber die Strafbarkeit des Versuchs bei Verbrechenstatbeständen nicht einfach als von § 23 I StGB vorgeschrieben hinnimmt, ohne die Ausdehnung des strafbaren Bereichs in das Vorstadium der Rechtsgüterbeeinträchtigung unter dem Blickwinkel seiner Strafwürdigkeit und Strafbedürftigkeit zu betrachten. Denn § 23 I StGB kann nicht von verfassungsrechtlichen Vorgaben entbinden. Dafür besteht aber auch kein Grund, denn in § 23 I StGB wird nur bestimmt, daß die vom Gesetzgeber als Verbrechen sanktionierte Tat auch im Versuch strafbar ist, damit ist aber noch nicht vorgegeben, wann eine Tat als Verbrechen einzustufen ist. Der Gesetzgeber würde daher den Anforderungen an Strafwürdigkeit und Strafbedürftigkeit des zu pönalisierenden Verbrechensversuchs entsprechen, wenn er die Qualifizierung eines Delikts als Verbrechen davon abhängig macht, daß die dann zwingende Folge der Versuchsstrafbarkeit von den verfassungsrechtlichen Vorgaben der Strafwürdigkeit und Strafbedürftigkeit gedeckt ist. Die gesetzgeberischen Erwägungen zur Einstufung einer Tat als Verbrechen würden sich dann immer auch auf die Pönalisierung des Versuchs erstrecken.

Es muß allerdings bezweifelt werden, daß der Gesetzgeber tatsächlich in der eben beschriebenen Weise die Normierung eines Verbrechenstatbestands von der Strafwürdigkeit und Strafbedürftigkeit des Versuchs abhängig macht. Vielmehr scheint die Folge der Versuchsstrafbarkeit als wegen § 23 I StGB notwendig und deshalb richtig ohne weitere Überlegungen hingenommen zu werden. Bei der Entscheidung über die Einstufung eines Delikts als Verbrechen oder Vergehen steht vielmehr die Frage im Vordergrund, was ein dem verschuldeten Unrecht angemessener Strafrahmen ist, auch ob das mit der Einstufung als Verbrechen ausgesprochene erhebliche Unwerturteil in der pönalisierten Tat wiedergefunden werden kann.
Hierfür gibt die Entstehung des § 129a StGB (Bildung terroristischer Vereinigungen)[515] ein Beispiel: Während der Beratungen zur Aufnahme des Tatbestands hat die Regierung in Übereinstimmung mit dem Sonderausschuß für die Strafrechtsreform die Forderung des Bundesrats, den gesamten Tatbestand als Verbrechen einzustufen, mit folgender Begründung abgelehnt: "eine weitere Anhebung der Mindeststrafdrohung scheint dagegen unangemessen, weil der Tatbestand, insbesondere in den Tathandlungen des Werbens und Unterstützens, auch Fälle geringeren Unrechts erfaßt, für die... Strafen von weit mehr als sechs Monaten Freiheitsstrafe unangemessen sein können"[516]. Auch sei bei der Entscheidung über das Strafmaß zu berücksichtigen, daß es sich hier um ein Vorfeld

---

515 Eingefügt durch StGBuaÄndG vom 18.8.1976, BGBl I, S. 2181.

516 RegE zum StGBuaÄndG 7/4005, S. 9. Ähnlich der Sonderausschuß Prot. 7/2441 ff. (2443, 2463).

der eigentlichen Tatbegehung handle", so daß es nicht angemessen sei, "jede Beteiligung als Mitglied, etwa das Einsammeln von Beiträgen, mit einer Mindeststrafe von einem Jahr zu bedrohen."[517] Keine Erwähnung fand dagegen die noch zusätzliche Vorverlagerung der Strafbarkeitsgrenze durch die Versuchsstrafbarkeit nach § 23 I StGB, falls die Tat als Verbrechen eingestuft worden wäre.
Auch nach teilweiser Hochstufung des § 129a StGB durch das TerrorBG[518] beschränkte sich die Erläuterung des Gesetzgebers zur Versuchsstrafbarkeit allein auf das Entfallen der Einzelstrafandrohung für den Versuch: "Dieser Bestimmung bedarf es nicht mehr, so daß sie ersatzlos gestrichen werden kann. Die Tatbestandshandlung des Gründens wird als Verbrechen eingestuft. Der Versuch eines Verbrechens ist nach dem Gesetz stets strafbar (§ 23 Abs. 1 StGB)."[519]
Daß sich die Versuchsstrafbarkeit des neuen Tatbestands gem. § 23 I StGB aber auch auf die Begehungsvariante der Mitgliedschaft in einer terroristischen Vereinigung bezog, was gegenüber der bis dahin geltenden Fassung des § 129a StGB eine Strafbarkeitserweiterung darstellte, findet in dieser Begründung keine Erwähnung[520].

Möglicherweise beruht der Schluß des Gesetzgebers von der Strafwürdigkeit und Strafbedürftigkeit des vollendeten Verbrechens auf ihr Vorliegen im Verbrechensversuch auf der Erkenntnis, daß der Versuch eines Verbrechens immer strafwürdig und strafbedürftig ist. Das würde bedeuten, daß eine Tat, die so schweres Unrecht verwirklicht, daß sie als Verbrechen eingestuft wird, regelmäßig auch schon im Versuch Strafe verdient und ihrer bedarf. Der Gesetzgeber könnte sich dann in der Tat damit begnügen, Strafwürdigkeit und Strafbedürftigkeit der vollendeten Tat festzustellen und dürfte daraus auf den Versuch schließen.

---

517 Prot. 7/2441 ff. (2463).

518 TerrorBG vom 19.12.1986 (BGBl. I 2566).

519 RegE zum TerrorBG, BT-Drs. 10/6286, S. 7.

520 Noch weiter ging der Vorschlag des Bundesrats zur ersten Fassung des § 129a StGB (Er regte an, den gesamten Tatbestand, also auch in den Begehungsvarianten des Werbens und Unterstützens, als Verbrechen zu fassen. Hinsichtlich der Versuchsstrafbarkeit sah er aber selbst bei dieser gegenüber dem Regierungsentwurf (Vergehen mit Versuchsstrafbarkeit in der Variante des Gründens einer terroristischen Vereinigung) bedeutenden Strafausweitung keinen Begründungsbedarf. Er begnügte sich vielmehr mit der Ausführung, daß sofern " die Tatbestandshandlungen des § 129a als Verbrechen eingestuft" werden, "eine Regelung über die Strafbarkeit des Versuchs entbehrlich" ist. (Unterrichtung des BRats - Anrufung des Vermittlungsausschusses, BT-Drs. 7/5607, S. 2).

Diese Möglichkeit soll nachfolgend untersucht werden, indem zunächst jeweils dargestellt wird, warum das Vorliegen von Strafwürdigkeit und Strafbedürftigkeit auch für die Versuchsstrafbarkeit zwingende Voraussetzungen sind. Anschließend ist jeweils die Frage zu klären, inwieweit Rückschlüsse von der vollendeten Tat auf den Versuch überzeugen.

B. Die Strafwürdigkeit des Verbrechensversuchs

1. Erfordernis der Strafwürdigkeit eines Verbrechensversuchs

Die Strafwürdigkeit bildet nicht nur für die Normierung der Versuchsstrafbarkeit von Vergehen, sondern überhaupt die zentrale Voraussetzung für staatliches Strafen[521]. Das formuliert am deutlichsten Sauer, wenn er die Strafwürdigkeit als den "Inbegriff der normativen Voraussetzungen für Gesetz und Strafe nach den Anforderungen der Rechtsidee (der Gerechtigkeit und des Gemeinwohls)" beschreibt[522].

Das Erfordernis der Strafwürdigkeit ist auf die grundgesetzlich gewährleistete allgemeine Handlungsfreiheit zurückzuführen (Art. 2 I GG)[523]. Diese Freiheitsgarantie darf der Gesetzgeber nur dann mit den Mitteln des Strafrechts beschränken, wenn der Unrechtsgehalt des sanktionierten Verhaltens "besonders massiv und gravierend"[524] ist und deshalb eine "empfindliche Störung des Rechtsfriedens"[525] darstellt. Gestraft wird deshalb nur, wenn ein besonderes Schutzbedürfnis der Allgemeinheit besteht, was wiederum eine Angriffshandlung von gesteigertem Unrechtsgehalt voraussetzt. Für die Normierung von Verbrechen bedeutet dies, daß ihr ein positives Urteil über die Strafwürdigkeit des gesamten zu pönalisierenden Verhaltens vorauszugehen hat, damit die allgemeinen Voraussetzungen staatlichen Strafens erfüllt sind. Mithin muß neben der Strafwürdigkeit des erfolgreich durchgeführten Verbrechens auch die seiner Versuchshandlung festgestellt werden.

---

521 Rudolphi ZStW 83 (1971), S. 105 (108); Romano, Coimbra Symposium, S. 106 (107); Sauer AT, § 7, S. 19.

522 Sauer AT § 7, S. 19.

523 Jescheck/Weigend AT , § 7 I, S. 50.

524 Günther, JuS 78, S. 8 (12).

525 Schmidhäuser, Lehrbuch AT, Rn. 2/14; ähnlich: BGHSt 24, 318 (319); Jescheck/Weigend AT § 7 I, S. 50; Zipf, Kriminalpolitik, § 3, 3.1, S. 107; Sax, Grundsätze, S. 929; Gallas, Beiträge, S.16.

2. Feststellung der Strafwürdigkeit des Verbrechensversuchs

Wegen der allgemeinen Androhung von Versuchsstrafbarkeit für Verbrechen in § 23 I StGB steht die Sanktionierung des Vorfeldes einer Rechtsgüterbeeinträchtigung bereits fest, sobald eine Tat als Verbrechen eingestuft wird. Möglicherweise zeugt die Qualifizierung einer Tat als Verbrechen iSd. § 12 I StGB jedoch regelmäßig von einem Gesamtunwert, der sich nicht nur in der vollendeten Tat, sondern darüber hinaus auch im Versuch so maßgeblich niederschlägt, daß bei Verbrechen immer auch der Versuch strafwürdig ist.

Zur Klärung dieses Zusammenhangs sollen einige Aspekte der Einstufung einer Tat als Verbrechen betrachtet werden.
Die Unterscheidung zwischen Verbrechen und Vergehen wird nach § 12 StGB am Strafmaß festgemacht. Verbrechen sind danach rechtswidrige Taten, die im Mindestmaß mit einem Jahr Freiheitsstrafe belegt sind (§ 12 I StGB). Die Einordnung des Tatbestands als Verbrechen oder Vergehen erfolgt in abstrakt generalisierender Betrachtungsweise, so daß allein die gesetzlich normierte Mindeststrafe des jeweiligen Regelstrafrahmens für die Unterscheidung zwischen Verbrechen und Vergehen maßgebend ist. Weder die im konkreten Einzelfall verhängte Strafe noch - spezialisierend - mögliche Strafmilderungen oder -schärfungen haben Einfluß auf die Klassifizierung eines Delikts als Verbrechen oder Vergehen[526].
Für die Entscheidung über den zu normierenden Strafrahmen einer Tat ist das Ausmaß ihrer Strafwürdigkeit maßgebend, die sogenannte relative Strafwürdigkeit[527]. Danach entscheidet der mit der Strafwürdigkeit festgestellte Unwertgehalt einer Tat nicht nur über die Frage ob, sondern auch wie ein Verhalten unter Unwertgesichtspunkten im Vergleich zu anderen Taten zu bestrafen ist. Die strafwürdigere Tat wird sodann, entsprechend ihrem gesteigerten Gesamtunwert, mit einem höheren Strafrahmen versehen als eine andere, weniger strafwürdige Tat.

Daraus ergibt sich zunächst, daß Verbrechen wegen ihrer hohen Mindeststrafdrohung im Vergleich zu Vergehen einen gesteigerten Unwertgehalt aufweisen, also relativ strafwürdiger sein müssen. Eine Untersuchung der Strafwürdigkeit von Verbrechen anhand der Unwertkategorien, die den Begriff der Strafwürdigkeit bilden, bestätigt dies:
Der besondere Unwert eines Verbrechens kann sich aus dem hohen Rang des angegriffenen Rechtsguts ergeben, so z.B. bei der Gefährdung von Menschenle-

---

526 Sch-Sch-Eser § 12, Rn. 6.

527 Alwart, Strafwürdiges Versuchen, S. 39; Bloy, Beteiligungsformen, S. 41; Schmidhäuser, Lehrbuch AT Rn. 2/14.

ben durch den Mißbrauch ionisierender Strahlen in § 309 I-V StGB n.F. im Gegensatz zu der als Vergehen bestraften Gefährdung fremder Sachen durch die gleiche Tathandlung in § 309 VI StGB n.F. Andere Verbrechen heben sich durch den zu ihrer Verwirklichung erforderlichen subjektiven Tatbestand von den Vergehen ab. Sie weisen daher einen erhöhten Handlungsunwert auf (z.B. der vorsätzliche Totschlag, § 212 StGB, im Gegensatz zur fahrlässigen Tötung, § 222 StGB). Aber auch Art und Intensität des Rechtsgutsangriffs können den erhöhten Handlungsunwert des Verbrechens begründen (z.B. das Verbrechen der schweren Körperverletzung mit der Verursachung bleibender, schwerer Schäden, § 226 StGB n.F., im Gegensatz zur einfachen oder auch gefährlichen Körperverletzung, §§ 223, 224 StGB n.F.). Schließlich kann der mit einer Tat verwirklichte Gesinnungsunwert die besondere Strafwürdigkeit eines Verbrechens begründen (z.B. beim Mord, § 211 StGB, hinsichtlich der Mermale "grausam" und "heimtückisch").
Verbrechen heben sich von Vergehen demnach durch den Angriff auf höherrangige Rechtsgüter sowie einen gesteigerten Erfolgs-, Handlungs- und bzw. oder Gesinnungsunwert ab. Sie sind infolgedessen relativ strafwürdiger als Vergehen.

Diese Feststellungen beziehen sich zunächst auf die vollendete Tat. Hinsichtlich der Strafwürdigkeit des Verbrechensversuchs läßt sich hieraus schließen, daß bei ihm die Schwere der Tat gegenüber der Vollendung zwar insofern minder zu bewerten ist, als ein schädigender Erfolg ausgeblieben ist, so daß ein Erfolgsunwert nicht vorliegt. Dennoch bleibt der Verbrechensversuch insgesamt strafwürdig, denn er richtet sich ebenso wie das vollendete Verbrechen gegen ein - insbesondere im Vergleich zum Vergehen - besonders hochrangiges Rechtsgut. Auch die Art und Weise der Tatausführung als Element des Handlungsunwerts ist im Versuchsstadium bereits angelegt und kann sich unrechtserhöhend auswirken (z.B. beim Ansetzen zu einer heimtückischen Tötung). Schließlich entspricht der Gesinnungsunwert des Versuchs voll dem der vollendeten Tat. Der beträchtliche Gesamtunwert des vollendeten Verbrechens wird im Versuch also nur durch das Ausbleiben des Erfolges gemindert, im übrigen weist der Versuch eines Verbrechens einen Unwertgehalt auf, der insbesondere in Relation zu dem Vergehensversuch erheblich ist und deshalb Strafe verdient. Ein Verbrechensversuch ist demnach regelmäßig strafwürdig.
Von der grundsätzlichen Strafwürdigkeit des Verbrechensversuchs scheint auch der Gesetzgeber auszugehen. Denn das Entfallen der in § 129a IV a.F. StGB enthaltenen Möglichkeit, in milden Fällen des Gründens einer terroristischen Vereinigung von einer Versuchsbestrafung abzusehen, begründete er wie folgt: "Da nach der vorgesehenen Strafrahmenerhöhung auch der Versuch der Gründung einer terroristischen Vereinigung ein Verbrechen ist, kann jedenfalls von

einer geringen Schuld nicht mehr ausgegangen werden. Deshalb ist auf die Möglichkeit des Absehens von Strafe beim Versuch verzichtet worden." [528]

Das Normierungsverfahren bei Verbrechen und Vergehen stimmt demnach jedenfalls insofern überein, als der Pönalisierung einer Versuchstat immer ihre Bewertung als strafwürdig vorausgeht. Während der Gesetzgeber bei Vergehen wegen ihrer relativ geringeren Strafwürdigkeit, die zudem im Versuch noch gemindert ist, die Strafwürdigkeit der Versuchstat allerdings eigens feststellen muß, bevor dieselbe unter Strafdrohung gestellt werden kann, ergibt sich die Strafwürdigkeit des Verbrechensversuchs "von selbst" aus der Einstufung der vollendeten Tat als Verbrechen. Hier ist der Versuch wegen des besonderen Tatunwerts immer strafwürdig.

C. Die Strafbedürftigkeit des Verbrechensversuchs

1. Erfordernis der Strafbedürftigkeit eines Verbrechensversuchs

Der aus dem Rechtsstaatsprinzip entwickelte Grundsatz der Verhältnismäßigkeit und das aus ihm abgeleitete Erfordernis der Strafbedürftigkeit setzen der Strafgesetzgebung Grenzen[529]. Danach dürfen Strafnormen als Regulatoren des sozialen Geschehens nur dort verwendet werden, wo sie geeignet sind, zum Rechtsgüterschutz beizutragen. Darüber hinaus muß der Einsatz des Strafrechts zum Schutz der Allgemeinheit oder lebenswichtiger Interessen des einzelnen zwingend erforderlich sein. Die Verhängung von Kriminalstrafe stellt deshalb unter den staatlichen Reaktionsmöglichkeiten auf sozialschädliches Verhalten das äußerste Mittel dar[530]. Aus dem Grundsatz der Verhältnismäßigkeit ergibt sich schließlich das Erfordernis der Angemessenheit von Strafe. Danach muß das Mittel der Kriminalstrafe vor dem Hintergrund des verwirklichten Unrechts zu dem verfolgten Zweck des Rechtsgüterschutzes in einem angemessenen Verhältnis stehen[531]. Der rechtserschütternde Eindruck, den das mißbilligte Verhalten in der Rechtsgemeinschaft hinterlassen hat, ist den negativen Folgen der Strafverfolgung und Bestrafung gegenüberzustellen. Erscheint danach die Ver-

528 RegE zum TerrorBG, BT/Drs. 10/6286, S. 7.

529 Badura, Sachverständigenanhörung vor dem Sonderausschuß für die Strafrechtsreform (4. StrRG), Prot. VI/1091.

530 BVerfGE 39, 1 (47); Sax, Grundsätze, S. 925; Badura, Prot. VI/1091; Zipf, MDR 69, S. 889 (892); Günther JuS 78, S. 8 (11).

531 Badura, Prot. VI/1091.

hängung von Strafe trotz der einschneidenden Folgen für den Delinquenten in Anbetracht des von ihm verwirklichten Unrechts angemessen, so ist die Strafbedürftigkeit der Tat zu bejahen. Stehen die mit einer Bestrafung verursachten negativen Folgen hingegen außer Verhältnis zu dem strafrechtlich verfolgten Zweck, so ist eine Sanktionierung mangels Strafbedürftigkeit der Tat unzulässig[532].

Stellt mithin die Strafbedürftigkeit eine allgemeine Voraussetzung für staatliches Strafen dar, so hat sich an die Feststellung der Strafwürdigkeit eines Verbrechens und damit der des Verbrechensversuchs eine Überprüfung der Geeignetheit, Erforderlichkeit und Zweckmäßigkeit der Versuchsstrafbarkeit anzuschließen.[533]

2. Rückschluß von der Strafbedürftigkeit der vollendeten Tat auf die des Versuchs

Wegen der in § 23 I StGB normierten generellen Versuchsstrafbarkeit von Verbrechen können die Voraussetzungen der Versuchsbestrafung - wie oben dargestellt - nur im Rahmen der Einstufung eines Delikts als Verbrechen Berücksichtigung finden. Die Strafbedürftigkeit des Verbrechensversuchs müßte also bei Normierung des Verbrechenstatbestandes festgestellt werden. Daher ist zu prüfen, ob die Einstufung eines pönalisierten Verhaltens als Verbrechen und damit die Feststellung der Strafbedürftigkeit des vollendeten Delikts Rückschlüsse auf die Strafbedürftigkeit des Verbrechensversuchs zulassen. Möglicherweise beinhaltet die Klassifizierung einer Tat als Verbrechen - wie oben bei der Strafwürdigkeit auch - notwendig ein positives Urteil über die Strafbedürftigkeit der Versuchstat.

a) Geeignetheit der Versuchsstrafe bei Verbrechen

Geeignet ist Kriminalstrafe dann, wenn mit ihr der Zweck des Strafrechts, der Rechtsgüterschutz, erreicht werden kann. Dem Rechtsgüterschutz dient Strafe insofern, als sie - spezialpräventiv - dem Täter das Unrecht seiner Tat und das

---

532 Schünemann, Zeitschrift für schweizerisches Recht 97 (1978), S. 131 (148); Alwart, Strafwürdiges Versuchen, S. 56.

533 Volk, ZStW 97 (1985) S. 871 (886); Bloy, Beteiligungsformen S. 36; Stratenwerth ZStW 71 (1959), S. 565 (567); Rudolphi ZStW 83 (1971), S. 105 (108).

Interesse der Rechtsgemeinschaft an der Bewahrung des von ihm angegriffenen Schutzguts mit dem Ziel vor Augen führt, daß er künftig eine solche Tat unterlassen möge. Ferner soll sie generalpräventiv zum Rechtsgüterschutz beitragen, indem Strafdrohung und -vollzug in der Rechtsgemeinschaft allgemein die Sozialschädlichkeit des pönalisierten Verhaltens und die deshalb mit einem Gesetzesverstoß verknüpften einschneidenden Folgen verdeutlicht.
Diesem Ziel vermag auch die Versuchsstrafbarkeit zu dienen, denn sie ermöglicht es, dem Täter durch Bestrafung das Unrecht seiner Tat auch dann vor Augen zu führen, wenn sein Deliktsplan nicht gelungen ist. Die Versuchsstrafe verdeutlicht in gleicher Weise wie die Vollendungsstrafe das Interesse der Rechtsgemeinschaft am angegriffenen Rechtsgut, und darüber hinaus, daß es ein gefahrloses, weil sanktionsloses Versuchen der Deliktsverwirklichung, bis diese irgendwann gelingt, nicht gibt[534].
Hinsichtlich der Geeignetheit von Strafe bestehen daher beim Verbrechensversuch grundsätzlich keine Bedenken.

b) Erforderlichkeit der Versuchsstrafe bei Verbrechen

Wie oben bei den Vergehen bereits dargestellt, würde die Strafbedürftigkeit des Versuchs dann entfallen, wenn seine Unterdrückung gerade mit den Mitteln des Strafrechts nicht erforderlich ist, sondern auch mildere Sanktionen oder gar ein Absehen von Strafe in Betracht kommt. Der Gesetzgeber hat daher zu prüfen, ob bereits alle Wege ausgeschöpft sind, die sich außerhalb des Strafrechts zur Abwehr des mißbilligten Verhaltens anbieten[535].

Für die Bewertung der Erforderlichkeit einer Versuchsstrafe bei Verbrechen bietet es sich wiederum an, zunächst die vollendete Tat zu betrachten. Mit der Einstufung einer Tat als Verbrechen erklärt der Gesetzgeber nämlich nicht nur die Erforderlichkeit, auf das in Frage stehende Verhalten mit Kriminalstrafe anstatt etwa mit Maßregeln oder Bußgeld zu reagieren, sondern er beschränkt darüber hinaus die Art der zu verhängenden Strafe auf Freiheitsstrafe von mindestens einem Jahr (§ 12 I StGB). Die Verhängung einer kürzeren Freiheitsstrafe oder Geldstrafe kommen bei Verbrechen - von Strafmilderungen im Einzelfall abgesehen - dagegen nicht in Betracht. Demnach muß die Überprüfung der Erforderlichkeit staatlicher Strafe zur Bekämpfung eines Verhaltens, das als Verbrechen eingestuft werden soll, nicht nur das Erfordernis irgendeiner Kriminalstrafe, sondern das einer mindestens einjährigen Freiheitsstrafe ergeben.

---

534 Vgl. hierzu die Ausführungen in Teil 3 unter C.

535 Badura, Prot. VI/1091ff. (insb. S. 1092, 1094).

Für den Verbrechensversuch ergibt sich daraus, daß seine strafrechtliche Pönalisierung regelmäßig erforderlich sein wird. Denn eine Konstellation, in der die staatlichen Reaktionsmöglichkeiten beim vollendeten Verbrechen als ultima ratio auf die Verhängung einer mindestens einjährigen Freiheitsstrafe beschränkt sind, in der sich für die Ahndung des gleichgerichteten Verbrechensversuchs aber die Alternative der Nichtbestrafung auftut, läßt sich nicht denken. Denn zwischen Vollendung und Versuch besteht zwar ein Unrechtsgefälle, weil der mit der Tat angestrebte Erfolg beim Versuch ausbleibt. Der Erfolgsunwert in Form einer Rechtsgüterverletzung fehlt daher regelmäßig beim Versuch (jedenfalls wenn man von der Beeinträchtigung ideeller Zwischenrechtsgüter absieht). Im übrigen ist der verwirklichte Tatunwert des Versuchs gegenüber dem der Vollendung jedoch nicht gemindert. Denn der Täter hatte sich ja vorgestellt, das unter dem besonderen Schutz einer Verbrechensnorm stehende Rechtsgut in der tatbestandlich umschriebenen Form zu beeinträchtigen. Daher kommt in seinem Verbrechensplan hinsichtlich des angegriffenen Schutzguts, hinsichtlich der aus Art und Weise des Vorgehens resultierenden Gefährlichkeit und schließlich hinsichtlich des verwirklichten Gesinnungsunwerts ein Tatunwert zum Ausdruck der dem des Verbrechens nicht nachsteht. Insofern mag wegen des fehlenden Erfolgsunrechts eine mildere Bestrafung des Versuchs gegenüber dem Verbrechen naheliegen. Da der Erfolg aber vom Vorsatz umfaßt war und möglicherweise nur zufällig ausgeblieben ist, der übrige Tatunwert des Verbrechens also verwirklicht wurde, kann die staatliche Reaktion auf die Versuchstat nicht massiv von der für Vollendung vorgesehenen Bestrafung abweichen. Danach mag sich für den Verbrechensversuch die Alternative einer kürzeren Freiheitsstrafe oder Geldstrafe ergeben, nicht jedoch die Alternative der Nichtbestrafung, denn sie würde den verwirklichten Tatunwert verkennen. Soweit der Verbrechensversuch aber nur eine gegenüber der Vollendung geringere Bestrafung erfordert (etwa eine Geldstrafe), wird dem durch die fakultative Strafmilderung nach § 23 II StGB bei der Rechtsanwendung Rechnung getragen. Im Ergebnis ist aber im Fall der Strafmilderung die Erforderlichkeit von Strafe als staatlicher Reaktion auf den Verbrechensversuch zu bejahen.
Mithin erstreckt sich die Feststellung der Erforderlichkeit staatlicher Strafe für ein vollendetes Verbrechen auch auf die Bestrafung des Versuchs.

c) Angemessenheit der Versuchsstrafe bei Verbrechen

(1) Mögliche Divergenzen

Bei der abschließend durchzuführenden Angemessenheitsprüfung staatlichen Strafens dürfte sich ein Rückschluß von der vollendeten auf die versuchte Tat hingegen verbieten. Sofern es nämlich um die Feststellung geht, ob durch die Nebenwirkungen staatlicher Strafe nicht vielleicht mehr Schaden als Nutzen angerichtet wird und ob der Strafanspruch personell und prozessual überhaupt durchsetzbar ist[536], kann gerade das Ausbleiben des Erfolges zu abweichenden Ergebnissen führen. Denn aus dem fehlenden Erfolgseintritt können Beweisschwierigkeiten resultieren, als deren Folge langwierige und ergebnislose Prozesse zu befürchten sind, durch die der Angeklagte und möglicherweise auch das Opfer unangemessen belastet würden. Vor diesem Hintergrund ist es denkbar, daß gerade die Strafbarkeit des Versuchs unverhältnismäßigen Schaden verursacht und daher anders als die Strafbarkeit der vollendeten Tat kriminalpolitisch nicht sinnvoll ist.

(2) Darstellung am Beispiel des § B 4 des Alternativentwurfs

Das Erfordernis einer speziell für die Versuchsstrafbarkeit durchzuführenden Zweckmäßigkeitskontrolle wurde von den Verfassern des Alternativentwurfs herausgestellt:

Sie schlugen vor, das Vergehen des sexuellen Mißbrauchs von Kindern (§ B 4 des Alternativentwurfs) nicht wie im geltenden Recht in den §§ 176, 176a StGB n.F. mit einer Versuchsstrafe zu belegen. Zur Begründung führten sie aus, eine Versuchsstrafbarkeit bringe in diesen Tatbeständen "regelmäßig eine unangemessene Ausweitung der Strafbarkeit im Vorfeld" mit sich[537]. Hierdurch könne - wohl wegen bestehender Unklarheiten über den geplanten Geschehensverlauf - nicht zuletzt für das Kind selbst großes Unheil gestiftet werden[538]. Es müsse von vornherein verhindert werden, Kinder mit langwierigen Strafprozessen zu belasten, die zu dem Ergebnis kommen, daß der Täter das tatbestandliche Verhalten gar nicht geplant hatte oder es ihm jedenfalls nicht nachgewiesen werden kann. Eine Versuchsstrafbarkeit dieser Tatbestände bringe durch möglicherweise ergebnislose Prozesse sowohl für das Opfer als auch für den von der "bestehenden gesellschaftlichen Massenhysterie gegenüber dem Kinderschänder" leicht zu Unrecht beschuldigten Versuchstäter derart negative Folgen mit sich, daß auf sie zu verzichten sei[539]. Die grundsätzlich für strafwürdig befundene Versuchstat wurde daher im Alternativentwurf straflos gestellt.

---

536 Bloy, Beteiligungsformen, S. 36; Schünemann, Zeitschrift für Schweizerisches Recht 97 (1978), S. 131 (148); Volk, ZStW 97 (1985), S. 871 (886); Badura, Prot. VI/1091 (1094).

537 AE, Besonderer Teil, Sexualdelikte, Begrü. S. 23 zu § B 4 AE.

538 AE, Besonderer Teil, Sexualdelikte, Begrü. S. 23 zu § B 4 AE.

539 AE, Besonderer Teil, Sexualdelikte, Begrü. S. 23 zu § B 4 AE.

Bemerkenswerterweise erstreckte sich dieser Verzicht im Alternativentwurf nicht nur auf die als Vergehen geplanten Abs. 1 und 4 des § B 4. Vielmehr war die Straflosigkeit des Versuchs auch in Abs. 2 vorgesehen, der qualifizierte Formen des Mißbrauchs von Kindern als Verbrechen pönalisierte (tatbestandlich stimmt Abs. 2 des Alternativentwurfs in großen Teilen mit dem heutigen § 176a StGB n.F. überein)[540]. Die Verfasser stellten fest, daß sich die Straflosigkeit des Versuchs hier nicht wie in den Vergehenstatbeständen der Abs. 1 und 4 bereits aus dem Strafmaß ergebe. Auf welche Weise die Straflosigkeit des Verbrechensversuchs beim schweren Mißbrauch von Kindern statt dessen angeordnet werden sollte, ist allerdings nicht dokumentiert. Denkbar wäre die Aufnahme einer speziellen Ausnahmeregelung im Verbrechenstatbestand gewesen, die den Versuch dieses Verbrechens entgegen der im Allgemeinen Teil vorgesehenen generellen Versuchsstrafbarkeit ausdrücklich straflos stellt.
Wenngleich dieser Vorschlag des Alternativentwurfs vom Gesetzgeber nicht aufgegriffen, sondern im Gegenteil auch der als Vergehen bestrafte Mißbrauch von Kindern mit Versuchsstrafbarkeit belegt wurde, zeigt das Beispiel doch, daß die Bewertung der Zweckmäßigkeit von Strafe für das versuchte Verbrechen grundsätzlich anders ausfallen kann als für die vollendete Tat.

(3) Die Strafbedürftigkeit der Verbrechensversuche im StGB

Obwohl Erwägungen der Angemessenheit von Strafe die Strafbedürftigkeit eines Verbrechensversuchs demnach tangieren können, findet sich im StGB kein einziges Verbrechen, bei dem mangels Strafbedürftigkeit von einer Versuchsstrafe abgesehen wurde. In den Gesetzesbegründungen kommt auch an keiner Stelle zum Ausdruck, daß der Gesichtspunkt der Strafbedürftigkeit überhaupt in die Beratungen Eingang gefunden hat.

Die Verfassungsmäßigkeit der Strafnormen vorausgesetzt, könnte das bedeuten, daß im Rahmen der Angemessenheitsprüfung die Gefahr einschneidender, negativer Folgen der Versuchsbestrafung bei Opfer und Täter niemals zum Entfallen der Strafbedürftigkeit eines Verbrechensversuchs genügt haben. Der Grund für das Fehlen jeglicher Ausnahmeregelungen würde dann in der Abwägung der jeweils beeinträchtigten Interessen liegen, denen der Rechtsgemeinschaft und des Opfers an einer Bestrafung und denen des Täters und möglicherweise auch des Opfers an einem Absehen von Strafverfolgung. Der Gesetzgeber beurteilt offensichtlich ausnahmslos das Interesse der Rechtsgemeinschaft an einer Bewährung der Rechtsordnung durch Sanktionierung des sozialschädlichen Verhaltens als

540 AE, Besonderer Teil, Sexualdelikte, Begrü. S. 23 zu § B 4 AE.

vorrangig gegenüber dem Interesse des einzelnen (des Opfers und / oder des Täters), nicht mit einem strafrechtlichen Prozeß bzw. Strafe belastet zu werden. Auch das Interesse der Allgemeinheit, mit der Straflosigkeit des Versuchs ergebnislosen Ermittlungen der Verfolgungsbehörden und Gerichte vorzubeugen, scheint gegenüber ihrem Interesse an einer Strafverfolgung nicht ins Gewicht zu fallen.

Dieses Ergebnis läßt sich möglicherweise aus dem gesteigerten Unwert des Verbrechensversuchs erklären. Bei ihnen wird das Interesse der Rechtsgemeinschaft an einer Sanktionierung - ähnlich wie beim vollendeten Verbrechen - daher gesteigert sein. Die Forderung nach einer Bewährung der Rechtsordnung erhält besonderes Gewicht. Vor diesem Hintergrund kann sicherlich nicht wegen des personellen Aufwandes, den die Ermittlung des Tatgeschehens und der Gerichtsprozeß mit sich bringen, auf eine Bestrafung des Täters verzichtet werden. Als Gegengewicht verbleiben daher die entgegenstehenden Interessen des Opfers, seiner Familie und des Täters. Sie müßten durch die Versuchsbestrafung so nachhaltig beeinträchtigt werden, daß eine Versuchsstrafe trotz des überragenden Interesses der Rechtsgemeinschaft an einer Bestrafung unverhältnismäßig wäre. Von derart massiven Schäden, die das Interesse der Rechtsgemeinschaft an der Sanktionierung der Versuchstat in den Hintergrund treten lassen können, ist der Gesetzgeber offensichtlich bei keinem Verbrechen im StGB ausgegangen.

Die Voraussetzungen der Normierung von Versuchsstrafbarkeiten stimmen demnach zwar bei Vergehen und Verbrechen insofern überein, als das Vorliegen von Strafwürdigkeit und Strafbedürftigkeit der Versuchstat Voraussetzungen der Pönalisierung des Versuchs sind. Da Vergehensversuche aber nicht ausnahmslos strafwürdig und nicht alle strafwürdigen Vergehensversuche strafbedürftig sind, gibt es unter den Vergehen straflose Versuchstaten. Bei den Verbrechen ergibt sich die Strafwürdigkeit der Versuchstat dagegen regelmäßig aus dem erhöhten Unwert, den der Verbrechensplan beinhaltet. Darüber hinaus scheint der Gesetzgeber, in Übereinstimmung mit der Regelung in § 23 I StGB, auch stets von der Strafbedürftigkeit des Verbrechensversuchs auszugehen. Denn obwohl es denkbar ist, Strafe selbst bei Verbrechensversuchen als unangemessen zu beurteilen, hat der Gesetzgeber dies bei den Verbrechen im StGB niemals getan. Ob hierfür die Regelung des § 23 I StGB selbst die Ursache gesetzt hat, indem sie die Annahme nahelegt, daß im Gegensatz zum Vergehensversuch jeder Verbrechensversuch strafwürdig und strafbedürftig ist, kann nur vermutet werden. Dafür spricht jedoch, daß der Gesetzgeber jedenfalls keinen Begründungszwang für die Versuchsstrafbarkeit der einzelnen Verbrechen gesehen hat und sich zu ihrer Pönalisierung im Einzelfall - also abgesehen von den allgemeinen Stellungnahmen zu § 23 I StGB - nicht äußert.

D. Zusammentreffen mit anderen Formen der Vorfeldsanktionierung

Als letzter Schritt in der Systematik der Normierung von Versuchsstrafbarkeiten ist bei den Vergehen eine Abgrenzung zu anderen Formen der Vorfelderfassung vorzunehmen. Denn die Feststellung der Strafwürdigkeit und Strafbedürftigkeit einer Tat beantwortet erst die Frage, ob eine Vorfeldsanktionierung überhaupt zulässig ist. Hieran hat sich bei Vergehen die Wahl desjenigen Regelungsinstruments zur Vorfeldsanktionierung anzuschließen, das am geeignetsten zur Erreichung des kriminalpolitisch verfolgten Ziels ist. Als Alternativen zur Androhung einer Versuchsstrafe kommen bei Vergehen die Ausgestaltung des Tatbestands als Gefährdungs-, Unternehmens- ,Vorbereitungs- oder Tätigkeitsdelikt sowie die kumulative Verwendung dieser Regelungsinstrumente in Betracht.

Bei den Verbrechen ist das "Wie" der Vorfeldsanktionierung in § 23 I StGB insofern festgelegt, als der Versuch stets strafbar ist. Auszunehmen sind insofern nur das Unternehmensdelikt (§§ 81, 82 StGB) und das eigentliche Vorbereitungsdelikt (§ 83 StGB). Beide erfassen den Versuch bereits als Vollendung und können daher nach allgemeinen Grundsätzen nicht mehr durch eine Versuchsstrafbarkeit erweitert werden. Sie werden daher nicht von der generellen Versuchsstrafbarkeitsandrohung in § 23 I StGB erfaßt[541]. Die anderen Formen der tatbestandlichen Vorverlagerung der Strafbarkeitsgrenze stellen dagegen bei den Verbrechen wegen § 23 I StGB niemals eine Alternative zur Versuchsstrafbarkeit des Tatbestands dar. Vielmehr entscheidet sich der Gesetzgeber mit der tatbestandlichen Vorverlagerung eines Verbrechens stets für die Kombination mehrerer Formen der Strafbarkeitsvorverlagerung und somit für eine besonders weitgehende Vorfeldsanktionierung.

Daher wird die Abwägung des Gesetzgebers hinsichtlich der Art und Weise der Vorfelderfassung trotz der Vorgabe des § 23 I StGB nicht überflüssig. Denn bei den Verbrechen muß der Gesetzgeber prüfen, ob der Versuch zur strafrechtlichen Erfassung des Vorfeldes einer Rechtsgüterverletzung hinreichend ist. Möglicherweise ergibt sich dabei, daß das verfolgte kriminalpolitische Ziel nur bei gleichzeitiger tatbestandlicher Vorverlagerung der Strafbarkeitsgrenze zu erreichen ist, etwa durch die Fassung eines Verbrechens als (im Versuch strafbares) abstraktes Gefährdungsdelikt.

---

541 Für das Unternehmensdelikt: RGSt 58, 238 (239 f.); RGSt 42, 266 (267 ff.); Günther JZ 87, S.16 (17); SK-Rudolphi § 11, Rn. 24; Burkhardt, JZ 71, S. 352 (357); Jakobs AT 25/6, S. 707. Hierzu in Teil 1 B 2.
Für das Vorbereitungsdelikt: RG 58, 392 (394); BGHSt 6, 85 (87); LK^{10}-Vogler vor § 22, Rn. 90; Lackner/Kühl vor § 22, Rn. 3; Tröndle/Fischer § 83, 3; Sch-Sch-Eser vor § 22, Rn. 29. Hierzu in Teil 1 B 5 b.

Wie auch bei den Vergehen hat der Gesetzgeber die Zulässigkeit der weiteren Vorfeldsanktionierung anhand der Strafwürdigkeit und Strafbedürftigkeit des pönalisierten Verhaltens zu überprüfen. Die mehrfache Vorverlagerung der Strafbarkeitsgrenze ist nur dann legitim, wenn der verbleibende Ausschnitt des sanktionierten menschlichen Verhaltens nach seiner Strafwürdigkeit einen die Strafe rechtfertigenden Unrechts- und Schuldgehalt aufweist und das Versuchsstadium zudem in dieser umfassenden Form der Strafe bedarf[542].

Der Gesetzgeber hat demnach bei der Ausgestaltung von Verbrechenstatbeständen zu beachten, daß er wegen der in § 23 I StGB festgelegten Versuchsstrafbarkeit nur noch über eine zusätzliche Vorverlagerung der Strafbarkeitsgrenze entscheiden kann. Gesichtspunkte, die bei den Vergehen zu einer tatbestandlichen Vorverlagerung der Strafbarkeitsgrenze führten (z.B. Beweiserleichterung durch Verzicht auf den Schadenseintritt bei den abstrakten Gefährdungsdelikten) können bei den Verbrechen nicht ohne weiteres berücksichtigt werden, da sie immer als weitere Vorverlagerung der Strafbarkeitsgrenze neben den Versuch treten und eine derartige doppelte Vorverlagerung auch bei Verbrechen unangemessen sein kann.

E. Zusammenfassung

Die Systematik, die der Normierung von Versuchsstrafbarkeiten bei Vergehen zugrunde liegt, gliedert sich in drei Prüfungsschritte: Im Rahmen der ersten beiden sind die Strafwürdigkeit und die Strafbedürftigkeit des Vergehensversuchs zu bewerten, die über die Zulässigkeit einer Vorfeldsanktionierung entscheiden. Nur wenn das Versuchsstadium der sozialschädlichen Handlung für sich einen hinreichenden Unwertgehalt aufweist und Strafe zudem geeignetes, erforderliches und angemessenes Reaktionsmittel auf die Versuchstat ist, darf der strafbare Bereich des Vergehens auf das Versuchsstadium ausgedehnt werden. Im dritten Prüfungsschritt hat der Gesetzgeber sodann zwischen der Anordnung einer Versuchsstrafe und anderen Formen der Vorfeldsanktionierung bzw. einer Kombination derselben zu entscheiden. Bei dieser Auswahl steht ihm ein weiter Ermessensspielraum zu, der allerdings vom Erfordernis der Strafwürdigkeit und Strafbedürftigkeit insofern begrenzt wird, als die letztlich gewählte Form der Vorfelderfassung von diesen beiden Aspekten gedeckt sein muß.

---

542 Hillenkamp, Wirtschaft und Recht, Bd. I, S. 221 (246).

Die gleichen Prüfungsschritte sind auch bei den Verbrechen zu durchlaufen. Sie finden wegen der in § 23 I StGB normierten generellen Versuchsstrafbarkeit jedoch an anderer Stelle Eingang in das Normierungsverfahren, nämlich schon bei Abfassung des Tatbestands selbst. In diesem Stadium ergibt sich aus der Strafwürdigkeit und Strafbedürftigkeit eines Verhaltens dessen Einstufung als Verbrechen iSd. § 12 I StGB. Regelmäßig erstreckt sich die ermittelte Strafwürdigkeit auch auf das Versuchsstadium des Verbrechens. Hinsichtlich der Strafbedürftigkeit des Verbrechensversuchs kann zwar auf Grund der Einstufung eines Delikts als Verbrechen von der Geeignetheit und Erforderlichkeit der Versuchsstrafbarkeit ausgegangen werden. Aber die Angemessenheit von Versuchsstrafbarkeit ergibt sich nicht schon aus der Angemessenheit der Vollendungsstrafe. Der Gesetzgeber müßte daher vor der Einstufung eines Delikts als Verbrechen nicht nur die Strafwürdigkeit und Strafbedürftigkeit der vollendeten Tat prüfen, sondern auch die Angemessenheit der Versuchsstrafbarkeit, die sich bei Einstufung des Delikts als Verbrechen zwangsläufig aus § 23 I StGB ergibt. Nur wenn auch die Angemessenheit der Versuchsstrafbarkeit des Verbrechenstatbestandes vorliegt, genügt die tatbestandliche Fassung den verfassungsrechtlichen, aus dem Verhältnismäßigkeitsgrundsatz des Rechtsstaatsprinzips abgeleiteten Anforderungen der Strafbedürftigkeit staatlich sanktionierten Verhaltens. Würde die Versuchsstrafbarkeit im Verbrechenstatbestand dagegen mehr Schaden als Nutzen hervorbringen, so bleibt dem Gesetzgeber bei strenger Befolgung der verfassungsrechtlichen Vorgaben nur die Möglichkeit, von der Qualifizierung des Delikts als Verbrechen abzusehen und es als Vergehen ohne Versuchsstrafbarkeit zu normieren.

Sowohl bei Vergehen als auch bei Verbrechen muß der Gesetzgeber abschließend die Weite und Form der strafrechtlichen Vorfelderfassung festlegen. Bei den Vergehen bieten sich ihm verschiedene Formen der tatbestandlichen Vorverlagerung der Strafbarkeitsgrenze als Alternativen oder als zusätzliche Regelungsinstrumente an. Bei den Verbrechen ist der Gesetzgeber dagegen auf die Pönalisierung der Versuchsstrafbarkeit wegen § 23 I StGB festgelegt. Hier beschränkt sich die Auswahl anderer Regelungsinstrumente auf deren zusätzliche Verwendung neben dem ohnehin pönalisierten Versuch. Diese Beschränkung der Art und Weise der Vorfeldsanktionierung beinhaltet die Gefahr der zusätzlichen Verwendung tatbestandlicher Vorverlagerungen, um sich auf diese Weise ihre kriminalpolitisch erwünschten Nebeneffekte wie Beweiserleichterungen oder den Ausschluß des Rücktritts ab einer bestimmten Verwirklichungsstufe zunutze zu machen.

5. Teil: Schlußbetrachtung der Systematik der Versuchsstrafbarkeit von Verbrechen und Vergehen im StGB

A. Bewertung der Systematik der Versuchsstrafbarkeit

1. Die Versuchsstrafbarkeit von Vergehen

Die Untersuchung der Gesetzesmaterialien hat ergeben, daß die Normierung der Versuchsstrafbarkeiten bei Vergehen nicht wie von Binding befürchtet von der Willkür des Gesetzgebers bestimmt wird[543]. Vielmehr orientiert sich der Gesetzgeber bei der Normierung an Strafwürdigkeit und Strafbedürftigkeit der jeweiligen Versuchstat. Zur Ermittlung dieser Voraussetzungen der Strafbarkeitsanordnung hat er zahlreiche Kriterien aufgestellt, die er in den Gesetzesmaterialien als Gründe für bzw. gegen die Normierung einer Versuchsstrafbarkeit anführt. Mit dieser - gerade auch im Vergleich zum österreichischen und schweizerischen Strafrecht - restriktiven Normierung der Versuchsstrafbarkeit bei Vergehen verleiht der Gesetzgeber der verfassungsrechtlich gewährleisteten Handlungsfreiheit (Art. 2 GG) und dem aus dem Rechtsstaatsprinzip abgeleiteten Grundsatz der Verhältnismäßigkeit staatlicher Eingriffe in die Rechte des Einzelnen größtmöglichen Ausdruck.

Die Umsetzung der Systematik zur Normierung von Versuchsstrafbarkeiten bei Vergehen ist allerdings der Schwierigkeit unterworfen, für jeden Vergehensversuch die Grenze des strafwürdigen Unrechts und die Strafbedürftigkeit festzustellen. Denn der genaue Verlauf der Grenze, jenseits derer der Grad an Sozialschädlichkeit erreicht ist, der zur Bejahung der Strafwürdigkeit führt, läßt sich nicht eindeutig beschreiben[544]. Das Gleiche gilt für die Beurteilung der Angemessenheit von Strafe. Denn Strafwürdigkeit und Strafbedürftigkeit liegen Wertungen zugrunde, im Rahmen derer den verfassungsrechtlichen Grundentscheidungen im Sinne der objektiven Werteordnung Geltung verliehen werden soll[545]. Um dieses Ziel zu erreichen, ist es aber erforderlich, die tragenden sozialen Werte einer Gemeinschaft zuvor einmal bestimmt und in eine Rangfolge gebracht zu haben. Hierbei kommt der Kriminologie besondere Bedeutung zu, die die empirisch erhebbaren, konkreten Befunde der Rechts- und Sozialordnung als

---

543 Binding, GS 77, S. 1 (12 f.) und ähnlich in GS 76, S. 87 (112).

544 Günther, JuS 78, S. 8 (13).

545 Romano, "Strafwürdigkeit", "Strafbedürftigkeit" und Verbrechenslehre, Coimbra Symposium, S. 107 (108); Günther, JuS 78, S. 8 (13).

Grundlage der wertenden Entscheidung des Gesetzgebers aufzuzeigen hat[546]. Doch auch die auf solchem Boden vorgenommenen Wertungen des Gesetzgebers begegnen dem Problem, daß das Strafrecht beansprucht, Ausdruck der jeweils bestehenden Sozialethik zu sein. Diese unterliegt aber dem kontinuierlichen Wandel sowie historischen Schwankungen[547]. Daher wohnt der auf Strafwürdigkeit und Strafbedürftigkeit basierenden Gesetzgebung immer die Notwendigkeit einer Anpassung an die sich wandelnden elementaren Bedingungen des sozialen Zusammenlebens inne[548].
Die Kriterien der Strafwürdigkeit und der Strafbedürftigkeit sind demnach weder als errechenbare noch als fixe Größen zu verstehen[549]. Erscheint der Kern der Versuchsstrafbarkeitssystematik nach alledem vage und schwer definierbar, so ist dies aber doch keine Besonderheit der Normierung von Versuchsstrafbarkeit. Denn Strafwürdigkeit und Strafbedürftigkeit sind die zentralen Voraussetzungen für jedes staatliche Strafen. Mithin durchdringt das Problem, die Begriffe auf menschliches Handeln anzuwenden, alle Bereiche der Strafgesetzgebung gleichermaßen.

2. Die Versuchstrafbarkeit von Verbrechen

Die Versuchsstrafbarkeit der Verbrechen ist zwar in § 23 I StGB bereits für sämtliche Verbrechenstatbestände des Besonderen Teils bestimmt. Dennoch genügt diese generelle Versuchsstrafbarkeit der bei den Vergehen vom Gesetzgeber geforderten Strafwürdigkeit des Versuchs als Voraussetzung seiner Pönalisierung. Damit wird auch bei den Verbrechen dem Grundsatz der Handlungsfreiheit Rechnung getragen und nur dann Strafe normiert, wenn ein "gemeinschaftsstörendes Verhalten hinreichend massiv ist" [550]. Die Strafbedürftigkeit eines Verbrechensversuchs ergibt sich hingegen nicht zwangsläufig aus der Schwere der vollendeten Tat, denn die Verhältnismäßigkeit von Strafe im engeren Sinne kann bei Verbrechen, die im Versuch stecken bleiben, durchaus fehlen. Hier müßte der Gesetzgeber - wie bei den Vergehen - durch Prüfung des einzelnen Tatbestands ermitteln, ob die Bestrafung der Versuchstat angemessen ist. Leider konnten Hinweise auf ein solches Vorgehen des Gesetzgebers nicht gefunden werden. Es bestehen daher Bedenken, ob den Anforderungen der Verhältnismäßigkeit von Strafe bei den Verbrechensversuchen hinreichend Rech-

546 Kühl, Spendel-FS, S. 75 (76); Badura, Prot. VI/1091; Zipf, Kriminologie, § 5, S. 110.
547 Bloy, Beteiligungsform, S. 40.
548 Badura, Prot. VI/1091 (1099).
549 Bloy, Beteiligungsform, S. 40.
550 Sax, Grundsätze, S. 927.

nung getragen wird, zumal die generelle Anordnung der Versuchsstrafbarkeit in § 23 I StGB dem entgegensteht. Der Gesetzgeber könnte nur durch entsprechende Anordnung im jeweiligen Verbrechenstatbestand die Straflosigkeit des Versuchs ausnahmsweise anordnen.

Die generelle Versuchsstrafbarkeit wirft ferner bei der tatbestandlichen Vorverlagerung der Strafbarkeitsgrenze Probleme auf. Denn der Gesetzgeber hat bei Verbrechen wegen § 23 I StGB nicht die Wahl zwischen einer Vorverlagerung der Strafbarkeitsgrenze durch Anordnung von Versuchsstrafbarkeit oder der tatbestandlichen Erfassung desselben Geschehens als Vollendung. Die generelle Versuchsstrafbarkeit von Verbrechen steht einer kriminalpolitisch zweckmäßigen Regelung daher möglicherweise im Wege. Denn wenn der Gesetzgeber ein Verbrechen - etwa um den Rücktritt bzw. eine Strafmilderung auszuschließen oder um den Verfolgungsbehörden Beweiserleichterungen zu verschaffen - als abstraktes Gefährdungsdelikt fassen will, so kommt immer noch zusätzlich die weitere Vorverlagerung der Strafbarkeitsgrenze durch die Versuchsstrafbarkeit hinzu. Der Gesetzgeber muß sich daher entweder für die doppelte Vorverlagerung der Strafbarkeitsgrenze in das Vorfeld der Rechtsgüterbeeinträchtigung hinein entschließen (was allerdings eine entsprechend ausgeprägte Strafwürdigkeit voraussetzt) oder er muß auf die tatbestandliche Vorverlagerung mit den erwünschten Nebeneffekten verzichten und es bei der Versuchsstrafbarkeit belassen.

B. Mögliche Alternativen zur Regelung des § 23 I StGB

Wegen der aufgezeigten Mängel der Regelung der Versuchsstrafbarkeit im StGB sollen Möglichkeiten vorgestellt werden, de lege ferenda bei der Normierung von Versuchsstrafbarkeiten sowohl in Verbrechens- als auch in Vergehenstatbeständen Strafwürdigkeit und Strafbedürftigkeit des Verbrechensversuchs zu berücksichtigen. Darüber hinaus sollen die vorgeschlagenen Varianten bei Verbrechen auch die Alternative der tatbestandlichen Vorfelderfassung ohne gleichzeitige Anordnung von Versuchsstrafbarkeit zulassen, wie sie bei Vergehen schon besteht.

1. Generelle Straflosigkeit aller Versuchstaten

Da der Verbrechensversuch wie der Versuch der Vergehen nur dann gestraft werden soll, wenn die Versuchstat strafwürdig und strafbedürftig ist, könnte die Strafbarkeit des Verbrechensversuchs de lege ferenda ebenso wie derzeit die des Vergehensversuchs von einer Einzelanordnung des Gesetzgebers im jeweiligen Verbrechenstatbestand abhängig gemacht werden. Diese Regelung würde es dem Gesetzgeber erlauben, in Verbrechenstatbeständen, in denen er eine andere tatbestandliche Vorfelderfassung bevorzugt, auf die gleichzeitige Anordnung der Versuchsstrafbarkeit zu verzichten. Er könnte die Versuchsstrafbarkeit ferner auf diejenigen Verbrechenstatbestände beschränken, in denen Strafe angemessen ist. In der weit überwiegenden Zahl der Verbrechen wäre allerdings die Anordnung des Gesetzgebers zu erwarten, daß der Versuch strafbar ist.

2. Generelle Strafbarkeit aller Versuchstaten

Eine einfachere Regelungstechnik wäre die Anordnung der generellen Versuchsstrafbarkeit von Verbrechen und Vergehen in § 23 I StGB mit dem Zusatz, daß von der Versuchsstrafbarkeit durch Einzelbestimmungen im Besonderen Teil sowohl bei Verbrechen als auch bei Vergehen abgesehen werden kann. Für die Verbrechen wäre nach dieser Regelung davon auszugehen, daß sich zunächst nur in den wenigsten Tatbeständen etwas gegenüber der derzeitigen Rechtslage ändern würde. Dagegen müßten alle Vergehenstatbestände geändert werden. Denn künftig würde in ihnen dann nicht mehr die Strafbarkeit des Versuchs, sondern seine Straflosigkeit angeordnet werden. In der derzeitigen Fassung des StGB hat sich die Anzahl der im Versuch strafbaren Vergehen an die im Versuch straflosen angeglichen, es überwiegt aber noch die Straflosigkeit der Vergehensversuche. Daher würde der Besondere Teil bei einer generellen Versuchsstrafbarkeit von Vergehen unter Ausnahme der straflosen Vergehensversuche derzeit mehr Einzelanordnungen in den Vergehenstatbeständen aufweisen als nach dem bestehenden § 23 I StGB.

3. Beibehaltung des § 23 I StGB im Wesentlichen

Schließlich bleibt noch die Möglichkeit, am bestehenden § 23 I StGB festzuhalten, künftig aber Ausnahmen zu der generellen Versuchsstrafbarkeit durch entsprechende Anordnungen in den einzelnen Verbrechenstatbeständen zuzulassen, wo dies angezeigt ist. Auf diese Weise könnte die derzeitige Systematik und Gesetzesfassung überwiegend beibehalten werden, gleichwohl aber auch bei den Verbrechen dem Gesichtspunkt der Strafbedürftigkeit der Versuchstat und dem kriminalpolitischen Ziel, teilweise anstelle der Versuchsstrafbarkeit eine tatbestandliche Vorfelderfassung zu normieren, Rechnung getragen werden.

4. Bewertung der Lösungsvorschläge

a) Die generelle Versuchsstrafbarkeit

Eine Neufassung des § 23 I StGB mit dem Inhalt der generellen Versuchsstrafbarkeit von Verbrechen und Vergehen hätte ebenso wie die Bestimmung der generellen Straflosigkeit des Versuchs in § 23 I StGB den Vorteil, daß die Versuchsstrafbarkeit von Verbrechen und Vergehen de lege ferenda einheitlich geregelt würde. Damit würde entgegen der jetzigen Fassung zum Ausdruck kommen, daß die Normierung von Versuchsstrafbarkeiten bei Verbrechen und Vergehen den gleichen Voraussetzungen unterliegt, nämlich dem Vorliegen von Strafwürdigkeit und Strafbedürftigkeit der Versuchstat.

Gegen die Anordnung einer generellen Versuchsstrafbarkeit für Verbrechen und Vergehen mit der Möglichkeit von Ausnahmeregelungen für beide im Besonderen Teil bestehen allerdings Bedenken. Denn bei dieser Regelungstechnik wäre noch nicht gewährleistet, daß der Gesetzgeber künftig die Pönalisierung der Versuchstaten als eigenständigen Normierungsakt wahrnimmt und daher Strafwürdigkeit und Strafbedürftigkeit der Versuchstaten zunächst prüft, um eventuell die Straflosigkeit des Versuchs anzuordnen. Vielmehr könnte diese Fassung des § 23 I StGB den falschen Eindruck hervorrufen, der Versuch sämtlicher Delikte sei grundsätzlich strafwürdig und strafbedürftig. Damit würde die Regelung nicht nur das Augenmerk des Gesetzgebers von der Möglichkeit ablenken, von einer Versuchsstrafbarkeit in einzelnen Verbrechen abzusehen. Darüber hinaus würde auch die Gefahr eröffnet, daß in einzelnen Vergehen der Versuch nur deshalb unter Strafe gestellt wird, weil die Aufnahme einer Ausnahmeregelung zu § 23 I StGB de lege ferenda beim Entwurf der Strafnorm nicht erwogen wurde. Damit würde aber das Ziel vereitelt, mit der Novellierung des § 23 I StGB zu einem restriktiveren Strafrecht beizutragen.

b) Die generelle Straflosigkeit des Versuchs

Einer restriktiven Normierung von Versuchsstrafbarkeit würde schon formal mehr Ausdruck verliehen werden, wenn der Versuch von Verbrechen und Vergehen nicht generell, sondern nur bei Spezialanordnung im Besonderen Teil strafbar wäre. Hier würde die Straflosigkeit des Versuchs zum Grundsatz erhoben. Auf die materielle Rechtslage könnte das insofern von Einfluß sein, als der Gesetzgeber die Ausnahme vom Grundsatz der Straflosigkeit - die Strafbarkeit des Verbrechens- oder Vergehensversuchs - explizit im jeweiligen Tatbestand anführen müßte. Über diesen bewußten Schritt der Normierung von Strafe hinaus (der die Prüfung von Strafwürdigkeit und Strafbedürftigkeit umfassen muß), wäre der Gesetzgeber auch gehalten, seine maßgeblichen Entscheidungskriterien zur Versuchsstrafbarkeit in der Gesetzesbegründung zum jeweiligen Tatbestand darzulegen. Das ist in den Fällen besonders wichtig, in denen der Gesetzgeber Versuchsstrafbarkeit anordnet und damit die grundgesetzlich gewährleistete Handlungsfreiheit unter Strafdrohung beschränkt. Dennoch hat der Gesetzgeber diesen Begründungsbedarf bei Verbrechen - wohl wegen der generellen Strafdrohung in § 23 I StGB - anders als bei den Vergehen bisher nicht gesehen.
Daher ist aus der Erfahrung mit der grundsätzlichen Straflosigkeit der Vergehen zu erwarten, daß die Anordnung der generellen Straflosigkeit des Versuchs in § 23 I StGB de lege ferenda zu einer bewußteren und nachvollziehbareren, vielleicht sogar restriktiveren Normierung bei Verbrechen führen würde.

Allerdings hätte eine derartige Neufassung des § 23 I StGB den Nachteil, daß die meisten Verbrechen mit einem zusätzlichen Absatz über die Strafbarkeit des Versuchs versehen werden müßten. Die Verbrechenstatbestände würden dadurch gegenüber ihrer jetzigen Fassung umständlicher und möglicherweise unübersichtlicher.

c) Die Beibehaltung des § 23 I StGB im Wesentlichen

Für die Beibehaltung des § 23 I StGB de lege lata spricht schließlich, daß eine seit langem gewohnte Regelungstechnik bestehen bliebe. Auch der Besondere Teil des StGB könnte im Wesentlichen unverändert fortbestehen. Nur in denjenigen Verbrechenstatbeständen, in denen eine Versuchsstrafbarkeit entweder nicht angemessen ist oder der Gesetzgeber anstelle der Versuchsstrafbarkeit eine tatbestandliche Vorverlagerung der Strafbarkeitsgrenze normieren will, würde sich eine Neuerung gegenüber dem derzeitigen Rechtszustand ergeben: Der Ge-

setzgeber würde hier die Straflosigkeit des Verbrechensversuchs als Ausnahme zu § 23 I StGB anordnen.
Obwohl diese Lösung durch ihre Einfachheit überzeugt, schwingt auch bei ihr die Ungewißheit mit, ob der Gesetzgeber von seiner Freiheit hinreichend Gebrauch machen würde, den Verbrechensversuch künftig straflos zu stellen, wo dies nach Strafwürdigkeit und Strafbedürftigkeit der Tat unter Berücksichtigung der Weite des als Vollendung erfaßten Geschehens angezeigt wäre. Ferner bleibt die Befürchtung, daß weiterhin die maßgeblichen Erwägungen für die gegenteilige Entscheidung, die Strafbarkeit des Verbrechensversuchs, in den Gesetzesbegründungen nicht offengelegt würden. Daher stellt diese letzte Variante gewissermaßen eine Minimallösung dar, mit der der Gesetzgeber den Anforderungen einer an Strafwürdigkeit und Strafbedürftigkeit orientierten Gesetzgebung ohne weiteres entsprechen kann. Sie bietet auch die Möglichkeit, das Vorfeld einer Rechtsgüterverletzung mit dem kriminalpolitisch jeweils passendsten Rechtsinstrument strafrechtlich zu erfassen. Gleichzeitig kann § 23 I StGB in seiner derzeitigen Fassung eine völlig ausreichende Regelung darstellen, wenn der Gesetzgeber die Möglichkeit nutzt, künftig die Versuchsstrafbarkeit bei Verbrechen mit größerer Zurückhaltung zu normieren und die jeweilige Entscheidung in den Gesetzesbegründungen zu dokumentieren.

Literaturverzeichnis

Selbständige Veröffentlichungen werden mit dem vollen Titel oder dem hervorgehobenen Teil des Titels zitiert. Zeitschriftenaufsätze sind mit dem Namen des Verfassers und der Jahrgangs- bzw. Bandzahl sowie der Seitenzahl zitiert.

Alternativentwurf eines Strafgesetzbuches — Besonderer Teil, Politisches Strafrecht, hrsgg. von Jürgen Baumann und anderen, Tübingen1968.

- Besonderer Teil, Sexualdelikte, Straftaten gegen die Ehe, Familie und Personenstand, Straftaten gegen den religiösen Frieden und die Totenruhe, hrsgg. von Jürgen Baumann und anderen, Tübingen 1968.
- Besonderer Teil, Straftaten gegen die Wirtschaft, hrsgg. von Ernst-Joachim Lampe und anderen, Tübingen 1977.
- Besonderer Teil, Straftaten gegen die Person, Erster Halbband, hrsgg. von Jürgen Baumann und anderen, Tübingen 1970.

Altmann, Ludwig / *Jacob*, Siegfried — Kommentar zum österreichischen Strafrecht, Bd.I, unter Mitwirkung von Erwein Höpfler, Ernst Lohfing, Karl Mager, Wien 1928.

Alwart, Heiner — Strafwürdiges Versuchen, Berlin 1982.

Amelung, Knut — Rechtsgüterschutz und Schutz der Gesellschaft, Frankfurt 1972.

Arndt, Herbert — Die landesverräterische Geheimnisverletzung, ZStW 66 (1954), S. 41 ff.

Arzt, Gunther/ Weber, Ulrich — Strafrecht, Besonderer Teil, LH 3: Vermögensdelikte, 2. Auflage, Bielefeld 1986.

Bar, L. v. — Gesetz und Schuld im Strafrecht, Bd. II, Die Schuld nach dem Strafgesetze, Berlin 1907.

Baumann, Jürgen/ *Weber,* Ulrich — Strafrecht Allgemeiner Teil, 9.Auflage, Bielefeld 1985.

Berz, Ulrich — Formelle Tatbestandsverwirklichung und materieller Rechtsgüterschutz, München 1986.

Binding, Karl — Das Subjekt des Verbrechens, GS 76, S. 87 ff.
- Der *Entwurf eines Strafgesetzbuchs* für den Norddeutschen Bund in seinen Grundsätzen , Leipzig 1869.
- Strafrechtliche und strafprozessuale *Abhandlungen*, Bd. I, München/Leipzig 1915.
- Vier Forderungen an das künftige Reichsstrafgesetzbuch und eine fünfte an die Motive seines Entwurfes, in GS 77, S. 1 ff.
- *Lehrbuch* des Gemeinen Deutschen Strafrechts,BT I, Leipzig 1902.

Bloy, René — Die Beteiligungsform als Zurechnungstypus im Strafrecht, Berlin 1985.
- Die dogmatische Bedeutung der Strafausschließungs- und Strafaufhebungsgründe, Berlin 1976

Bockelmann, Paul — Strafrechtliche Untersuchungen: Zur Reform des Strafrechts, S. 150 ff.; Über das Verhältnis der Begünstigung zur Vortat, S. 192 ff.; Göttingen 1957.

Botschaft — des Bundesrats an die Bundesversammlung zum Entwurf eines schweizerischen Strafgesetbuches vom 23.7.1918; Bern 1918.

v. Buri, Maximilian — Zur Lehre vom Versuch, GS 19(1867), S. 60 ff.
- Über das Wesen des Versuchs, GA 25 (1877), S. 265 ff.

Burkhardt, Björn — Das Unternehmensdelikt und seine Grenzen, JZ 71, S. 352 ff.

Chauveau, Adolphe/ *Hélie*, Faustin — Téorie du Code Pénal, Bd. II, 5. Auflage, Paris 1872.

Cramer, Peter — Der Vollrauschtatbestand als abstraktes Gefährdungsdelikt, Tübingen 1963.
- Die Neuregelung der Sprengstoffdelikte durch das 7. Strafrechtsänderungsgesetz, in NJW 64, S. 1835 ff.
- Mißbrauch und Erschleichen von Ausweispapieren, GA 63, S. 363 ff.

Dicke, Detlev — Zur Problematik des untauglichen Versuchs, JuS 68, S. 157.

Disse, Eva Sybille — Die Privilegierung der Sachbeschädigung (§ 303 StGB) gegenüber Diebstahl (§242 StGB) und Unterschlagung (§246 StGB), Köln 1982.

Dohnanyi, Hans v./ *Schäfer*, Ernst — Die Strafgesetzgebung der Jahre 1931 bis 1935, Nachtrag zur achtzehnten Auflage von Franks Kommentar zum StGB, Tübingen 1936.

E 25 — Amtlicher Entwurf eines Allgemeinen Deutschen Strafgesetzbuchs nebst Begründung, Berlin 1925.

E 27 — Entwurf eines Allgemeinen Deutschen Strafgesetzbuchs, III. Wahlperiode, 1927, Drucksache Nr. 3390

E 62 — Entwurf eines Strafgesetzbuches, BT-Drs. IV/650.

Ebert, Udo/*Kühl*, Kristian — Das Unrecht der vorsätzlichen Tat, in Jura 81, S. 225.

Fabry, Josef — Der besonders schwere Fall der versuchten Tat, NJW 86, S. 15.

Feuerbach, P.J.A. — Lehrbuch des gemeinen in Deutschland gültigen peinlichen Rechts, 4. Auflage, Gießen 1808.

Foregger, Egmont/ *Kodek*, Gerhard, *Fabrizy*, E. E. — Strafgesetzbuch (Österreich), Kurzkommentar, 6. Auflage, Wien 1997

Frank, Reinhard — Das Strafgesetzbuch für das Deutsche Reich, Kommentar, 18. Aufl., Tübingen 1931.

Frank-Nachtrag — Die Strafgesetzgebung der Jahre 1931 bis 1935, Nachtrag zur achtzehnten Auflage von Franks Kommentar zum StGB, hrsgg. und erläutert von Ernst Schäfer und Hans v. Dohnanyi, Tübingen 1936.

Gallas, Wilhelm — *Beiträge* zur Verbrechenslehre, Berlin 1968.
- Das Gefahrurteil, Festschrift für Ernst Heinitz zum 50. Dienstjubiläum, hrsgg. von Mitgliedern des Vorstands der Anwaltskammer zu Berlin, Berlin 1927, S.171.

Gegenentwurf — zum Vorentwurf eines Deutschen Strafgesetzbuchs, aufgestellt von J.Goldschmidt, W. Kahl, K.v.Lilienthal, F.v.Liszt, Berlin 1911.

Goltdammer — Die *Materialien* zum Strafgesetzbuche für die Preußischen Staaten, Theil I, Berlin 1851.

Graul, Eva — Abstrakte Gefährdungsdelikte und Präsumtion im Strafrecht, Berlin 1991.

Grünwald, Gerald — Verhandlungen des 49. Deutschen Juristentages, Bd. II, Sitzungsberichte, hrsgg. von der Ständigen Deputation des Deutschen Juristentages, München 1972,M 106 f.
- Der Versuch des unechten Unterlassungsdelikts, JZ 59, S.46.

Günther, Hans-Ludwig — Die Genese eines Straftatbestandes, JuS 1978, S. 8.
- Der "Versuch" des räuberischen Angriffs auf Kraftfahrer, JZ 87, S. 16 ff.

Häberlin, C.F.W.J. — *Kritische Bemerkungen* zu dem Entwurf eine Strafgesetzbuchs für den Norddeutschen Bund, Erlangen 1869.

Hartleben, Theodor — Napoleons Peinliches und Polizey-Strafgesetzbuch, Frankfurt 1811.

Henkel, Heinrich — Einführung in die Rechtsphilosophie, Grundlagen des Rechts, 2.Auflage, München 1977.

Hillenkamp, Thomas — Vorsatztat und Opferverhalten, Göttingen 1981.
- Beweisprobleme im Wirtschaftsstrafrecht, in Recht und Wirtschaft, Bd. I, Osnabrücker wissenschaftliche Abhandlungen, S. 221.
- Versuch und Vorbereitungshandlung beim erschwerten Diebstahl, Urteilsrezension, MDR 1977, S. 243 f.

Hippel, Robert v. — *Lehrbuch* des Deutschen Strafrechts, Berlin 1932.
- Deutsches *Strafrecht*; Zweiter Band, Das Verbrechen, Allgemeine Lehren, Berlin 1930.

Höinghaus, R. — Das neue Strafgesetzbuch für den Norddeutschen Bund mit den vollständigen amtlichen Motiven, Berlin 1870.

Horn, Eckhard — Konkrete Gefährdungsdelikte, Köln 1973.

Jakobs, Günther — Kriminalisierung im Vorfeld einer Rechtsgutsverletzung, ZStW 97 (1985), S. 751 ff.
- Strafrecht Allgemeiner Teil, Die Grundlagen und die Zurechnungslehre, 2. Auflage, Berlin 1991.

Jescheck, Hans-Heinrich/ *Weigend*, Thomas — Lehrbuch des Strafrechts, Allgemeiner Teil, 5. Auflage, Berlin 1996.

John, Richard — *Entwurf* mit Motiven *zu einem Strafgesetzbuche* für den Norddeutschen Bund, Berlin 1868.

Kadeck, Ferdinand — Der österreichische Strafgesetzentwurf vom Jahre 1927, 2.Auflage, Wien 1931.

Kaufmann, Armin — Die Dogmatik der Unterlassungsdelikte, Göttingen 1959.
- Die Dogmatik im Alternativ-Entwurf ZStW 80 (1968), S. 34.

Kaufmann, Arthur — Unrecht und Schuld beim Delikt der Volltrunkenheit, JZ 63, S. 425 ff.

Kern, Eduard — Die Äußerungsdelikte, Tübingen 1919.

Kodifikationsgeschichte Strafrecht — Strafgesetzbuch für den Norddeutschen Bund, hrsgg.v. Werner Schubert, Jürgen Regge, Werner Schmid, Rainer Schröder, Frankfurt/Main 1992.

Kohlrausch, Eduard/ *Lange,* Richard — Strafgesetzbuch (Kommentar), 38.Auflage, Berlin 1944.
- Strafgesetzbuch (Kommentar), 43.Auflage, Berlin 1961.

Krey, Volker/ *Schneider,* Tilmann — Die eigentliche Vorsatz-Fahrlässigkeits-Kombination nach geltendem und künftigem Recht, NJW 1970, S. 640 ff.

Kühl, Kristian/*Ebert,* Udo — Das Unrecht der vorsätzlichen Tat, in Jura 81, S. 225 ff.

Kühl, Kristian — Grundfälle zu Vorbereitung, Versuch, Vollendung und Beendigung, JuS 1980, S. 506 ff.
- Naturrechtliche Grenzen strafwürdigen Verhaltens, Festschrift für Günter Spendel zum 70. Geburtstag, hrsgg. von Manfred Seebode, Berlin 1992, S. 75 ff.

Kuhlen, Lothar — Zum Strafrecht der Risikogesellschaft, GA 94, 347 ff.

Lackner, Karl/ *Kühl, Kristian* — Strafgesetzbuch mit Erläuterungen, 22.Auflage, München 1997,

Langer, Winrich | Das Sonderverbrechen, Berlin 1972.

Laufhütte, Heinrich/ *Möhrenschläger,* Manfred | Umweltstrafrecht in neuer Gestalt, ZStW 92 (1980), S. 912.

Leipziger Kommentar | Strafgesetzbuch. Großkommentar.
- 9. Auflage, hrsgg. von Paulheinz Baldus und Günther Willms, 3.Band, Berlin 1977.
- 10. Auflage, hrsgg. von Hans-Heinrich Jescheck, Wolfgang Ruß und Günther Willms, Band 1-3 Berlin 1985, Band 4-7 Berlin 1988.
- 11. Auflage, hrsgg. von Burkhard Jähnke, Heinrich Wilhelm Laufhütte und Walter Odersky, Stand 7/98, 27. Lieferung, Berlin.

Liszt, Franz v. - *Lehrbuch* des Deutschen Strafrechts, 23. Auflage, Berlin 1921.

Löwenstein, Siegfried | Sachbeschädigung und Vermögensbeschädigung, Die Reform des Reichsstrafgesetzbuchs, Bd. II, Berlin 1910, S. 424.

Lüderssen, Klaus - Die strafrechtsgestaltende Kraft des Beweisrechts, ZStW 85 (1973), S. 288 ff.

Luzón Peña, Diego-Manuel | Die Beziehung von Strafwürdigkeit und Strafbedürftig-keit zumVerbrechensaufbau, in Coimbra-Symposium für Claus Roxin, Bausteine des europäischen Strafrechts, hrsgg. von Bernd Schünemann und Jorge de Figueiredo Dias, Köln 1995, S. 97 ff.

Maihofer, Werner | Der Versuch der Unterlassung, GA 1958, S. 289.

Maiwald, Manfred | Die Amtsdelikte, JuS 77, S. 353.

Maurach, Reinhart/ *Zipf,* Heinz | Strafrecht Allgemeiner Teil, Bd. I, 7. Auflage, Heidelberg 1987.

Maurach, Reinhart/ *Gössel*, Karl Heinz/ *Zipf*, Heinz — Strafrecht Allgemeiner Teil, Bd. II, 7. Auflage, Heidelberg 1989.

Maurach, Reinhart / *Schroeder*, Friedrich-Christian/ *Maiwald*, Manfred — Strafrecht Besonderer Teil, Bd. I, 7. Auflage, Heidelberg 1988

\- Strafrecht Besonderer Teil, Bd. II , 7. Auflage, Heidelberg 1991.

Maurach, Reinhart — Die Behandlung der *unselbständigen tatbestandlichen Abwandlungen* und der eigenständigen Verbrechen de lege ferenda, in Matreialien zur Strafrechtsreform, Bd. 1, Gutachten der Strafrechtslehrer, S. 249 ff.

Mayer, Max Ernst — Der Allgemeine Teil des Deutschen Strafrechts, Lehrbuch, Heidelberg 1925.

Meyer, Jürgen — Kritik an der Neuregelung der Versuchsstrafbarkeit, ZStW 87 (1975), S. 598.

Mitsch, Wolfgang/ *Baumann*, Jürgen/ *Weber*, Ulrich — Strafrecht Allgemeiner Teil, 10. Auflage, Bielefeld 1995.

Mitteis, Heinrich — Über das Naturrecht, Berlin 1948.

Mittermaier, Joseph Anton — Beiträge zur Lehre vom Versuch der Verbrechen, Neues Archiv des Criminalrechts, Bd. I, 1816/1817, S. 163.

\- Der Versuch von Verbrechen, bei denen es an dem erforderlichen Gegenstand des Verbrechens mangelt, GS 11 (1859), S. 403.

Motive zum RStGB 1871 — Aktenstücke des Reichstages des Norddeutschen Bundes; Nr. 5, vorgelegt am 14.2.1870 (Reichstagsvorlage).

Niederschriften — über die Sitzungen der Großen Strafrechtskommission, 2. Bd., Allgemeiner Teil.

Oehler, Dietrich	Wurzel, Wandel und Wert der strafrechtlichen Legalordnung, Berlin 1950
Olshausen, Justus	Kommentar zum Strafgesetzbuch für das Deutsche Reich, 6. Auflage, Berlin 1900.
Oppenhoff, F.C.	Das Strafgesetzbuch für das Deutsche Reich, 5.Auflage, Berlin 1876.
Ostendorf, Heribert	Grundzüge des konkreten Gefährdungsdelikts, JuS 82, 426.
Otto, Harro	Grundkurs Strafrecht, 4.Auflage, Berlin 1995.
-	Personales Unrecht, Schuld und Strafe, ZStW 87 (1975), S. 539.
-	Strafwürdigkeit und Strafbedürftigkeit als eigenständige Deliktskategorien?, Gedächtnisschrift für Horst Schröder, München 1978.
Pfenninger, Hans Felix	Das schweizerische Strafrecht, in Das ausländische Strafrecht der Gegenwart, hrsgg. von Edmund Metzger, Adolf Schönke und Hans-Heinrich Jescheck, Berlin 1957.
Pieroth, Bodo/ *Schlink,* Bernhard	Grundrechte, Staatsrecht II, 15. Auflage, Heidelberg 1999.
Preiser	Strafrechtlicher Schutz der Verpflichtung zur Amtsverschwiegenheit, DJZ 1907, Spalte 874.
Probst, Otto	Der strafrechtliche Schutz des Amtsgeheimnisses. Unter besonderer Berücksichtigung der §§ 353b und 353c StGB, Köln 1939.
Protokoll	der zweiten Expertenkommission 1912 (Procès-verbal de la deuxième commission d'experts), Schweizerisches Strafgesetzbuch, Bd I, Luzern 1912.

Quellen zur Reform des Straf- und Strafprozeßrechts - I. Abteilung, Weimarer Republik (1918-1932), Bd.1, Entwürfe zu einem Strafgesetzbuch (1919, 1922, 1924/25 und 1927), Berlin 1995.

- I. Abteilung, Weimarer Republik (1918-1932), Bd. 3, Protokolle der Strafrechtsausschüsse des Reichstags, 2. Teil, Berlin 1996.
- II. Abteilung, NS-Zeit (1933-1939), Bd 1, sämtliche Bände: hrsgg. von Jürgen Regge, Werner Schubert, Peter Rieß, Werner Schmid, Berlin 1990.

Reissig, Gottfried / *Kunst,* Günther — Das neue österreichische Strafgesetzbuch (StGB), Juridica Kurzkommentare, 2.Auflage, Wien 1975.

Rengier, Rudolf — *Erfolgsqualifizierte Delikte* und verwandte Erscheinungsformen, Tübingen 1986.

Rietzsch — Willensstrafrecht, Versuch und Teilname, in DJ 43, S. 309.

Roeder, Hermann — Versuch und Teilnahme nach der Strafrechtsangleichungsverordnung, ZStW 62 (1944), S. 303.

Romano, Mario — "Strafwürdigkeit", "Strafbedürftigkeit" und Verbrechenslehre, Coimbra-Symposium für Claus Roxin, Bausteine des europäischen Strafrechts, hrsgg. von Bernd Schünemann und Jorge de Figueiredo Dias, Köln 1995, S. 107.

Roxin, Claus — Strafrecht Allgemeiner Teil, 3. Auflage, München 1997.

- Über den Strafgrund des Versuchs, in Festschrift für Haruo Nishihara, Baden-Baden 1998, S. 157 ff.
- Tatentschluß und Anfang der Ausführung beim Versuch, JuS 1979, S. 1.

Rudolphi, Hans-Joachim - Siehe auch unter Systematischer Kommentar.

- Straftaten gegen das werdende Leben, ZStW 83 (1971), S. 105.

- Inhalt und Funktion des Handlungsunwertes im Rahmen der personalen Unrechtslehre, in Festschrift für Reinhart Maurach zum 70. Geburtstag, hrsgg. von Friedrich-Christian Schroeder u.a., Karlsruhe 1972.
- Primat des Strafrechts im Umweltschutz? NStZ 84, S. 193.

Sack, Hans-Jürgen — Umweltschutz - Strafrecht, Erläuterungen der Straf- und Bußgeldvorschriften, 4.Auflage, Stand Februar 1997, Stuttgart.

Säftel, Werner — Die einfache Sachbeschädigung und die Sachentziehung im gegenwärtigen und künftigen Strafrecht, Heidleberg 1971.

Sauer, Wilhelm — Allgemeine Strafrechtslehre, 3. Auflage, Berlin 1955.

Sauermann, Karl — Der Versuch als "delictum sui generis", Breslau 1927.

Sax, Walter — *Grundsätze* der Strafrechtspflege, in Die Grundrechte Bd III/2, hrsgg. v. Bettermann, S. 909, Berlin 1959.

Schäfer, Ernst/ *Dohnanyi,* Hans v. — Die Strafgesetzgebung der Jahre 1931 bis 1935, Nachtrag zur achtzehnten Auflage von Franks Kommentar zum StGB, Tübingen 1936.

Schaffstein, Friedrich — Die Vollendung der Unterlassung, in Festschrift für Eduard Dreher zum 70. Geburtstag, Berlin 1977, S. 147.

Schmidhäuser, Eberhard — Strafrecht, Allgemeiner Teil, Lehrbuch, 2. Auflage, Tübingen 1975.

Schneider, Tilmann/ *Krey,* Volker — Die eigentliche Vorsatz-Fahrlässigkeits-Kombination nach geltendem und künftigem Recht, NJW 1970, S. 640.

Schneidewin, Karl — Korreferat auf dem 39. DJT, in Verhandlungen des neununddreissigsten Deutschen Juristentages in Stuttgart 1951, hrsgg. von der Ständigen Deputation des Deutschen Juristentages, Tübingen 1952, S. C 27.

Schönke, Adolf/ *Schröder,* Horst — Strafgesetzbuch, Kommentar, 25. Auflage, München 1997.

Schönke, Adolf — Strafbarkeit falscher eidesstattlicher Versicherungen, Süddeutsche Juristen Zeitschrift (SJZ) 1948, S. 299.

Schröder, Horst — Abstrakt-konkrete Gefährdungsdelikte, JZ 67, S. 522.
- *Die Gefährdungsdelikte* im Strafrecht, ZStW 81 (1969), S. 9.
- Die Koordinierung der drei Begünstigungstatbestände, NJW 62, 1037 ff.
- Die Unternehmensdelikte, in Festschrift für Eduard Kern, hrsgg. von der Rechtswissenschaftlichen Abteilung der Universität Tübingen, Tübingen 1968, S. 457.

Schroeder, Friedrich-Christian — Die Gefährdungsdelikte, XI. Internationaler Kongreß für Rechtsvergleichung, Caracas 1982, ZStW-Beiheft, S. 1.

Schünemann, Bernd — Der strafrechtlich Schutz des Privatgeheimnisses, ZStW 90 (1978), S. 11.
- Moderne Tendenzen in der Dogmatik der Fahrlässigkeits- und Gefährdungsdelikte, JA 75, S.792 ff.
- Besondere persönliche Verhältnisse und Vertreterhaftung im Strafrecht, in Zeitschrift für Schweizer Recht 97 (1978), S.131.

Schwarze, Friedrich Oskar v. — Kommentar zum Strafgesetzbuche für das Deutsche Reich, Leipzig 1884.

Sowada, Christoph — Das "unechte Unternehmensdelikt" - eine überflüssige Rechtsfigur, GA 1988, S. 195.

Spendel, Günter | Kritik der subjektiven Versuchstheorie, NJW 65, S. 1881 ff.

Stooss, Carl | Vorentwurf eines Schweizerischen Strafgesetzbuches, Allgemeiner Teil , Motive, Basel 1893.
\- | Die Grundzüge des schweizerischen Strafrechts im Auftrag des Bundesrats, vergleichend dargestellt, Basel 1892

Stratenwerth, Günter | Objektive Strafbarkeitsbedimgungen im Entwurf eines Strafgesetzbuchs 1959, in ZStW 71 (1959), S.565.
\- | Strafrecht, Allgemeiner Teil. 3. Auflage, Köln 1981.

Sturm, Friedrich | Das unvollendete fahrlässige Delikt, ZStW 59 (1940), S. 23.

Systematischer Kommentar zum Strafgesetzbuch | hrsgg. v. Hans-Joachim Rudolphi und Eckhard Horn, 1. Band Stand 6/1997, 2. Band Stand 5/98, Berlin.

Thormann Ph / *v.Overbeck,* A | Das Schweizerische Strafgesetzbuch, Kommentar, Erster Band, Zürich 1940.

Traeger, L. | Zwei Fragen zur Strafrechtsreform, GS 77, S. 81.

Treplin, Heinrich | Der Versuch, Grundzüge des Wesens und der Handlung, ZStW 76 (1964), S. 441.

Tröndle, Herbert/ *Fischer*, Thomas | Strafgesetzbuch und Nebengesetze, Kommentar, 49. Auflage, München 1999

Volk, Klaus | Entkriminalisierung durch Strafwürdigkeitskriterien jenseits des Deliktsaufbaus, ZStW 97 (1985), S. 871.

Vorentwurf | eines Schweizerischen Strafgesetzbuches mit Motiven, verfaßt von Carl Stooss, Basel 1893.

Vorentwurf zu einem Deutschen Strafgesetzbuch. Bearbeitet von der hierzu bestellten Sachverständigenkommission, Berlin 1909
- Begründung zum Vorentwurf, Allgemeiner Teil, Berlin 1909.
- Begründung zum Vorentwurf, Besonderer Teil, Berlin 1909.

Vorentwurf zu einem österreichischen Strafgesetzbuch und zu dem Einführungsgesetze, Wien 1909.

Wach, A. Der Vorentwurf zu einem Deutschen Strafgesetzbuch, DJZ 15 (1910), Spalte 9.
- Die Technik des Vorentwurfs, in Die Reform der Reichsstrafgesetzbuchs, Bd. I, Berlin 1910, S. 1 ff.

Wagner, Heinz Die selbständige Bedeutung des Schuldspruchs im Strafrecht, insbesondere beim Absehen von Strafe gem. § 16 StGB, GA 72, S. 33.

Wagner, Otto Die VO gegen unbefugten Gebrauch von Kraftfahrzeugen und Fahrrädern v. 20. Oktober 1932, in JR 32, S. 253.

Waiblinger, Max Subjektivismus und Objektivismus in der neuen Lehre und Rechtsprechung vomVersuch, ZStW 69 (1957), S. 189.

Waider, Heribert Strafbare Versuchshandlungen der Jagdwilderei, GA 1962, S. 176.

Weber, Ulrich siehe auch oben Baumann/Weber
- Die *Vorverlegung* des Strafbarkeitsschutzes durch Gefährdungs- und Unternehmens-delikte, ZStW-Beiheft 1987, hrsgg. von Hans-Heinrich Jescheck, S. 1.

Welzel, Hans Das Deutsche Strafrecht, 3. Auflage, Berlin 1954.

- Wie würde sich die finalistische Lehre aus den Allgemeinen Teil eines neuen Strafgesetzbuchs auswirken?, Materialien zur Strafechtsreform, Bd. 1, Gutachten der Strafrechtslehrer, Bonn 1954.

Wessels, Johannes/ *Beulke*, Werner — Strafrecht Allgemeiner Teil, Die Straftat und ihr Aufbau, 28.Auflage, Heidelberg 1998.

Wessels, Johannes/ *Hillenkamp,* Thomas — Strafrecht, Besonderer Teil/2, Straftaten gegen Vermögenswerte, 21. Aufl., Heidelberg 1999.

Wolf, Erik — Die Wertung der Rechtsgüter im Reichsgesetzbuch und ihre Umwertung durch die Reform. Die Justiz 1927, Band 3, S.110.

Zaczyk, Rainer — Das Unrecht der versuchten Tat

Zielinski, Diethart — Handlungs- und Erfolgsunwert im Unrechtsbegriff, Berlin 1974.

Zipf, Heinz — siehe auch unter Maurach/Zipf.
- Kriminalpolitik, 2. Auflage, Heidelberg 1980.
- Kriminologischer und strafrechtliche Verbrechensbegriff, MDR 1969, S. 889 ff.

Zipfel, Walter — Die Zuständigkeit zur Abnahme von eidesstattlichen Versicherungen im Sinne des § 156 StGB, NJW 1951, S. 950.

SCHRIFTEN ZUM STRAFRECHT UND STRAFPROZESSRECHT

Herausgegeben von Manfred Maiwald

Band 1 Christian-Peter Frees: Die steuerrechtliche Selbstanzeige. Zur kriminalpolitischen Zweckmäßigkeit des § 371 AO. 1991.

Band 2 Norbert Joachim: Der Hörensagenbeweis im Strafverfahren. 1991.

Band 3 Alfred A. Göbel: Die Einwilligung im Strafrecht als Ausprägung des Selbstbestimmungsrechts. 1991.

Band 4 Karl-Heinz Vehling: Die Abgrenzung von Vorbereitung und Versuch. 1991.

Band 5 Heiko Hartmut Lesch: Das Problem der sukzessiven Beihilfe. 1992.

Band 6 Dirk Schwerdtfeger: Besondere persönliche Unrechtsmerkmale. 1992.

Band 7 Stefan Göhring: Polizeiliche Kontrollstellen und Datenverarbeitung. § 163 d StPO und novellierte Polizeigesetze der Länder zwischen Strafverfolgung, Gefahrenabwehr und vorbeugender Straftatenbekämpfung. 1992.

Band 8 Werner Kemper: Horizontale Teilrechtskraft des Schuldspruchs und Bindungswirkung im tatrichterlichen Verfahren nach der Zurückverweisung. §§ 353, 354 Abs. 2 StPO. 1993.

Band 9 Ovvadias Namias: Die Zurechnung von Folgeschäden im Strafrecht. 1993.

Band 10 Jan Zopfs: Unfallflucht bei eindeutiger Haftungslage? Unverzüglichkeitsgebot und Wahlmöglichkeit in § 142 Abs. 2 und 3 StGB. 1993.

Band 11 Stefan Hiebl: Ausgewählte Probleme des Akteneinsichtsrechts nach § 147 StPO. 1994.

Band 12 Ralf Krack: List als Straftatbestandsmerkmal. Zugleich ein Beitrag zu Täuschung und Irrtum beim Betrug. 1994.

Band 13 Henning Radtke: Zur Systematik des Strafklageverbrauchs verfahrenserledigender Entscheidungen im Strafprozeß. 1994.

Band 14 Bernd J. A. Müssig: Schutz abstrakter Rechtsgüter und abstrakter Rechtsgüterschutz. Zu den materiellen Konstitutionskriterien sog. Universalrechtsgüter und deren normentheoretischem Fundament – am Beispiel der Rechtsgutsbestimmung für die §§ 129, 129a und 324 StGB. 1994.

Band 15 Heinz Koriath: Über Beweisverbote im Strafprozeß. 1994.

Band 16 Burkhard Niepoth: Der untaugliche Versuch beim unechten Unterlassungsdelikt. 1994.

Band 17 Karsten Altenhain: Die Strafbarkeit des Teilnehmers beim Exzeß. 1994.

Band 18 Ina Walbaum: Schuldspruch in der Revisionsinstanz nach freisprechendem Urteil des Tatgerichts. 1996.

Band 19 Birgit Dalbkermeyer: Der Schutz des Beschuldigten vor identifizierenden und tendenziösen Pressemitteilungen der Ermittlungsbehörden. 1994.

Band 20 Thomas Hackner: Der befangene Staatsanwalt im deutschen Strafverfahrensrecht. 1995.

Band 21 Hartmut Loritz: Kritische Betrachtungen zum Wert des strafprozessualen Zwischenverfahrens. 1996.

Band 22 Heinz-Hermann Berghof: Therapie und Strafe im Betäubungsmittelrecht. Recht und Wirklichkeit der Behandlung Drogenabhängiger unter besonderer Berücksichtigung der §§ 35 ff BtMG. 1995.

Band 23 Oliver Mertens: Strafprozessuale Grundrechtseingriffe und Bindung an den Wortsinn der ermächtigenden Norm. 1996.

Band 24 Sönke Bahnsen: Das Akteneinsichtsrecht der Verteidigung im Strafverfahren. Dogmatische Grundlagen und Einzelprobleme im Lichte einer rechtsstaatlichen Verfahrensgestaltung. 1996.

Band 25 Dirk Schwieger: Der Vorteilsbegriff in den Bestechungsdelikten des StGB. 1996.

Band 26 Stephanie Meinecke: Die Auswirkungen von Verfahrensfehlern auf die Strafbarkeit nach den Aussagedelikten. 1996.

Band 27 Ute Lambrecht: Strafrecht und Disziplinarrecht. Abhängigkeiten und Überschneidungen. 1997.

Band 28 Carsten Momsen: Verfahrensfehler und Rügeberechtigung im Strafprozeß. Die Strukturen der Revisionsberechtigung unter besonderer Berücksichtigung des Begriffs "Rechtsnormen, die lediglich zugunsten des Angeklagten gegeben sind" in § 339 StPO. 1997.

Band 29 Ursula Epp: Die Abgeordnetenbestechung – § 108 e StGB. 1997.

Band 30 Bernd Scheiff: Wann beginnt der Strafrechtsschutz gegen kriminelle Vereinigungen (§ 129 StGB)? 1997.

Band 31 Ulrike Fontaine: Max Grünhut (1893-1964). Leben und wissenschaftliches Wirken eines deutschen Strafrechtlers jüdischer Herkunft. 1998.

Band 32 Claudia Keiser: Das Kindeswohl im Strafverfahren. Zur Notwendigkeit eines am Kindeswohl orientierten Umgangs mit minderjährigen Opfern und Zeugen, den Möglichkeiten de lege lata und den Erfordernissen de lege ferenda. 1998.

Band 33 Wiebke Schürer-Mohr: Erlaubte Risiken. Grundfragen des "erlaubten Risikos" im Bereich der Fahrlässigkeitsdogmatik. 1998.

Band 34 Stephan Voigtel: Zum Freibeweis bei Entscheidungen der Strafvollstreckungskammer. Eine Untersuchung zu ausgewählten Fragen des Beweisrechts im gerichtlichen Verfahren in Strafvollstreckungs- und Strafvollzugssachen. 1998.

Band 35 Volkmar Wißgott: Das Beweisantragsrecht im Strafverfahren als Kompensation der richterlichen Inquisitionsmaxime. Die Judikatur des Reichsgerichts zum strafprozessualen Beweisrecht. 1998.

Band 36 Susanne Merz: Strafrechtlicher Ehrenschutz und Meinungsfreiheit. 1998.

Band 37 Uwe Schlömer: Der elektronisch überwachte Hausarrest. Eine Untersuchung der ausländischen Erfahrungen und der Anwendbarkeit in der Bundesrepublik Deutschland. 1998.

Band 38 Michael Liedke: Die Vermögensstrafe gemäß § 43a StGB in ihrer kriminalpolitischen Bedeutung. 1999.

Band 39 Danja Domeier: Gesundheitsschutz und Lebensmittelstrafrecht. Zur Konkretisierung der Verkehrspflichten und ihrer Strafbewehrung, insbesondere mit Blick auf §§ 8 ff. LMBG. 1999.

Band 40 Ritva Westendorf: Die Pflicht zur Verhinderung geplanter Straftaten durch Anzeige. Eine kritische Betrachtung der §§ 138, 139 StGB im Kontext der Unterlassungsdelikte. 1999.

Band 41 Hans Theile: Tatkonkretisierung und Gehilfenvorsatz. 1999.

Band 42 Nicole Lange: Vorermittlungen. Die Behandlung des staatsanwaltschaftlichen Vorermittlungsverfahrens unter besonderer Berücksichtigung von Abgeordneten, Politikern und Prominenten. 1999.

Band 43 Tanja Gunder: Der Umgang mit Kindern im Strafverfahren. Eine empirische Untersuchung zur Strafverfolgung bei Sexualdelinquenz. 1999.

Band 44 Sven-Markus Thiel: Die Konkurrenz von Rechtfertigungsgründen. 2000.

Band 45 Jan Schlüter: Die Strafbarkeit von Unternehmen in einer prozessualen Betrachtung nach dem geltenden Strafprozeßrecht. 2000.

Band 46 Detlef Heise: Der Insiderhandel an der Börse und dessen strafrechtliche Bedeutung. Eine Untersuchung des neuen deutschen Insiderrechts speziell unter Bezugnahme auf die strafrechtstheoretischen und strafrechtsdogmatischen Grundlagen. 2000.

Band 47 Hermann Wichmann: Das Berufsgeheimnis als Grenze des Zeugenbeweises. Ein Beitrag zur Lehre von den Beweisverboten. 2000.

Band 48 Rainer T. Cherkeh: Betrug (§ 263 StGB), verübt durch Doping im Sport. 2000.

Band 49 Kristian Hohn: Die Zulässigkeit materieller Beweiserleichterungen im Strafrecht. Eine Untersuchung über Erscheinungsformen und Grenzen der Lösung beweisrechtlicher Probleme im materiellen Strafrecht. 2000.

Band 50 Malte Rabe von Kühlewein: Der Richtervorbehalt im Polizei- und Strafprozeßrecht. 2001.

Band 51 Donata Meinecke: Die Gesetzgebungssystematik der Versuchsstrafbarkeit von Verbrechen und Vergehen im StGB. 2001.

Kurt Seelmann (Hrsg.)

Aktuelle Fragen der Rechtsphilosophie

Frankfurt/M., Berlin, Bern, Bruxelles, New York, Oxford, Wien, 2000. 143 S.
ISBN 3-631-36193-9 · br. DM 48.–*

Viele der heute in der Öffentlichkeit erörterten Fragen haben eine zentrale rechtsphilosophische Komponente. Ob Schwangerschaftsabbruch, Umweltschutz, Strafbarkeit von „Mauerschützen", Nationalismus, mitmenschliche Solidarität, Ordnung des Arbeitslebens, Menschenrechtsschutz und Achtung staatlicher Souveränität sowie Sterbehilfe – überall geht es um die Möglichkeit einer rationalen Begründung nichtpositiver Richtigkeitskriterien und um die Bestimmung einer sinnvollen Begrenzung rechtlicher Regelungen. Didaktisch besonders anregende Beiträge aus den *Rechtsphilosophischen Heften* sind hier zu einem Reader zusammengefaßt.

Aus dem Inhalt: Schutz des Lebens · Grenzen des positiven Rechts · Verteilungsgerechtigkeit · Nationalismus · Solidarität · Philosophie des Arbeitsrechts · Menschenrechtsschutz · Sterbehilfe

Kolibri 360 GmbH
Ferdinand-Jühlke-Straße 7
99095 Erfurt, Deutschland
produktsicherheit@kolibri360.de

Druck:
CPI Druckdienstleistungen GmbH
im Auftrag der
Kolibri 360 GmbH
Ferdinand-Jühlke-Str. 7
99095 Erfurt